国家社科基金项目（编号：14BTY021）科研成果
河北省体育产业研究中心资助出版

国际和国内双重维度下
大型体育赛事与国家认同研究

张建会　著

北京体育大学出版社

策划编辑　王英峰
责任编辑　王英峰
责任校对　吕　哲
版式设计　博文宏图

图书在版编目（CIP）数据

国际和国内双重维度下大型体育赛事与国家认同研究/张建会著. --北京：北京体育大学出版社，2020.9
ISBN 978-7-5644-3304-8

Ⅰ.①国… Ⅱ.①张… Ⅲ.①运动竞赛-关系-国家建设-研究-中国 Ⅳ.①G808.2②D61

中国版本图书馆CIP数据核字（2020）第018609号

国际和国内双重维度下大型体育赛事与国家认同研究
张建会　著

出版发行：北京体育大学出版社
地　　址：北京市海淀区农大南路1号院2号楼4层办公B-421
邮　　编：100084
网　　址：http://cbs.bsu.edu.cn
编 辑 部：010-62989415
发 行 部：010-62989320
邮 购 部：北京体育大学出版社读者服务部010-62989432
印　　刷：北京虎彩文化传播有限公司
开　　本：710mm×1000mm　1/16
成品尺寸：240mm×170mm
印　　张：19.25
字　　数：336千字
版　　次：2020年9月第1版
印　　次：2020年9月第1次印刷
定　　价：108.00元

（本书如有印装质量问题，请与出版社联系调换）

序

正值防疫期间，收到张建会老师的请求，为她的新作《国际和国内双重维度下大型体育赛事与国家认同研究》写一篇序。见到书名，我首先想到的就是疫情。

2020 年初，新型冠状病毒在我国爆发，且传播迅速。2020 年 1 月 30 日，世界卫生组织宣布新型冠状病毒感染的肺炎疫情为国际关注的突发公共卫生事件。到今天我坐下来写序的时候，中国疫情防控形势发生积极向好变化，取得阶段性重要成果。与此同时，新冠肺炎疫情在全球多点爆发，蔓延至上百个国家。我之所以首先想到疫情，是因为在疫情面前，各国采取的应对措施大相径庭。中国、美国、意大利、日本、以色列、新加坡、韩国、伊朗……不同应对措施，反映的是不同的体制、机制、文化、思维。应对得体，能够振奋民族精神、凝聚人心；应对不得体，极易成为民族情绪的宣泄口，可能成为社会问题的爆发点。因此，新冠肺炎带来的不仅仅是健康危机，还会带来全球治理、国家治理和国家认同的危机。

与应对疫情相似，体育赛事同样既能够振奋民族精神、凝聚人心，但同时，也易成为民族情绪的宣泄口，可能成为社会问题的爆发点。

2020 年 3 月 8 日，就在中国抗疫的关键时刻，美国拉斯维加斯举行的世界顶级综合格斗冠军赛（UFC）248 站女子草量级世界冠军卫冕战上，中国综合格斗（MMA）女将张伟丽经过五回合激战，终以点胜击败波兰选手乔安娜，成功卫冕。赛前，曾 5 次卫冕综合格斗冠军赛（UFC）冠军的乔安娜，在个人社交平台上发布了一张头戴防毒面具和张伟丽对决的照片，用疫情恶搞并出言不逊。张伟丽选择的是用拳头打服对手。比赛结束，乔安娜准备走的时候对张伟丽说：“你要一直卫冕下去，我会一直看着你。加油！”比赛获胜，张伟丽兑现了赛前的诺言——要把胜利送给祖国和同胞，要以自己的方式去支持奋斗在抗疫最前线的人们。她的卫冕，给抗疫中的武汉乃至中国注入了一股力量。写到这，我想到了另外一场赛事。

2019 年 5 月 17 日，世界跆拳道锦标赛女子 73 公斤以上级决赛中，郑姝音后两个回合一直大比分领先英国上届冠军沃克顿。沃克顿不断采取将郑姝音推出界外的战术，裁判屡屡扣分郑姝音。临近比赛结束，郑姝音依然以 20∶10 领先，这时裁判做出出乎所有人意料的判罚，他认为郑姝音扣分次数达到 10 次，按照跆拳道规则，对手自动获胜。站在亚军领奖台上，现场刚刚奏响英国国歌，郑姝音就站立不住，瘫倒在台下，泣不成声。“领奖的时候我感觉有点晕，有点站不住。他们国歌响起来的时候，我突然感觉对不住中国。”郑姝音说。比赛结束几分钟后，新华社以“跆拳道世锦赛惊天黑哨！中国名将全场占优却被判负哭倒在领奖台”的标题报道了此事。这里我们看看双方不同的声音。郑姝音：“我从练体育第一天起，就知道竞技体育没有绝对公平，但我练了 16 年跆拳道，今天才知道比赛还有这样的，我拜托他们能不能公平些？”沃克顿：“我需要找到不同方式获胜，如果某个人的资格被取消，这不是我的错。人们可以表达自己观点，但我世界冠军身份不会改变，也不会为了这个世界去改变，下一次相遇我还会这么干。”管健民（中国队教练）：“中国队就不公平判罚向世跆联提出申诉：第一要求改判；第二要求将这名裁判终身禁赛。”霍尔（英国队教练）：“中国队没有权利感到愤怒，反倒是我们应该为中国选手在领奖时的无礼行为而感到愤怒。沃克顿赢得了比赛，规则就是这样，你坚持到最后就赢了。我们不可能在落后 10 分的情况下什么也不做，我认为沃克顿做出了正确的选择。”中国网民：“这种裁判也在国际赛场出现，简直是对体育精神的亵渎！所谓的西方文明就和强盗逻辑一样，无耻至极！”英国网民：“当你失败的时候尖叫和哭泣，这是典型的中国选手行为，不顾体育运动精神。干得漂亮，沃克顿。”读到这里，大家一定注意到了，同样的事情，站在不同的视角，解读完全不同。

体育的本质是和平年代的战争。在民族国家的条件下，国际大型体育赛事成为人类双重的竞技场：自然生命和人种的竞技，国家和民族的较量。国际体育赛事中，从运动员的统一着装，到开幕式/入场式跟随国旗入场，再到冠军颁奖时的升国旗、奏国歌，使得运动员的出场已经不是一个人的事，其代表的是对自己民族和国家的认同，从中可以清晰看到国家意识的表达和传递。通过国旗、国徽、国歌等国家标识这一民族的共同记忆，获得或强化国家民族的身份认同，塑造国家形象。媒介对体育赛事的报道也都不约而同地从本土角度解读体育事件，讲述自己的故事。赛场成为一个国家或地区显示综合实力、扩大自身影响、振奋民族精神的重要场所。同时，体育赛事，尤其是国际大型体育赛事，作为一种文化现象，通过将不同肤色、不同文化背景的民族紧密联系在一起，通过把各阶层的人联系到一起，起到社会整合作用，它宣传的是一些基本文化价值，合作精神、拼搏精神、控制能力、社会准则等，得到国际承认，进入全球体系，吸引全世界媒体和公众的注意，对人类的社会活动，对人类的文明产生了深刻的影响。在我国进入新时代，构建人类命运共同体的今天，《国际和国内双重维度下大型体育赛事与国家认同研究》无疑给了我们从国际、国内不同维度下审视大型体育赛事与国家认同的视角。

张建会老师从2009年参与国家体育总局体育哲学社会科学研究项目“我国综合性体育赛事改革研究”开始，历时十年，在体育赛事与国家认同领域笔耕不辍：《体育与国家认同：基于大型综合性运动会的演变分析》《中国体育与国家认同：1910—2017》《我国大型综合性体育赛事与社会文化认同的互动关系研究》《全运会制度变迁中的秩序、认同与利益》《高尔夫职业赛事的历史演进与文化认同建构》。今天，当张建会老师的新作《国际和国内双重维度下大型体育赛事与国家认同研究》展现在我的眼前的时候，“全球化：国家认同的新挑战”“中国梦：塑造国家认同的伟大梦想”“大型体育赛事：中国梦想实现的体育平台”“双重维度：大型体育赛事与中国国家认同的交互关系”“我国大型体育赛事与国家认同的创新发展路径”，这一系列标题，足以吸引我的眼球。如同新冠肺炎所引发的恐惧和造成的损失，将鼓励人们努力创造一个更好的全球化模式，大型体育赛事举办的风险与危机，也将鼓励人们在全球化的视角下重新审视体育赛事中的国家认同。

全球化时代，任何一个国家都不可能独善其身。

愿作者的新作带给人们对体育赛事新的思考。

中国体育科学学会常务理事

2020 年 8 月 11 日

目录

第一章 概 论

体育是一个独特和有力的工具，能促进人类大家庭每个成员的尊严、平等和不可剥夺的权利。它也能促进积极的社会变革。

——潘基文（2016）

第一节 问题的提出

一、全球化：国家认同的新挑战

当今全球化已成为一种社会现实，新的信息和通信技术使得世界各地的人民以前所未有的方式分享知识、技能和经验。全球经济的崛起、全球治理机构的出现以及文化在全球的扩散和交融都被视为出现了一个全新的世界秩序的证明①。全球化必然会对那些没有充分实现民族国家建设的发展中国家造成本土文化以及民族认同的冲击，导致民族国家建设受阻。人们交往的多样性、时空的压缩性、人口的全球性迁移、多种矛盾的交织性及风险性，必然带来人们的

① 薛晓源，陈家刚．全球化与新制度主义［M］．北京：社会科学文献出版社，2004：2.

多元认同及人们对民族国家认同的变化，并且伴随着全球化的进程发展[①]。白鲁恂指出，向现代化转型的国家存在认同、合法性、渗透、参与、整合和分配六种危机。一个向着现代化民族国家转变的社会可能会按不同的次序遭遇它们，但必须一一予以成功处理，虽然遭遇它们的次序可能（和其他国家）有所不同[②]。全球化所引发的超国家主义是国家身份认同危机的主要原因，它超越民族和国家的界限，以经济领域为开端，逐渐渗透扩展到政治和文化领域，它像一把双刃剑，在推动各国政治、经济、文化发展并巩固彼此间联系的同时，也不断消解着国家的功能和作用，给各国的国家身份认同带来巨大挑战[③]。

全球化被视为一个高度分化的过程，体现在社会生活的所有关键领域中（包括政治、军事、法律、生态等许多领域）[④]。经济全球化首先带来了个体知识认同与智慧认同的困惑、理性认同与价值认同的异化、个人认同与文化归属的脱节，在群体层面上则表现为对民族国家存在合法性的认同[⑤]。全球化背景下民族权力的失落、政权合法性基础的缺失、文化上统一性趋向的威胁，都会使国家认同危机加深。与此同时，对主权国家的国家认同形成的挑战，以及由此产生的国家认同危机已经引起人们的广泛关注[⑥]。对于拥有众多民族的发展中国家来说，现代国家的建构既要经历民族国家认同危机，还要承受一些替代性认同取代或者削弱国家认同的危机[⑦]。

正因为如此，在全球化浪潮的社会背景下，任何一个民族国家都试图将自己的价值观提高到意识形态的层面加以阐释，通过价值观体系的建构、认同的培养，特别是通过主导价值观的建设和推动，为该民族国家的政治制度提供合

---

① 解志苹，吴开松．全球化背景下国家认同的重塑——基于地域认同、民族认同、国家认同的良性互动［J］．青海民族研究，2009，20（4）：21－25.

② LUCIAN W P. Aspects of Political Development［M］. Boston：Little，Brown and Company，1999：63－66.

③ 郭丽双，付畅一．消解与重塑：超国家主义、文化共同体、民族身份认同对国家身份认同的挑战［J］．国外社会科学，2016（4）：37－45.

④ 戴维·赫尔德，安东尼·麦克格鲁，戴维·戈尔德布莱特，等．全球大变革：全球化时代的政治经济与文化［M］．杨雪冬，周红云，陈家刚，等译．北京：社会科学文献出版社，2001：17.

⑤ 贾英健．从个体、群体和类的视角看全球化条件下多重认同的困境［J］．天津社会科学，2007（1）：55－57.

⑥ 黄岩．试论全球化与国家认同［J］．前沿，2007（11）：28－30.

⑦ 解志苹，吴开松．全球化背景下国家认同的重塑——基于地域认同、民族认同、国家认同的良性互动［J］．青海民族研究，2009，20（4）：21－25.

法的保证[1]。正如斯图亚特·霍尔（Stuart Hall）所言，“认同不应被看作一个既定事实，而是一直进行的一个过程”[2]。国家认同的形成是主客观因素相互作用的结果，它内部存在一个利益的获得和代价的付出之间的权衡，并在此权衡之上进行主观的评价和期望[3]。小约瑟夫·奈在《理解国际冲突——理论与历史》中指出：当认同受到重大社会变革的挑战时，民族主义就会兴起。利益体系、制度化体系、观念体系三种变量因素能够有效建立并协调运转，在三者的正向作用下，地域主义、民族主义将逐渐从地域认同、民族认同转变为对国家的归属认同，从而与国家达成良性互动关系[4]。

在全球化的大背景下，突破国家界限，依据某种文化、宗教和地缘等族性关系产生的某些区域认同和族群认同也有着共同抗御全球化挑战的深层含义。在多民族国家中，将民族认同转化为国家认同，最有效的办法是构建一个国家层面的“国家民族”或“国族”[5]。而体育尤其是大型体育赛事则成为全球化时代建构国家层面“国家民族”的有力工具和载体。

二、中国梦：塑造国家认同的伟大梦想

我国在利益多样化、价值多元化、社会关系复杂化的现代化发展浪潮中，也面临着发展前进动力不足、发展共识难存、社会矛盾和冲突积聚等严重的认同危机。为了消解全球化带来的国家认同危机，习近平总书记等新一届中央领导集体提出“中国梦”，以塑造新时期的国家认同。2012 年 11 月 29 日，习近平在参观“复兴之路”展览时讲道：每个人都有理想和追求，都有自己的梦想。实现中华民族伟大复兴，就是中华民族近代以来最伟大的梦想。

梦想是激励人们发奋前行的精神动力。中国梦凝聚了中华民族的伟大期盼和追求，以简洁明快而富有感染力的语言构建了对中国人民最具普遍意义的国

① 贾英健．从个体、群体和类的视角看全球化条件下多重认同的困境［J］．天津社会科学，2007（1）：55－57.

② 许小青．两岸文化认同危机的现实表现与消解路径［J］．现代台湾研究，2018（2）：18－21，66.

③ 杨妍．地域主义与国家认同［M］．天津：天津人民出版社，2007，61－62.

④ 解志苹，吴开松．全球化背景下国家认同的重塑——基于地域认同、民族认同、国家认同的良性互动［J］．青海民族研究，2009，20（4）：21－25.

⑤ 王乐，张丹华．哈萨克斯坦国家认同构建路径研究［J］．全球视野理论月刊，2014（10）：183－188.

家认同和文化认同，在万类霜天竞自由的全球化时代，中国梦与世界上其他各种“梦想”既相互比肩又相互参照。正是在这种参照中，中国梦提供了中华民族文化认同和中国人民国家认同的目标性理念①。这种目标性理念既能够最大限度地实现国家富强、民族复兴、人民幸福，又成为解决当下认同危机以及塑造民族认同与国家认同有机统一的时代最强音②。

2014 年 11 月，习近平在中央外事工作会议上指出：“当今世界是一个变革的世界，是一个新机遇新挑战层出不穷的世界，是一个国际体系和国际秩序深度调整的世界，是一个国际力量对比深刻变化并朝着有利于和平与发展方向变化的世界”“我国已经进入了实现中华民族伟大复兴的关键阶段”“我们观察和规划改革发展，必须统筹考虑和综合运用国际国内两个市场、国际国内两种资源、国际国内两类规则”“要争取世界各国对中国梦的理解和支持，中国梦是和平、发展、合作、共赢的梦，我们追求的是中国人民的福祉，也是各国人民共同的福祉”③。

由此得知，中国梦是塑造民族认同与国家认同有机统一的重要条件和根本保证，也是国民经济和社会发展第十三个五年规划实现中华文化影响持续扩大这一目标的重要推动力。2017 年 8 月 27 日，习近平在天津会见全国群众代表以及在全运会上群众项目比赛获奖的运动员代表时强调：“体育承载着国家强盛、民族振兴的梦想。体育强则中国强，国运兴则体育兴。要把发展体育工作摆上重要日程，精心谋划，狠抓落实，不断开创我国体育事业发展新局面，加快把我国建设成为体育强国”“加快建设体育强国，就要把握体育强国梦与中国梦息息相关的定位，把体育事业融入实现‘两个一百年’奋斗目标大格局中去谋划，深化体育改革，更新体育理念，推动群众体育、竞技体育、体育产业协调发展”④。

三、大型体育赛事：中国梦实现的体育平台

1840 年的鸦片战争拉开了近代中国的序幕，也拉开了西学东渐的序幕。在

---

① 韩震．中国梦的国家认同与文化认同［N］．北京日报，2013 - 07 - 08（17）．

② 谭德宇，陈学兵．筑好中国梦：实现民族认同与国家认同有机统一的基础［J］．社会主义研究，2013（6）：41 - 47.

③ 中央外事工作会议在京举行　习近平发表重要讲话［N］．人民日报，2014 - 11 - 30（01）．

④ 习近平：开创我国体育事业发展新局面　加快把我国建设成为体育强国［EB/OL］．［2017 - 08 - 27］．http：//news. xinhuanet. com/2017 - 08/27/c_ 1121550898. htm.

这之后，西方的多种文化形态传向中国，渗入本土的制度、日常生活、理念等各个层面，从而开启了中国的现代化进程。然而这一现代化进程却充满了艰难险阻，对外要应对西方列强的入侵，对内还要应对反动阶级的斗争。这一复杂的社会环境致使中国的现代化进程从一开始就面临着严重的民族国家认同危机。从 19 世纪初到 1895 年止，尽管有许多中国人开始接触来自西方的新式传播媒介，并借此对西方的器物技术、精神信仰有所了解，但这些文化输入却并未对中国社会造成结构性的影响。1895 年中日甲午战争之后，社会形势发生了根本性的改变，“西学”开始成为知识界的新“论域”①。1902 年至 1911 年的十年，中国思想界、文化界逐渐复苏并以远远超出戊戌维新的规模传播新思想，接受外国新事物迅速成为时尚，成为近代史上为数不多的新潮激荡的年代②。

面对外敌的入侵，在应对民族认同与国家认同危机的紧要关头，在强化中国国家政治共同体的梦想之路上，各界爱国人士在民族危亡的时刻，发起了系列救亡图存的民族动员活动。体育作为强国、御侮的手段被运用到民族总动员的实际活动当中，成为激发民族自觉的有力工具。正如 Eric Hobsbawm 指出的那样：体育在定义国家认同与归属感上已经被证实为独特有效。Adrian Smith and Dilwyn Porter 指出：“体育为人们提供了一面容纳自己的镜子。”③ Jacques Barzun 也指出：“谁若想知道美国文化的核心与思想，最好学习一下棒球。”④。1994 年《卫报》社论指出：“体育在多种场合成为民族主义的精髓，同时又是团结地球村的最有效的方式之一。”⑤

体育是当今世界为数极少的能够为穷人和富人、黑人和白人、犹太人和阿拉伯人共同喜爱的事物之一⑥。体育，首先是作为西方人的休闲娱乐方式出现在国人面前的，而这种娱乐方式最为重要的载体是竞赛⑦。在中国的传播过程

---

① 朱浒. 晚清以降的经济与社会——第二届中国近代社会史国际学术研讨会综述［J］. 近代史研究，2008（1）：143 - 149.

② 朱浒. 晚清以降的经济与社会——第二届中国近代社会史国际学术研讨会综述［J］. 近代史研究，2008（1）：143 - 149.

③ XUGQ. Olympic Dreams China and Sports 1895 - 2008［M］. Cambridge：Harvard University Press，2008.

④ BARZUN J. God's Country and Mine［M］. Boston：Little，Brown and Company，1954：159.

⑤ MAGUIRE J. Global Sport：Identities，Societies，Civilizations［M］. Cambridge，Eng.：Polity Press，2001：2.

⑥ 骆正林. 足球世界杯的舆论场域与文化传播［J］. 北京体育大学学报，2013（11）：44 - 49，101.

⑦ 郎净. 近代体育在上海（1840—1937）［M］. 上海：上海社会科学院出版社，2006.

中，我们发现大型体育竞赛所具有的群体性的、有凝聚力的、宣泄情感的以及类似于节日的狂欢气质，其实与中国的岁时民俗之气质具有类同之处，所以也很快地走入了中国民众的日常生活之中①，成为塑造民族认同与国家认同的强有力工具。

大型体育赛事作为一种重大礼仪活动，具有非常重要的思想熏陶和文化教育功能。2015 年 1 月 14 日，习近平主席在会见国际奥协主席、亚奥理事会主席艾哈迈德亲王时就指出："体育运动在中国是一项神圣的事业，体育运动在中国的发展也是对人类发展的贡献。中国政府一贯重视发展体育事业，重视奥林匹克运动在社会发展中的重要作用。"2015 年 7 月 31 日，习近平主席在冬奥会申办视频致辞中提道："2022 年冬奥会在中国举办，将有利于推动中华文明同世界各国文明交流互鉴，带动中国 13 亿多人民关心、热爱、参与冰雪运动，让中国人民再次有机会为奥林匹克运动发展和奥林匹克精神传播作出贡献。"2016 年 3 月 18 日，习近平总书记听取北京冬奥会冬残奥会筹办工作情况汇报时指出，在北京举办一场全球瞩目的冬奥盛会，必将极大振奋民族精神，有利于凝聚海内外中华儿女为实现中华民族伟大复兴而团结奋斗，也有利于向世界进一步展示我国改革开放成就、和平发展主张②。习近平总书记强调，体育强国梦与中国梦紧密相连，我们比以往任何时候都接近实现中华民族伟大复兴的目标。2017 年 2 月，习近平总书记在北京考察工作时强调，少年强中国强，体育强中国强，推动我国体育事业不断发展是中华民族伟大复兴事业的重要组成部分。北京冬奥会是我国重要历史节点的重大标志性活动，是展现国家形象、促进国家发展、振奋民族精神的重要契机，对京津冀协同发展有着强有力的牵引作用。要全力做好每项筹办工作③。2018 年 7 月，韩正调研北京冬奥组委时表示，北京冬奥会是助推对外开放、推动构建人类命运共同体的重要舞台，是向世界传播中华优秀文化、推动东西文明交融的重要载体，是推动京津冀协同发展的有力抓手。要深化国际交流合作，广泛推进经济、文化、人文等交流④。

---

① 国家体委体育文史工作委员会，中国体育史学会．中国近代体育史［M］．北京：北京体育学院出版社，1989：30.

② 习近平听取北京冬奥会冬残奥会筹办工作情况汇报［EB/OL］．［2016－03－18］．http：//news. 163. com/16/0318/20/BIFH61EM00014PRF. html.

③ 习近平在北京考察工作时强调，立足提高治理能力抓好城市规划建设着眼精彩非凡卓越筹办好北京冬奥会［EB/OL］．［2017－02－25］．http：//news. xinhuanet. com/mrdx/2017－02/25/c_ 136083980. htm.．

④ 韩正：全面落实"四个办奥"理念　高质量高效率做好各项筹办任务［N］．人民日报，2018－07－27（04）．

因此，从国际和国内双重维度探讨大型体育赛事与国家认同的共生关系，具有非常重要的现实意义。亨利·皮朗认为历史研究的对象是人类社会在空间和时间上的发展，体育史学的任务之一就是展示体育文化的演进历程，反映体育运动的发展与时代背景之间的关系①。沃尔什也指出：对一个事件，要追溯它和其他事件的内在联系，从而给它在历史的网络之中定位。本研究也期望在史学视域的关照中厘清大型体育赛事与国家认同发展演变的历史关系，从而为其未来的发展路径定位提供历史借鉴。

第二节 本书的分析框架

本研究依据国家认同的框架从国际和国内双重维度探讨全球化时代大型体育赛事与国家认同建构之间的重要关系。在国际维度的探讨中，本研究重点关注以奥运会和足球世界杯为代表的超大型体育赛事与国家认同之间的紧密关系，同时又从 2008 年北京奥运会、2010 年温哥华冬奥会、2012 年伦敦奥运会、2014 年索契冬奥会、2016 年里约奥运会、2018 年平昌冬奥会的个案研究出发，探讨主办国如何利用奥运会彰显国家形象，留给了我们哪些独一无二的办赛体验，从而进一步梳理出共性的、普世性的奥运会与国家认同耦合规则。同时，为了拓展和丰富研究内容，本研究还关注了国际层面的其他职业体育赛事，这些赛事虽然影响力不如奥运会、足球世界杯，但其高度职业化、市场化的运行体制机制，例如超级碗、网球、高尔夫球等，同样也能为我们从另一个角度理解体育赛事与固化国家认同提供经验解析的脚本。在国内维度的探讨中，本研究以全运会、冬运会为代表的大型体育赛事如何与体育梦、中国梦关联为重点，实现了国家的认同建构。同时，本研究也关注了中国职业体育赛事的发展，以期借鉴国际职业体育赛事经验，更好地推动我国职业体育的发展。

一、理论回顾：大型体育赛事与国家认同研究的发展

重大事件是一种大型公共文化（包含商业和体育）事件，具有凝聚民众诉

① 朗净，孟钟捷. 20 世纪中国体育是研究的在反思——兼论 21 世纪体育史研究的发展方向［J］. 体育文化导刊，2005（2）：33－34.

求与国际意义等显著特征，通常由国家政府和国际非政府组织联合举办。大型体育赛事是西方学者关注的焦点议题。大型体育赛事包含并浓缩了其赛事产品生产和消费过程中普遍的利益规律，涉及现代社会政治、经济、文化的联系与国际秩序的构建，理解大型体育赛事在现代化进程中的起源、本质与发展，能够让我们更加清晰地理解现代化进程中的各种现象，且在大型体育赛事结束之后仍能持续影响我们对现代社会的理解①。大型体育赛事研究成果多涉及大型体育赛事的政治、经济、文化价值，以及赛事给举办国带来的国际地位、国际声望和国际国内认同建构与表达的独特机会。当前大型体育赛事已经成为国家形象塑造、国家认同建构的重要载体，是一个国家展示国际地位的重要平台，与之相关的科学研究也日益引起了国内外学者的关注。其研究采用跨学科研究方式，涉及历史学、政治学、社会学等领域，研究成果范围也较广泛。

（一）全球化理论中的体育与国家认同

全球化并不是一个新的概念，自从 20 世纪 90 年代以来，全球化即已成为学术研究的热点。墨尔本皇家理工大学全球化研究中心主任 Manfred Steger 将全球化定义为：一种前所未有的时空认同现象；社会、政治、经济、文化互相联系、相互依赖的全球图景。全球化是一个复杂的社会现象，是一个过程。

体育全球化也不是一个新现象，早在 19 世纪晚期，有组织的体育就已经成为大多数人认同的一种文化实践活动。技术创新和工业革命的进步促使现代体育发展。英国体育社会学家约瑟夫·马奎尔（Joesph Maguire）将 19 世纪后 25 年看作是体育国际化的年代，是国际体育组织建立的年代，是各个国家体育竞技实力增长的时代，是世界范围内接受特殊国际体育组织规则的时代，是全球竞技体育建立的时代，例如奥运会。体育作为人类生活的一个普通组成部分，已成为现代世界中任何一个国家的一种基本的文化活动。当今世界，体育已经超越了国家的边界，成为全球化过程的产品和助推器。体育成为世界范围内政治、经济、文化倾向的缩影。体育已经通过全球体育赛事卷入国际政治议题，例如奥运会、足球世界杯等催生了全球体育跨国公司，运动员移民到各个国家寻求最好的薪水和福利，体育商品和装备制造业转移至低工资收入国家。体育全球化是一个巨大的商机。有些公司投资数亿争取国际体育赛事转播权，新媒

① ROCHE M. Mega – events and Modernity：Olympics and Expos in the Growth of Global Culture［M］. London：Routledge，2000.

体为全球大众体育传播提供了工具。精英运动员如足球明星大卫·贝克汉姆和克里斯蒂亚诺·罗纳尔多等一些球星，签署的年度合同薪酬高达数百万美元。全球体育偶像，像菲尔·迈克尔森和勒布朗·詹姆斯，从赞助商获得的收益远远高于其在俱乐部的工资收入。全球体育组织也具有了跨国集团公司的一些特征，其经济行为主义体现在对体育赛事产品的管理中①。

Graeme Hayes 与 John Karamichas 指出大型体育赛事不仅仅是体育或者文化现象，而是一种被赋予了象征意义的政治、经济事件，是展示国家地位、经济实力和集体文化认同的活动平台②。Katherine Dashper，Thomas Fletcher，Nicola McCullough 认为体育作为社会、文化、政治和媒介现象，有助于增强个人、社区和国家认同，同时也有利于缓解矛盾冲突，强化政权的稳定性③。Alan Tomlinson 通过 11 个典型个案深度分析了全球体育景观与国家认同构建的复杂关系，即奥运会和足球世界杯作为影响深远、意义重大的全球赛事，能够产生和促进强烈的国家认同④。John Harris 认为体育与旅游在国家认同构建中均发挥重要作用，并且指出了重大体育赛事在国家集体认同中扮演着重要角色，后现代社会体育旅游中的国家认同变得越来越重要⑤。Adrian Budd，Roger Levermore 指出体育在世界各地数百万人的生活中扮演着重要角色，并在全球治理系统中应对复杂的国际关系的地位越来越突出，有助于增进民族国家建设和认同观念⑥。Andrei S. Markovits，Lars Rensmann 指出职业体育已经发展成为全球公用语言，足球、美式橄榄球、棒球、篮球、冰球激起了美洲、欧洲及世界其他地方数以万计的男性球迷的集体认同，同时此文还揭示了体育在人们日常生活中无处不在的影响力，向所有市民证实国际化趋势下的地方、区域与国家认同⑦。杰·科克利指出，体育是社会生活中最能够为公众提供表达国家价值、信念、自豪、

---

① SAGE. G. Globalizing sport：How Organizations，Corporations，Media，and Politics Are Changing Sports［M］. London：Paradigm，2010.

② HAYES G，KANAMICHAS J. Olympic Games，Mega－events and Civil Societies：Globalization，Environment，Resistance［M］. Houndmills，Basingstoke，Hampshire：Palgrave Macmillan，2011.

③ DASHPER K，FLETCHER T，MCCULLOUGH . Sports Events，Society and Culture［M］. New York：Routledge，2014.

④ TOMLINSON A，YOUNG C. National Identity and Global Sports Events：Culture，Politics，and Spectacle in the Olympics and the Football World Cup［M］. Albany：State University of New Press，2006.

⑤ HARRIS J. Sport，Tourism and National Identities［M］. New York：Routledge，2013.

⑥ BUDD A，LEVERMORE R. Sport and International Relations：An Emerging Relationship［M］. London：Routledge，2004.

⑦ ANDREI S. M L RENSMANN. Gaming the World：How Sports are Reshaping Global Politics and Culture［M］. Princeton：Princeton University Press，2010.

集体团结和认同的活动方式，能够为“我们是谁?”这一命题提供最佳的答案①。例如，国际体育赛事这一场域常常被用来强化民族和国家的认同感，观众通过观看本国运动员夺取胜利的赛事转播，表达他们的国家归属感和自豪感。

（二）国家认同理论中的体育赛事

国家认同可被理解为一种地缘政治国家中的归属感。实在论（essentialist）认为国家认同是固定的，国家认同基于祖先、共同语言、历史、民族和世界观。建构主义（constructivist）认为群体创造、操控、破除身份是为了达到特定的利益目标。在这个研究范式中，有两个非常有代表性的观点。第一个观点体现在安德森的研究中，他认为认同是一个想象的共同体，因为认同个体在给定的地缘政治实体中不能相互联系，于是符号、仪式和其他仪式活动被用于绑定个体和想象社区共同体之间的成员归属关系。第二个观点是艾瑞克·霍布斯鲍姆（Hobsbawm）提出的，国家认同是为政治原因而生的，创造传统是为了确保过去的延续性。国家认同还可以从国家层面和个体层面来进行理解，国家认同构建是非常复杂的，它常常是各种认同因素综合作用的结果。

体育比赛是国家寻求认同和合法性的工具，能够展示国家的优越地位，增强国民的凝聚力，提高公民的认同感、归属感、团结感②。体育作为提高文化软实力的重要手段，有助于在全球化背景下增进国家认同③。William G. Tierney 和 Christopher Young④ 运用景观理论对 1934 年意大利、1966 年英格兰、1978 年阿根廷、2002 年日韩足球世界杯以及 1936 年柏林、1968 年墨西哥、1972 年慕尼黑、1980 年莫斯科、1984 年洛杉矶、1992 年巴塞罗那、2000 年悉尼奥运会中体育、民族主义与国家认同进行了大量研究。Jilly Traganou⑤ 认为奥运会作为全球标志性的体育赛事，能够在世界版图上凸显举办城市，并且在举办国家的奥运场馆、徽标、吉祥物、时装、开闭幕式展演活动等所有设计都有利于国家

① TOPIČ M D，COAKLEY J. Complicating the Relationship Between Sport and National Identity：The Case of Post－Socialist Slovenia ［J］. Sociology of Sport Journal，2010，27：371－389.

② 李春华. 体育在国家认同形成与强化中的功能 ［J］. 武汉体育学院学报，2007 （7）：21－24.

③ 董进霞，陆地，李璐玚. 全球化世界中的体育与国家认同、伦敦奥运及女子体育——国际体育社会学协会主席 Pike 女士、副主席 Jackson 先生学术访谈录 ［J］. 体育与科学，2014 （1）：86－90，96.

④ TIERNEY W G，YOUNG C. National Identity and Global Sports Events：Culture，Politics and spectacle in the Olympics and the football world cup ［M］. New York：State University of New York Press，2006.

⑤ TRAGANOU J. Designing the Olympics：（Post） National Identity in the Age of Globalization ［M］. London：Routledge，2016.

认同的构建。J. A. Mangan，Sandra Collins，Gwang Ok[①] 指出体育作为文化外交和国家综合实力展示的平台，1964 年东京奥运会、1988 年汉城奥运会、2008 年北京奥运会，促进了举办国政治、经济和文化的转型，蕴含着东亚在全球变革、区域优势和隐喻现代性方面的崛起，说明全球地缘政治和经济实力的轴心开始向亚洲转移。Matthew P. Llewellyn[②] 指出英国早期公众、媒介和官方领导如何强烈反对国际奥运会竞赛，英国奥委会却指出举办奥运会为爱尔兰体育联合会提供平台，加固白人的统治地位，设计出台系列政策提升运动员在国际体育中的声望。Agnes Elling[③] 通过对 2008—2010 年欧洲足球冠军杯、男子足球世锦赛以及冬夏奥运会期间 27 位荷兰成年人调查得出，荷兰运动员在国际体育赛事中取得的优异成绩有助于增强国家自豪感和归属感。Paul Darby[④] 指出非洲虽然不再是世界足球的边缘地区，但是第三世界和第一世界的经济差距仍然阻碍着足球运动在非洲的发展。作者从非洲足球的传播和殖民教条、非洲足球发展的本土障碍、国际足联在世界足球权力分配中的欧洲主义、第三世界的非洲与国际足联的统治、阿维兰热与全球平等、非洲在国际足联全球秩序中的地位等方面论述了非洲在世界足球发展中经历的磨难。David Goldblatt[⑤] 指出巴西与足球息息相关，足球为他们在国际上带来荣誉和自尊。Roman Horak[⑥] 认为城市足球和高山滑雪两项运动在促进澳大利亚国家认同中发挥着重要作用。Stephen Wagg[⑦] 指出板球运动在斯里兰卡、巴基斯坦、加勒比海、印度、澳大利亚、英国、新西兰与南非等中的重要作用。Greg Ryan[⑧] 指出了板球运动竞赛在增强新西兰各省关系中的重要作用，同时还探讨了英国殖民统治期间板球运动对新西

① MANGAN J A，COLLINS S，OK G. The Triple Asian Olympics – Asia Rising：The Pursuit of National Identity，International Recognition and Global Esteem ［M］. Abingdon：Routledge，2011.

② LLEWELLYN M P. Llewellyn. Rule Britannia：Nationalism，Identity and the Modern Olympic Games ［M］. New York：Routledge，2011.

③ ELLING A，VAN HILVOORDE I，VAN DEN DOOL R. Creating or Awakening National Pride Through Sporting Success：A Longitudinal Study on Macro Effects in the Netherlands ［J］. International Review for the Sociology of Sport，2014，49（2）129 – 151.

④ DARBY P. Africa，Football and FIFA：Politics，Colonialism and Resistance ［M］. London：Frank Cass Publishers，2002.

⑤ GOLDBLATT D. Futebol Nation：The Story of Brazil Through Soccer ［M］. New York：Routledge，2007.

⑥ HORAK R. Sport Space and National Identity：Soccer and Skiing as Formative Forces：on the Austrian Example ［J］. American Behavioral Scientist，2003，46（11）：1506 – 1518.

⑦ WAGG S. Cricket and National Identity in the Postcolonial Age ［M］. New York：Routledge，2005.

⑧ RYAN G. The Making of New Zealand Cricket 1832 – 1914 ［M］. London：Routledge，2004.

兰自身认同的构建，揭示了帝国关系中新西兰独特的结构体系、治理理念和管理目标。Michael L. Butterworth，John Louis Lucaites① 指出棒球是美国的国球，体现了健康、国家团结和民主模式，尤其是“9·11”事件之后，棒球在重建美国认同中发挥了特殊作用。Jackie Hogan② 对 1998 年长野冬奥会、2000 年悉尼奥运会、2002 年盐湖城冬奥会开幕仪式中日本、澳大利亚和美国三个国家的性别与种族建构进行了分析，研究认为当前奥运会开幕仪式已被精心打造为国家的商业叙事，这种叙事不仅能够增强国家认同，而且能够拓展举办国的知名度，促进旅游、国际贸易投资、政治治理理念。现代奥运会既是经济全球化的产品，同时又是推动者，能缓解全球主义和地方主义紧张关系，为国家认同叙事提供了沃土。

（三）软权力理论中的体育与国家关系

“软权力”（soft power）概念的提出者约瑟夫·奈认为软权力是一种“影响别人选择的能力，如有吸引力的文化、意识形态和制度”。事实上，软权力这个词语不仅适用于政治，更适用于商业和个人。约瑟夫·奈指出，有很多种影响他人行为的方式，既可以通过威胁和奖励，也可以通过吸引他人，来达到自己的目的。前者是运用“硬权力”，后者是施展“软权力”。“硬权力”指的是与诸如军事和经济力量那样的具体资源相关的“硬性命令式权力”，“软权力”指的是与诸如文化、意识形态和制度等抽象资源相关的、决定他人偏好的“软性同化式权力”。在现实世界中影响越来越大的软权力主要表现为文化权力、价值权力和制度权力三种形态。文化权力，即一国通过自身的文化传统、生活方式吸引其他国家人民的能力；价值权力，是一国的政治价值观得到其他国家政府和民众认可的程度；制度权力，即一国在国际社会上塑造制度、创新议程和控制议题的能力③。软权力在本研究视域下被理解为全球化背景下一种越来越重要的文化代表，其核心是追求和实践软权力，尤其是通过体育、艺术、教育和媒介。

新兴国家通常通过寻求软权力建设的平台提升国际国内的管理水平。体育

---

① BUTTERWORTH M L，LUCAITES J L. Baseball and Rhetorics of Purity：The National Pastime and American Identity During the War on Terror［M］. Alabama：The University of Alabama Press，2010.

② HOGAN J. Staging the nation：Gendered and ethnicized Discourses of National Identity in Olympic Opening Ceremonies［J］. Journal of Sport and Social Issues，2003，27（2）：100－123.

③ 唐昊. 为什么软权力如此重要［N］. 中国青年报，2015－03－16（06）.

作为一种手段能够影响国家形象，产生所谓的软权力或者社会资本，因而对国家建设十分重要①。尤其是对受经济和人口限制的小国而言，体育作为一个权力的代表在公共外交中能够产生无法估计的价值。巴西作为拉丁美洲领先发展中的一员也希望在世界上扮演一个重要角色，他们通过举办国际性的体育赛事达到他们全球化发展的目标。国际上的发展中国家也是需要持有双重武器建设他们本国的软权力。举办大型体育赛事为国家政府提供了独特的机会提升软权力，通过全球电视的文化展演吸引游客，提升国家自豪感。

Jonathan Grix，Nina Kramareva② 指出俄罗斯的超级权力已经在奥运会中获得了持续的认知，举办索契冬奥会无疑是为了向西方国家明示俄罗斯在全球政治秩序中的地位。因此，俄罗斯软权力的主要目标是激起自我价值、爱国主义的意识，培养切实可行的国家意识。体育是建构“集体认同”的主要工具，为国家认同的建构和激发强烈的民族情感提供了强劲的推动力。它在过去曾经广泛地被许多国家用于强化国家观念，灌输新的强有力的国家思想意识。同样，索契冬奥会也是使用了这样一种盛行的、具有战争修辞手段的工具。2014 年索契冬奥会有双重目的，确信精英统治，通过团结的文化符号点燃爱国主义情感，塑造强有力的新俄罗斯神话。将索契冬奥会与国家发展的集体记忆关联起来，创设历史话语情境，通过俄罗斯国家叙事巩固国内认同。索契冬奥会作为政府空间策略的一个组成部分，是将大型体育赛事作为一种符号向国际、国内民众展示日益增长的俄罗斯权力。一个民族国家不可分割的权力不仅仅体现在对外政策上，同时也是独立建立自己国家认同的基础。索契冬奥会期望为俄罗斯人民提供一个国家符号的未来面貌，也是新一代俄罗斯人国家认同的复兴的划时代事件。还有西方学者指出北京 2008 年奥运会就被认为是增强中国软权力的成功个案，通过举办赛事，展现了中国古老的文化和文明，奖牌榜第一的排名也让中国获得了声望。

（四）体育社会学理论中的体育与国家认同

体育社会学中阐述了有关体育与意识形态建构、体育与政治秩序、体育与社会控制、奥运会与民族主义、大型体育赛事的仪式等相关问题，这些论题均

① DEOS A. Sport and Relational Public Diplomacy：the Case of New Zealand and Rugby World Cup 2011 ［J］. Sport in Society，2014（9）：1170 – 1186.

② GRIX J，KRAMAREVE N. The Sochi Winter Olympics and Russia's Unique Soft Power Strategy ［J］. Sport in Society，2017（4）：461 – 475.

与国家认同相关联，为本研究从历史、政治、社会的视角剖析大型体育赛事与国家认同的发展关系，提供了充足的理论基础。

雷蒙德·威廉斯和艾瑞克·霍布斯鲍姆认为：体坛盛事和重要节日是统治阶级常常利用的重要手段，维持其现行的权威性。在新马克思主义的体育研究中，瓦奈伯梅的《足球狂躁症》（Vinnia，1970）批判性地审视了资本主义生产关系对足球的影响，重点关注现代足球对于塑造意识形态的影响。瓦奈伯梅等关注体育在维持当前稳定的社会秩序，以及在把第三世界融入资本主义体系的过程中发挥的作用。对于工人来说，关注地区、国家和国际的足球比赛是非常重要的，体育产业像其他跨国产业一样，也促进了资本和利润从第三世界向第一世界的流动，从而有利于资本主义世界体系的稳定。黑施特强调体育的政治性质，体育是一种由它所属的社会结构塑造出来的高水平表演型运动，它不是独立于社会的，也不是抵制或改变这个社会，而是用来支持这个社会的。布鲁姆在《体育：测量时间的监狱》中指出：体育是为统治阶级的价值观、信仰服务的有力工具之一，体育作为一种意识形态化的国家机器，扮演着三位一体的角色①。John Sugden 与 Alan Tomlinson② 的《权力游戏：来自体育社会学的评论》为世界体育提供了一个政治、社会、历史和哲学的权力关系的综合分析，并以奥运会、足球世界杯、拳击、板球、网球和帆板运动为个案，探讨了国家和民族主义、全球化、种族、性别、政治经济等核心议题。Paul Ward③ 在《1870 年以来的英国化》中认为英国这一国家概念不是生来就有的，而是经过不断的建构与重构而形成的，并且指出体育成为英国民族、帝国、国家认同建构的一种主要方式。

Alan Tomlinson，Christopher Young，Richard Holt④ 认为，体育已经成为全球化时代政治、文化和商业的重要载体，并追溯了欧洲体育与意识形态、经济增长、休闲消费、欧洲一体化进程的紧密联系，以及体育在改变欧美关系中的重要作用。随着现代化的体育在文化上更加中心化、在社会上更加重要，优秀运动员参与体育不再是为他们自己，而是代表着更广大的社区。Cornel Sandvoss，

---

① 约瑟夫·马奎尔，凯文·扬．理论诠释：体育与社会［M］．陆小聪，译．重庆：重庆大学出版社，2012.

② SUGDEN J，TOMLINSON A. Power Games：A Critical Sociology of Sport［M］. London：Routledge，2002.

③ WARD P. Britishness Since 1870［M］. London：Routledge，2004.

④ TOMLINSON A，YOUNG C，HOLT R. Sport and the Transformation of Modern Europe：States，Media and Markets 1950－2010［M］. London：Routledge，2011.

Michael R. Real，Alina Bernstein[①] 指出体育明星作为流行文化的航向标，已经在全球化时代得到公众的普遍认可。职业明星运动员尤其是国际知名明星作为地方或者国家的体育英雄人物，除了他们卓越的体育成就外，还反映了这个时代的政治、社会和文化叙事。在福柯的分析中，体育被解释为为了保持经济生产率和社会秩序，知识对身体存在的策略性干预。布朗内尔在《中国的身体训练：人民共和国道德秩序中的体育》中指出中国向国际社会展示了本国形象，20 世纪 80 年代，为了得到国际认可，中国改变了传统体育观念，现在体育成为文化成就的标志[②]。麦克阿隆认为，奥运会中各种仪式把地方假日和不同文化传统整合进一无缝的场景，作为“文化表演”的奥运会不只是一种仪式，因为“文化表演不仅仅表达了人的体验，而且人建构了奥运会”（Macaloon，1981）。现代奥运会被某些历史学家称为“地球上最大规模的秀”，已经发展成“超大型活动”之一了。奥运会及运动员获胜后不断增加的仪式和争奇斗艳的庆典，早在第一次世界大战爆发前就已成为民族主义意识形态的理想舞台，各个国家作为想象的共同体可以在奥运会上进行较量。美国从一开始就认为奥运会上的体育成就展示的是上帝之国的至高无上。苏联在第二次世界大战前根本没有参加“资本主义的”奥运会，后来明白了奥运会在宣传方面有很多好处[③]。体育社会学家金伯利·S. 希梅尔提出，那些竞相举办超级体育赛事的城市，往往是醉翁之意不在酒，它们争的其实是未来的发展机遇。体育意味着城市发展，并可提升城市在国内外等级制中的地位和吸引力，此外还可吸引投资、改善当地状况、引入工业、提高接纳游客能力以及传播本地文化等[④]。大型体育比赛有利于城市间的联系，并可在体育比赛中缓解它们之间的紧张关系，这类比赛有助于建立城市间的整体意识，找到彼此间的认同[⑤]。阿多诺写道：运动已不是游戏，而是一种仪式，大众文化的主子们在运动狂热中嗅出其独裁统治的实际群众基

---

① SANDVOSS C，REAL M R，BERNSTEIN A. Bodies of Discourse：Sports Stars，Media，and the Global Public［M］. New York：Peter Lang Publishing Inc，2012.

② 阮伟. 体育赛事与城市发展关系研究［D］. 北京：北京体育大学，2012.

③ 沃尔夫冈·贝林格. 运动通史：从古希腊罗马到 21 世纪［M］. 丁娜，译. 北京：北京大学出版社，2015：284.

④ 沃尔夫冈·贝林格. 运动通史：从古希腊罗马到 21 世纪［M］. 丁娜，译. 北京：北京大学出版社，2015：364.

⑤ 沃尔夫冈·贝林格. 运动通史：从古希腊罗马到 21 世纪［M］. 丁娜，译. 北京：北京大学出版社，2015：100.

础，这才是运动狂热得以存在的基础[1]。Steven Pope[2]认为体育成为美国社会盛行的文化现象。体育被包装成为社会和权力的系列制度化的文化理念，成为美国寻求国家强大的文化传播工具。体育与国家节庆活动有着密不可分的关系，每年7月4日在体育赛事中渗入爱国仪式活动以促进阶级和民族的融合，在社会矛盾冲突、经济衰退、外来移民压力的时代背景中，体育仪式的渲染成为形塑美国国家认同的核心内容。现代体育赛事的高度仪式化也表达了观众的共同价值观并始终以相同模式进行，前往运动场—在入口处排队—找到自己的位置—奏国歌—挥舞自己的旗帜——起饮酒庆功—使用某些饰物（围巾、帽子、徽章）—共同动作（蹦跳、手臂上举）——起喊、唱、欢呼—颁奖仪式等[3]。仪式是对集体情感的一种肯定方式，一个群体的集体情感越需要肯定，仪式就越多、越隆重。仪式总是象征性的、表演性的、重复性的，以摄人心魄的虔诚方式，去震撼群众的庸常状态，肯定某种集体情感的真实[4]。成功举办大型体育赛事，实质上是一种成功的政治仪式，可以带来神话一样的效果，实践着阿尔都塞所谓的“意识形态国家机器”的功效。Alan Bairner，Dong－Jhy Hwang[5]指出无论我们是探讨民族主义、爱国主义还是国家认同的建构与表达，很明显，国家维度的建构是体育中一个重要的组成部分。

二、媒介体育与国家形象

媒介体育在国际大型体育赛事中关于国家认同的关注仍然对国家认同和文化具有独特的影响[6]。媒介在建构、生产、强化国家叙事和国家形象中发挥着主要作用，能够激发国家认同方面共享意义、理解和价值。

---

① 沃尔夫冈·贝林格．运动通史：从古希腊罗马到21世纪［M］．丁娜，译．北京：北京大学出版社，2015：10.

② POPE S. Patriotic Games：Sporting Traditions in the American Imagination，1876－1926［M］．Oxford：Oxford University Press Inc，1996.

③ 沃尔夫冈·贝林格．运动通史：从古希腊罗马到21世纪［M］．丁娜，译．北京：北京大学出版社，2015：8.

④ 于闵梅．大阅兵：集体主义美学的迷思［EB/OL］．［2015－08－26］．http：//cul. sohu. com/20150826/n419799438. shtml.

⑤ BAIRNER A，HWANG D－J. Representing Taiwan：International Sport. Ethnicity and National Identity in the Republic of China［J］．International Review for the Sociology of Sport，2010，46（3）：231－248.

⑥ VINCENT J，HILL J S，BILLINGSA. “We are GREAT Britain”：British Newspaper Narratives During the London 2012 Olympic Games［J］．International Review for the Sociology of Sport，2018，53（8）：895－923.

从国家认同来说，国家形象传播具有两个方面的机制和意义：一是作为政治宣传机制的意识形态意义；二是作为身份认同的文化心理意义①。国家形象是国内外受众对一个国家的物质要素、精神要素、制度要素以及行为要素的总体认识，国家威信、国家声誉、国家品牌和国家认同都是国家形象在不同领域中的具体表现②。政治、经济、科技、文化、教育、体育因素等，都关涉国家形象③。1969 年，美国政治学家布丁（Boulding，K. E.）在其著作《国家形象与社会体系》中指出“国家形象是一个国家对自己的认知以及国际体系中其他行为体对它的认知的结合，它是一系列信息输入和输出产生的结果，是一个结构明确的信息资本”④。新闻出版署前副署长石峰认为国家形象的建构亦即国家文化形象的建构，国家形象塑造是一种以文化为内容的信息传播。随着新媒体技术的迅猛发展，大众媒介在国家形象的塑造与传播过程中，发挥着越来越重要的地位和作用。加拿大著名传播学者麦克卢汉认为媒介对人和行动等各种符号的组合、尺度和形态，发挥着塑造和控制作用⑤。

体育赛事作为一种媒介事件，与国家形象、爱国主义、民族主义紧密相连，尤其是在奥运会、世界杯等全球性的体育赛事中，体育所代表的已不仅仅是一种比赛、游戏或者娱乐，它代表的是民族荣誉和国家利益。体育竞赛作为预先策划的仪式性的全球媒介事件，与国家的国际形象密切相关，尤其是足球世界杯和奥运会，通过预先设置的仪式和议程，向国外展示自己的经济实力和组织动员能力⑥。竞赛场上每一位体育明星运动员都是一个国家、一个民族的象征，成为爱国主义及民族主义的代言人，体现着民族身份认同⑦。举办大型赛事可以作为塑造国家形象的重要契机，并能够推进举办国的经济发展、基础设施完善以及国家形象及知名度的提升⑧。李莹等学者通过形象移植理论对北京奥运

---

① 刘国强．国家形象传播：作为国家认同双重机制的考察［J］．求索，2010（9）：97－99.

② 余红，王琨．国家形象概念辨析［J］．中州学刊，2014（1）：167－172.

③ 管文虎．国家形象论［M］．成都：电子科技大学出版社，1999：23－48.

④ 刘笑盈，贺文发，等．俯视到平视——外国媒体上的中国镜像［M］．北京：中国传媒大学出版社，2009：1.

⑤ 蔡礼彬，刘雅．基于符号学原理的国家形象宣传片的传播研究——以人物篇为例［J］．中共青岛市委党校．青岛行政学院学报，2013（3）：85－90.

⑥ 徐艳．全球媒介事件中的国家形象传播研究［J］．新闻知识，2014（8）：6－7，5.

⑦ 郭晴．贝克汉姆现象：消费社会背景下的偶像崇拜与媒介制造［J］．成都体育学院学报，2009，35（3）：8－11.

⑧ 李莹，林功成，陈霓．大型事件对国家形象建构的影响——基于对北京奥运会和上海世博会的问卷调查［J］．新闻与传播研究，2014（8）：5－14，126.

会和上海世博会进行了实证研究，结果发现事件形象评价越积极，越容易形成正面的国家形象评价，因此建议主办方应该尽量选择更具有正面评价可能性的事件，谨慎选择宣传推广策略①。国家形象建设的图式包括实体建设、形象塑造、形象传播和想象接受②。范红在《国家形象的多维塑造与传播策略》中指出国家形象的立体传播包括新媒体传播、广告传播、国际体育赛事与国际活动营销、口碑营销、公共外交、公共关系等六个方面的传播策略③，而笔者指出的每一个传播策略中都包含着体育赛事，体育赛事也成为传播与构建国家形象的重要途径之一。

三、概念界定

（一）国际国内双重维度

《中共中央关于制定国民经济和社会发展第十三个五年规划的建议》把坚持统筹国内国际两个大局，作为“十三五”时期如期实现全面建成小康社会奋斗目标、推动经济社会持续健康发展必须遵循的原则之一④。国家认同的建设不能脱离于国内国际两个大局。本研究中的国际国内双重维度主要是指国内国际两个大局，即国际大局中的大型体育赛事与国内大局中的大型体育赛事，二者既紧密联系，又独立存在。在分析大型体育赛事与国家认同建构的过程中，研究力求做到立足国内、放眼国际，把两个大局中的大型体育赛事与国家认同建构统筹兼顾起来，从整体上通过大型体育赛事把握中国与世界的国际关系，进而指出未来大型体育赛事在实现国家认同建设中要着力做到两个大局之间相互借助、相互配合、良性互动的格局，真正在推动实现中华民族伟大复兴中国梦的征途中贡献体育的磅礴力量。

---

① 李莹，林功成，陈霓．大型事件对国家形象建构的影响——基于对北京奥运会和上海世博会的问卷调查［J］．新闻与传播研究，2014（8）：5－14，126.

② 刘丹凌．论国家形象的三重内涵——基于三种偏向的分析［J］．南京社会科学，2014（5）：106－114.

③ 范红．国家形象的多维塑造与传播策略［J］．清华大学学报（哲学社会科学版），2013（2）：141－152，161.

④ 韩文秀．坚持统筹国内国际两个大局［N］．光明日报，2015－11－27（5）．

（二）大型体育赛事

大型事件（mega-event）指的是在特定时间里举办且引起公众高度重视的一次性活动或事件，如奥运会、世博会等①。Johnny Allen 等指出：特殊事件包括国庆日和一些庆典、重要的城市集会、独特的文化表演、大型体育比赛、团体典礼、贸易促销和产品发布。特殊事件似乎无处不在，并正成为朝阳产业。Gold Blatt 将特殊事件定义为：特殊事件聚结一个独特的时刻，在那时以仪式或典礼满足特殊的需要。体育赛事是一种以竞技运动为核心，以实现某种社会效益和经济效益及满足人民大众精神生活的需要为目的，能够对社会、文化、政治、经济、环境等领域造成一定影响的特殊事件，包括国际大型赛事及国内大型赛事、一般赛事和小型赛事②。

本研究视域中的大型体育赛事既包括综合性体育赛事，也包括单项职业体育赛事。国际大型综合性体育赛事重点关注夏季奥运会、冬奥会、亚运会，国内大型综合性体育赛事重点关注全运会；国际单项大型体育赛事主要关注足球世界杯、美国橄榄球超级碗、四大网球公开赛、四大高尔夫球职业赛事，国内单项职业体育赛事主要关注中国足球超级联赛、中国网球公开赛、汇丰冠军赛和沃尔沃中国公开赛。

本研究论及上述赛事的缘由是，国家认同是一个复杂的建构过程，包含国际和国内两个大局。在国际大局中，世界公认的超大型体育赛事包括奥运会和足球世界杯，这两个赛事亦是本研究分析的核心关键赛事，然而，国家认同在国际大局中的建构又不仅仅局限于两个超大型体育赛事，还关涉职业化、高度商业化的国际单项职业赛事，因此，本研究又将四大国际职业高尔夫球公开赛和网球公开赛作为关注点，研究用意是尽量丰富和完整描述国际大局中具有世界影响力的、结构相对完整的国际赛事体系，进而进一步探讨一个国家在现代化、国际化的进程中是如何实现在这些国际赛事体系当中的国家认同建构。在国内大局中，由于国家结构体系和国家认同之间具有相互塑造的关系，若要实现在国际大局中的大型体育赛事与国家认同，需要国内稳固的赛事结构体系作为依托，在此基础上，本研究选取了全国运动会以及国内职业足球、网球、高尔夫球赛事作为参照对象，探讨这些国内职业赛事在通往国际职业体育赛事国

---

① 李莹，林功成，陈霓．大型事件对国家形象建构的影响——基于对北京奥运会和上海世博会的问卷调查［J］．新闻与传播研究，2014（8）：5－14，126.

② 徐伟．体育赛事市场化研究［D］．南昌：江西师范大学，2006.

家认同中存在的不足。本研究选择国际国内双重维度中由内至外和由外至内相互联系的大型体育赛事与国家认同建构体系，试图描述并分析由内到外双向互动过程中国家认同目标在国际体育赛事体系建构中的达成度和存在的薄弱环节，并最终找到用以指向解释和剖析未来我国大型体育赛事与国家认同的创新发展路径。也正是基于此研究目标，本研究中所涉及的大型体育赛事更注重从宏观上、整体上将国际国内两个大局作为一个完整体系探讨国家认同的建构逻辑，而没有将研究仅仅局限于某一项大型体育赛事，这样做是为了更好地说明国家认同建构过程中中国与世界发展的关系。

（三）国家认同

本研究主要将国家认同定义为一种共享的国家情感，基于民族国家形象和故事相关的认同。体育是国家用来表达集体情感的重要方式。有组织的竞技体育已经被具有不同政治信仰的政府看作是锻造“国家特征”的重要方面①。在国家内部，体育经常被用来促进政治的社会化；在国际关系中，它则被用来建立国家声望和提升综合国力②。大型国际体育赛事在国际层面成为国家与国家之间加深理解、合作的催化剂，同时，在国内层面成为“国家主义情感公开崇拜”的舞台。体育仪式或是典礼——尤其是国家性或国际性的体育赛事都给体育带来超出其作为有组织的竞技体育比赛的象征意义。

第三节　研究对象及方法

一、研究对象

本研究以奥运会、足球世界杯、亚运会、全运会以及国际国内高度职业化的网球、高尔夫球等大型体育赛事为主要研究对象。

---

① 李春华，刘红霞．媒介体育与国家认同——国外研究相关综述［J］．北京体育大学学报，2007（4）：467－469.

② 刘红霞．媒介体育中国家认同的再现与建构［J］．体育科学，2006，26（10）：3－14.

二、研究方法

（一）文献研究法

本研究通过国家图书馆、北京体育大学图书馆、北京大学图书馆、CNKI数据库、Google、百度等，查阅国内有关大型体育赛事的研究文献，为研究提供充足的资料支持。同时，作者在美国肯特州立大学访问期间，通过学校的数据库网站、Kentlink、Ohiolink链接及E-book链接，查阅下载了上百部（篇）与"sport mega-events"主题相关的书籍和论文，也为本研究提供了充足而丰富的国外研究资料。

（二）历史研究法

若要深刻理解社会的建构逻辑，就需要在不同的集体性历史的特殊性中去研究。通过历史研究法分析晚清时期、民国时期、中华人民共和国成立以来三个历史时期国际与国内双重维度下的大型体育赛事与国家认同。同时还对夏季奥运会、冬季奥运会、足球世界杯、高尔夫球职业赛事等采用历史叙述的方式，寻求其在历史演进过程中的文化特征及价值。

（三）专家访谈法

为更好地理解大型体育赛事在社会发展中的价值和作用，本研究还通过专家访谈的方法，收集专家对体育赛事与竞技体育发展、国家建设、队伍建设等各方面的意见，这也为本研究提供了智库支持。本研究共进行了三次专家访谈，访谈和调研过程主要如下。

第一次专家访谈。时间：2015年4月21日，专家信息见表1-1。

表1-1　专家信息一览表

序号	专家姓名	职称	研究专长
1	TH	教授	体育史、学校体育
2	CH	教授	体育理论

续表

序号	专家姓名	职称	研究专长
3	DXH	教授	体育文化
4	LZS	教授	体育教育
5	LST	教授	体育社会学

访谈核心问题纲要：本次访谈的主要目的是从学理上把握大型体育赛事与国家认同之间的交互关系，访谈紧紧围绕以下问题展开：

第一，认同、国家认同、体育之间的关联；

第二，奥运会与国家认同的文化实践；

第三，全运会与国家认同的文化实践。

各位专家首先一致认可研究题目的新颖性及研究价值，依据笔者研究的题目，对大型体育赛事与国家认同的基本理论框架进行讨论，专家们一致认为国家认同理论是非常核心的一个理论，需要重点理清体育与国家认同之间的交互关系。体育社会学、体育史学的基本理论对大型体育赛事与国家认同的逻辑关系问题具有一定的理论借鉴意义，要从中吸收先进的理论精髓，剖析现代化进程中中国与国家认同的关系。这次专家访谈为本研究深度挖掘并利用相关理论剖析大型体育赛事与国家认同问题提出了具有参考意义和建设意义的理论思路。

第二次专家访谈。时间：2017 年 1—4 月，专家信息见表 1 - 2。

表 1 - 2　专家信息一览表

序号	专家姓名	职称	研究专长
1	Kimberly Schimmel	教授	体育赛事与城市发展
2	Theresa Walton	教授	体育社会学
3	Steve Mitchell	教授	体育教学
4	Mark Leberger	副教授	体育市场
5	Philip Wang	副教授	体育休闲、旅游
6	Marta Guivernau	副教授	体育社会学、心理学

笔者利用在美国肯特州立大学访学的机会，对学院里的有关专家进行了访谈。

Kimberly Schimmel 是肯特州立大学教授，也是行政领导基础学校的主任，她曾担任两届国际体育社会学会副主席，还是《体育社会学》杂志副主编，获得肯特州立大学杰出教师和优秀学者荣誉。她主要研究的是职业体育和城市发展的问题，她也为本研究从国际视角理解大型体育赛事提供了非常好的写作指导。

Theresa Walton 是北美体育社会学会的主席，2017 年 1—5 月，笔者选听了她为研究生开设的“体育社会学”课程，授课采用圆桌讨论的形式，课堂内容涉及社会学基础理论及性别、种族、宗族、残疾人体育等，每一内容均对应3 ~ 4 篇文献，学生分组阅读文献后，进行长达 3 个小时的课程讨论。这些学生中有学生运动员（student - athlete），有肯特州立大学篮球队、橄榄球队的助理教练。在听课的过程中，笔者既深深理解了主讲教师对社会学理论的阐释，同时又能听到学生通过自身的体育体验讲出的对体育的认知。课程作业有一项是社会学想象力自画像，笔者收集了班中每一位同学的自画像，这为更深刻地理解美国社会与体育的关系提供了非常好的素材。同时，主讲教师 Theresa Walton 在体育媒介方面也颇有研究，2017 年 8—11 月，笔者选听了她为研究生开设的“Sports and The Media”这门课程，授课提纲首先列出了 9 月至 11 月应该重点关注的美国举办的重大赛事。课程从理论框架和研究视角开始切入，讨论体育媒介生产—上层建筑，并从性别、种族等角度，探讨体育新闻产品的结构，剖析体育媒介在社会文化中的作用。Walton 的两门课程，为本研究从社会学视角、媒介视角剖析体育赛事与国家认同的建构提供了非常好的研究思路。

Steve Mitchell 是体育教育系的副主任，对他的访谈是跟他在调研高中体育课教学的工作中进行的。通过这次走访，笔者对高中体育课程教学基本模式、课程安排、校队设置、场地设施、特色项目、联盟比赛等有了初步的认识，对美国俄亥俄州的高中学校体育竞赛体系有了基本了解。同时，笔者利用此次机会还与三所高中的体育教师进行了沟通交流，了解高中体育教学实践过程中的详细信息。

Mark Leberger 的主要研究方向是体育市场，在这个领域，他发表了超级碗、高尔夫莱德杯等大型赛事的体育市场分析。2017 年 8—11 月，笔者选听了他为本科生和研究生开设的“Event Planning and Production”课程，课程主要从赛事管理的角度探讨赛事计划、产品、比赛、展览、节庆和其他文化庆祝活动，同时该课程还从地理学三个维度、经济学和赛事旅游目的地等方面，多维度探讨体育赛事。对 Mark Leberger 教授的访谈主要是交流美国体育赛事的市场发展信息，他将最新的体育市场著作电子版、体育赛事研究中涉及的市场调研数据分享给笔者，并与笔者进行了多次交流讨论，给笔者从经济学角度理解美国大型体育赛事提供了非常好的指导和资料。

Philip Wang 是中国台湾人，他主讲的课程是“休闲学基础”“旅游管理”。对他的访谈是在选听他课程的过程中同时进行的。2017 年 1—5 月，笔者选听了他的“休闲学基础”。体育和体育赛事作为休闲、旅游的一种重要组成方式，这部分内容经常会出现在他的授课中。这为笔者从休闲学、旅游学视角理解大型体育赛事提供了非常好的知识铺垫。

Marta Guivernau 来自西班牙，主讲“体育社会学”“全球化视野中的体育”。笔者选听了她为研究生开设的“全球化视野中的体育”课程，她的授课从体育与民族、民族主义、国家认同的基础理论入手，研讨了以色列、巴基斯坦、苏格兰、英格兰、中国、西班牙、加拿大、美国等国家是如何通过体育尤其是体育竞赛建构国家政治的，又是如何建构国家认同的。笔者又通过课后与教师讨论和交流，比较清晰地把握和理解了全球化视野中是如何实现体育与国家认同间的有机联系的。同样，笔者同学中有在肯特州立大学棒球队和橄榄球队执教的助理教练，在课程的讨论中，他们的一些发言和观点也给了笔者很多启发。这为笔者从全球化的视角解读体育赛事提供了知识框架，并进一步丰富了研究视野。

第三次专家访谈。时间：2017 年 4 月 22 日，专家信息见表 1 – 3。

表 1 –3　专家信息一览表

序号	专家姓名	职称	研究专长
1	ZBS	教授	体育职业化
2	RH	教授	奥林匹克体育
3	MZM	教授	体育教育
4	YJD	教授	体育传媒
5	LXP	教授	体育管理
6	LYZ	教授	体育社会学
7	GSY	主任	体育训练与管理

访谈核心问题纲要：这次专家访谈的主要目的是探讨我国体育事业发展中

的短板问题，访谈紧紧围绕以下问题展开：

第一，我国体育事业各领域存在的主要短板；

第二，2018 年韩国平昌冬奥会、2020 年东京夏季奥运会和 2022 年北京冬奥会，中国在备战参赛中面临的问题；

第三，我国冬季运动项目发展的主要短板；

第四，我国在体育外交、体育文化上的短板；

第五，当前我国体育赛事体系及其存在的一些短板。

通过访谈，专家为推进中国体育事业的良性发展提出了很多可供借鉴的对策。这为笔者从国际国内双重维度探讨我国大型体育赛事的创新发展路径提供了非常好的研究思路。

（四）问卷调查法

本研究设计了“大型体育赛事学生群体关注情况调查问卷”，发放对象为在校大一学生和初中生，共计发放问卷 500 份，回收 482 份，有效问卷 482 份，有效回收率为 96.4%。采集数据仅用于说明青少年学生群体对大型体育赛事的关注度，了解他们对体育赛事中国家形象、国家认同的认知，进而进一步说明体育赛事文化认同建构的过程是基于一代又一代人的传承。

（五）参与式观察法

袁方等在《社会研究方法教程》一书中指出：“参与式观察法的一个最大的优点就是研究者生活在所研究的对象、群体以及社区中间，对许多现象都能够产生生动具体的感性认识。同时，他还能够公开地询问他想了解的任何问题，可收集到许多采用其他方法难以得到的资料。”[①] 这种“参与式观察”的方法，正是韦伯所主张的，对社会现象的解释必须采取“投入理解”（verstehen）的方法，即“研究者站到被研究者的立场，设身处地地理解行为者内在动机，主观地判断影响社会行为的内在原因”。

为了更好地理解美国大学运动联合会（NCAA）的赛事，2016 年 11—12 月笔者在美国肯特州立大学访学期间，曾四次作为赛事志愿者（usher）服务肯特州立大学篮球队和橄榄球队的大学联盟比赛，其中三次服务篮球比赛，一次服务橄榄球比赛。通过志愿服务，笔者对大学生体育比赛的运作流程和基本模式

---

① 袁方．社会研究方法教程［M］．北京：北京大学出版社，2004：335.

有了初步了解，对赛事的观众参与情况、大学对校队的支持开发及运作情况，以及大学体育校队与学生、家庭、社区的认同建构等基本情况也有了一定的认知。

2016 年 11 月 15 日，笔者到肯特州立大学体育馆观摩体操队训练，对场地设施、场馆功能分区、运动员训练竞技状态、科研队伍保障、康复区器械等基本内容有了一定的了解。

2017 年 1 月 28 日，笔者观看 NBA 克利夫兰骑士队篮球新年赛，2017 年 2 月 6 日观看超级碗电视转播，2017 年 9 月 9 日、9 月 30 日、10 月 14 日到肯特州立大学主体育场 Dix Stadium 观看橄榄球比赛。通过观赛，笔者对美国大学职业体育赛事的运作与认同机制有了初步的感性认识，对深入理解赛事与个人、球队、城市、国家间的认同建构关系有一定的帮助。

2017 年 7 月 10 日—8 月 14 日，笔者走访了美国四届冬奥会举办地，即 1932 年和 1980 年的普莱西德湖冬奥会、1960 年的斯阔谷冬奥会和 2002 年盐湖城冬奥会，目的是到现场观察冬奥会带给这些举办城市的影响以及冬奥遗产是如何在这些城市传承的。同时笔者还实地参观了尼克劳斯高尔夫博物馆、美国橄榄球名人堂、篮球名人堂，以及华盛顿博物馆中的体育馆，深度理解博物馆在项目文化传承与创新中的意义和价值。

为了解美国基层的庞大体育参与群体是如何形成的，这些群体的联赛是如何运行的，笔者又实地观察学前、小学、初中等各年龄阶段的棒球、足球、篮球、冰球等课程的训练和比赛，对初步了解美国基层体育赛事体系积累了一定的感性认识。

（六）深度访谈法

在美国访学的一年时间中，笔者租住在美国俄亥俄州肯特市一户本地人家里，围绕研究内容，通过日常生活观察和日常谈话，深度访问了四位美国球迷。

Heidi，女，56 岁，身兼多职，既是肯特市政府部门的会议秘书，又是一位慈善机构的职员，同时还是瑜伽老师。她详细地向笔者介绍了其儿子成长过程中的体育参与、训练情况。从一位母亲的角度讲述她和儿子的体育故事，这为笔者理解家庭与孩子体育参与及球队认同之间的建构关系，提供了丰富的研究资料。

Chris，男，66 岁，职业是律师。他以家庭给孩子体育参与带来的影响为主题，以故事叙述的形式，为笔者讲述了他父亲与他一起观看克利夫兰棒球队、篮球队比赛的经历，在其成长过程中，他父亲通过自身的日常生活实践培养了他参与体育、欣赏体育的行为习惯。之后，他也是在自己的家庭日常生活中，践行着对子女的体育参与行为习惯的养成教育。从他讲述的故事中，笔者深深理解了美国球迷文化的家庭代际传承，即“generation upon generation”（一代又一代），其中父亲对孩子的体育文化认同起着关键而又不可或缺的作用。

Corner，男，30 岁，匹兹堡律师。通过具有收藏意义的体育藏品影响孩子的体育参与行为，这也是建构体育认同的一个独特途径。Corner 展示了自己收集的与球队相关的体育明星卡片（cards）、海报（poster）等带有球队文化符号标识的、能够引起历史记忆的系列藏品，每一枚卡片都用塑料玻璃夹保存，按照时间、球队、卡片内容等方式集中保存在一个大箱子里。当问他如何收集这么多具有时代特征和纪念意义的卡片时，他告诉笔者，其中很多都是他父亲生前收集的，小时候父亲带他去观看体育比赛，就开始收集钟爱球队的体育明星卡片。他在父亲收集的基础上，又增加了一些自己喜欢的体育明星或者球队的卡片及海报。看着 Corner 给笔者展示的这些藏品，笔者眼前浮现出他和父亲一起去球场看球、珍藏卡片、父子欢呼的种种场景……这让笔者深深感悟到，家庭作为社会的基本细胞，在美国体育文化传承、体育产业消费、休闲体育参与过程中所扮演的重要角色，也更加深刻地理解了体育文化认同的家庭代际传承机制。

Wilson，男，60 岁，擅长在 Facebook 撰写有关体育球迷的评论。Wilson 家里有兄弟姐妹 8 人，都是体育运动的积极参与者，爷爷在 1890 年从爱尔兰移民到美国，喜欢棒球——这是他们这些移民寻求认同的一种方式。父亲在部队是乒乓球锦标赛冠军。Wilson 本人打网球、垒球，每周 3 次，坚持 20 年骑自行车上班。受父亲的影响，Wilson 也喜欢乒乓球，爱看奥运会乒乓球比赛。他的儿子喜爱击剑，女儿是花样滑冰爱好者，他们除了自己喜欢参与的运动项目外，还是美国橄榄球、棒球和篮球的忠实球迷。凡是遇到重大体育比赛，全家人都会聚在一起观看克利夫兰棒球队比赛和篮球队比赛，他们以优秀的篮球明星詹姆斯而自豪。他在 Facebook 写了一篇以部落认同（tribal identity）为主题的文章，对于为何用这个词，他解释说美国是一个移民国家，文化多样化，群体多样化，为了更加准确地表达他们当地人对球队的认同，所以用部落（tribal）这个词，用于区别其他人群的认同。通过与 Wilson 的深度访谈，笔者更加深刻地认识到，家庭在孩子体育认同中有着重要作用，而且能够一代一代传承，同时还有学校和社区健全的体育教育和体育俱乐部体系，使得家庭—学校—社区形成了稳定的球迷文化认同。家庭是基础，是核心，是形塑孩子认同的起始点，学校和社区是正式的外部环境，为稳定家庭形成的球迷认同起到固化的作用，从而形成了非常稳定的球迷文化。正如 Wilson 谈到的那样，他的爷爷在年纪很大的时候，仍然会通过收音机收听体育比赛，会因为赢球而高兴，也会因为输球愤怒地敲击桌子。Wilson 还告诉我，他小的时候，家乡球队赢了球，会看到大街上到处都是狂欢庆祝的人群。就是这样，人们爱着他们的球队，爱着他们的球队明星。

笔者经过一年的日常生活观察和实践，比较深入地了解了美国体育文化的家庭代际传承机制，能够为本研究讨论“一代又一代”（generation upon generation）的赛事认同建构提供非常翔实的访谈资料。

（七）逻辑思辨法

对收集到的各种历史资料、调研数据、访谈内容等，采取分析、综合、抽象、概括、归纳、演绎的方法，找到双重维度下大型体育赛事与国家认同建构中基本的、本质的东西，挖掘出隐藏在大型体育赛事背后具有普遍适用性的、带有规律性的东西，并据此演绎推理我国体育赛事体系创新发展的路径。

（八）比较分析法

本研究梳理了比利时、塞浦路斯、爱沙尼亚、丹麦、立陶宛、斯洛文尼亚、瑞士、芬兰、法国、德国、匈牙利、爱尔兰、荷兰、波兰、西班牙、英国、日本、印度、澳大利亚、新西兰、南非、乌干达、墨西哥、巴西、美国、加拿大等国家的体育制度和体育政策，对这些国家的体育运行体系和体育赛事管理体系进行了综合对比研究，深度剖析了美国、日本、德国、加拿大、英国、澳大利亚等国家的体育制度和管理体系。同时笔者通过肯特州立大学图书馆资源库，查阅了 2010 年、2014 年两届冬奥会政府官方报告和 2008 年、2012 年、2016 年三届夏季奥运会政府官方报告，总结奥运会的筹备、举办、赛后利用、奥运遗产等工作中可供我国 2022 年北京冬奥会借鉴的国际经验，从而为本研究提供国际视域中的对比资料。

第二章 体育、国家认同与中国梦

第一节 国家认同与中国梦的理论内容

一、国家认同的提出及内涵

“nation”一词意指种族、血统、出生物等。英语“nation”一词经常与国家联系在一起，包括民族和国家两层含义，且“国家”的含义要高于、多于“民族”。1953 年列文森论梁启超的名著《梁启超与中国近代思想》中，最早使用了国家认同（national identity）一词，但在其语境中并未赋予国家认同特殊含义①。随着国家认同在国际国内政治中发挥着越来越重要的作用，它成为学者们关注的中心议题之一。

① 杨亮军. 危机中的变革：清末重塑国家认同的制度性选择［J］. 福建论坛（人文社会科学版），2011（4）：101－107.

（一）国家认同的内涵

国家认同是一个国家生存和发展的重要因素，是连接国家与人民的纽带①。何为国家认同？我国学者也对其含义进行了较为全面的探讨，有学者指出国家认同是指生活在某一个国家之内的公民基于对自己国家的历史文化传统、道德价值观、理想信念、国家主权等的热爱基础上而建立起来的认同②。国家认同指的是个体在主观上认为自己属于国家这样的政治共同体，心里怀有对该国的归属感③。国家认同即个人与国家间，发生感情上的融合，两者浑然一体④。国家认同根本之处在于行为主体的个人与国家之间发生感情上的结合，在心理上认为"我"是国家的一部分，并愿意与之同甘苦、共患难的一种意愿和决心。广义的国家认同是多重认同的重叠，是指公民对共同的民族、共同的地域、共同的主权所形成的向心性和归属感之上的共同体意识⑤。实际上，国家认同是本国公民对自己国家的归属感、认同感、自豪感的集中体现，也是个体或群体在心理上认同自己归属于某一国家，成为该国成员的一种政治意识⑥。国家认同观念是嫁接国家内部秩序和外部秩序的桥梁，国家认同意味着一国与他国如何交往及对本国国际地位的认知⑦。国家认同在国内的公民交往中及国际交往中均有体现。国家认同是现代国家建构的重要政治文化基础，现代化进程中社会变迁所引发的体制性危机、群体行为及文化价值危机、合法性危机等是改变重塑国家认同的重要诱因⑧。

对于中国这样一个民族构成复杂的国家来说，国家认同的意义十分重大。国家认同的水平直接关系到国家的统一和边疆的稳定，以及国家的安全。国家认同的状况也直接影响着我国的国家形象和作为国际行为主体在国际政治格局

---

① 刘琴琴．中国梦与国家认同［J］．西昌学院学报（社会科学版），2014（3）：76－80.

② 谭德宇，陈学兵．筑好中国梦：实现民族认同与国家认同有机统一的基础［J］．社会主义研究，2013（6）：41－47.

③ 黄岩．国家认同——民族发展政治的目标建构［M］．北京：民族出版社，2011：148.

④ 李志东．新加坡国家认同研究（1965—2000）［M］．北京：中国人民大学出版社，2013：1.

⑤ 张寅．民族国家建构中权力合法性基础的巩固——强势国家认同的双向建构［J］．云南行政学院学报，2017（5）：63－69.

⑥ 刘琴琴．中国梦与国家认同［J］．西昌学院学报（社会科学版），2014（3）：76－80.

⑦ 王乐．民族认同与国家认同的关系及其统一路径研究［J］．中共四川省委省级机关党校学报，2014（1）：79－83.

⑧ 黄岩．国家认同——民族发展政治的目标建构［M］．北京：民族出版社，2011：165.

中的地位[①]。

（二）国家认同的维度

国家认同是一个国家相对于国际社会的角色，是基于国际社会承认之上的国家形象与特征的自我设定。国家认同在个体与集体、国内与国际两个层面上体现出双重维度。就国内维度而言，国家认同是国民归属感及为国奉献的心理和行为，是国家凝聚力、向心力的重要表现，是国家治理合法性的重要来源[②]。从国际维度看，国家认同是一个国家相对于国际社会的角色，体现为自我国际定位，反映一个国家的国际观，是一国如何认识国际秩序的重要思想基础[③]。

（三）国家认同的方式

对于国家认同的方式，按照学术界的研究成果，基本可以分为以下几种，即族群认同、民族认同、国族认同、领土认同、文化认同、政治认同。

在大多数现代民族国家内部，呈现出三个层面的共同体：第一个层面是国家层面的国族（中华民族），第二个层面是国家内部的不同民族，第三个层面是不同民族内部或外部的多个族群。国族内部有民族，民族内外有族群，这构成了大多数民族国家的常态[④]。近代中国是一个“国家”的重新发现，也是一个“国族”的重新发现[⑤]。从认知发生学的角度看，人的“类”归属认知是一个由小到大、逐步扩展的过程，是一个家庭→家族→民族→国族不断发展的过程，国族认同不等同于民族认同，国族认同是对民族认同的超越和升华[⑥]。国族是现代国家的基石，是国家认同形成的桥梁，是国家统一和稳定的基础，是实现中国梦的主体和归宿[⑦]。因而，对中华民族这一国族认同的建设是国家认同建设中最为重要的部分。

---

① 周平．论中国的国家认同建设［J］．学术探索，2009（6）：35 – 40.

② 门洪华．两个大局视角下的中国国家认同变迁（1982—2012）［J］．中国社会科学，2013（9）：54 – 66.

③ 庞大鹏．俄罗斯的国家认同：内政外交的联动性［J］．俄罗斯东欧中亚研究，2018（1）：1 – 15，156.

④ 许纪霖．国族、民族与族群：不容被混淆的三个概念［J］．西北民族研究，2017（4）：12 – 22.

⑤ 许纪霖．作为国族的中华民族何时形成［J］．文史哲，2013（3）：128 – 135.

⑥ 王树亮．国家认同对象体系的“三层四维”结构［J］．山西师大学报（社会科学版），2014（3）：1 – 5.

⑦ 周平．再论中华民族建设［J］．思想战线，2016（1）：1 – 8.

美国政治学家白鲁恂指出："一个新国家的人们需要逐渐将他们国家的领土确认为自己真正的家园，应当感觉到他们的个人认同部分是由与他们成为一体的有明确疆域的国家来界定的。"① 领土认同是公民对国家的领土这种整体性特征的认同，它首先表现为一种在场的情境感。领土认同对国家认同概念的建构具有重要的意义，是国家认同概念不可或缺的构成性要素②。领土认同是国家认同的基础，是民族认同、政治认同和文化认同建构国家认同路径成功的前提。

文化认同，就是指对人们之间或个人同群体之间的共同文化的确认，从而形成对某一共同体的归属感③。文化认同的依据在于相同文化符号的使用、共同文化理念的遵循、共有思维模式和行为规范的秉承。因此，在理解"文化认同"这一概念时多侧重于它如下的几种特性和含义：文化认同具有普遍的广泛性；文化认同具有"规范"和"塑造"的作用与价值；文化认同在利益维护中具有实际意义。

政治认同是人民群众对于政权的赞同态度、支持行为及由此产生的政权代表的国家的心理归属感④，体现了政治体中的成员对于政治体系的认知、情感和评价，是成员对政治体系的价值倾向⑤。在实际的社会政治经济生活中，人们之所以认同某个国家，并非主要因为有着相同的血缘系谱、共同的地域空间或历史与文化传统，而主要是因为这个国家在政治组织、政治制度、社会经济政策等方面能切实保障国民的利益和让人民生活幸福⑥。新文明中的政治认同，需要制度创新，需要聚焦于意义的话语建构⑦。

全球化的时代，在强化国家认同的维度上，必须把国家认同放在高于民族（族群）认同、文化认同、政治认同、领土认同的地位，统领全局，把国家认同建设与中华民族伟大复兴这一伟大工程紧密结合起来，打造一个既具有统一的国民意志，又具有多元民族文化的开放性国族——中华民族。

---

① 王乐．民族认同与国家认同的关系及其统一路径研究［J］．中共四川省委省级机关党校学报，2014（1）：79－83.

② 周光辉，李虎．领土认同：国家认同的基础——构建一种更完备的国家认同理论［J］．中国社会科学，2016（7）：46－64.

③ 崔新建．文化认同及其根源［J］．北京师范大学学报（社会科学版），2004（4）：102－107.

④ 常轶军．政治认同：国家治理现代化的根与魂［N］．光明日报，2018－02－08（15）.

⑤ 桑玉成，梁海森．政治认同是如何形成的？［J］．复旦学报（社会科学版），2017（4）：134－143.

⑥ 暨爱民，彭永庆．国家认同建构：基础要素与历史逻辑［J］．中南民族大学学报（人文社会科学版），2016（1）：32－37.

⑦ 姜奇平．新文明论概略［M］．北京：商务印书馆，2012：111.

（四）国家认同是中国与世界关系的写照

国家认同的功能是服务于国民，其寓示于外交政策和国际关系[①]。中国兴衰与国家认同演变密切相关，国家认可在很大程度上是中国与世界关系的写照。进入19世纪中期，中国成为国际权力转移的受害者，西方思想通过强制性手段进入中国。进入20世纪，封建帝制土崩瓦解为中国国家转型开辟了道路，中国走上了社会主义道路。20世纪上半叶，中国尚处于不稳定的国际体系的底层，国家发展的核心目标是恢复19世纪失去的国家独立与主权；20世纪下半叶，中华人民共和国的成立标志着中国社会发展迎来历史性的崛起，尤其是改革开放后的20年，中国抓住新一波全球化浪潮，以更加积极的状态推动国际体系的发展进程，重塑国家认同，逐步成为国际体系中一个负责任的、建设性的、可预期的塑造者，在国际社会中建设性作为的意愿逐步展现。进入21世纪，中国开始积极主动融入国际社会，参与国际事务，逐步为世界体系的发展贡献中国智慧和中国力量。中国在世界体系中的地位在2008年全球金融危机和欧美债务危机爆发后，显得越来越重要。2008年北京奥运会、2010年上海世博会、2010年广州亚运会和2011年深圳世界大学生运动会等重大国际活动的举办，标志着中国与世界的关系越来越紧密，中国正前所未有地靠近世界舞台的中心。

（五）国家认同的变迁与确定体现在大国地位的诉求上

中国的国家认同不是一成不变的，而是随着国际国内形势的变化处于变迁之中。改革开放以来中国国家认同经历了从传统、封闭、一般大国到现代、开放、重要大国的转型。国家认同的制度属性是新型社会主义大国，经济社会属性是发展中大国，文化属性是传统资源丰富的文化大国，政治属性是负责任的大国，战略属性是具有重大世界性影响的亚太大国[②]。

党的十九大报告指出，经过长期努力，中国特色社会主义进入了新时代，这是我国发展新的历史方位[③]。新时代国家认同的建设需要与中国发展的国际

---

① LEBOW R N. National Identities and International Relations ［M］. Cambridge: Cambridge University Press, 2016.

② 门洪华. 两个大局视角下的中国国家认同变迁（1982—2012）［J］. 中国社会科学, 2013（9）: 54-66.

③ 十九大报告，习近平宣示“新时代” ［EB/OL］. ［2017-10-22］. http://www.xinhuanet.com/politics/2017-10/22/c_1121837239.htm.

国内战略目标紧密结合，需要有统摄性的国家战略，强化公民的国家认同意识，加强国家软实力建设，强化国家认同、地区认同与全球认同的关联。

二、中国梦的提出和内涵

19 世纪末 20 世纪初，外来侵略使中华民族真正产生了自觉的整体感，中日甲午战争失败后，1894 年有志之士提出了“振兴中华”的口号，“救亡”的概念也首次出现在严复的《救亡决论》中。民族主义是整个民族的一种自觉，以及彼此之间的认同感，整个民族利益与共、命运相连①。

关于中国梦的探讨始于 2007 年，美国亚利桑那州立大学克朗凯特新闻传播学院副教授吴旭第一次提出用“中国梦”作为中国国家形象战略的主导词和着力点。2008 年北京奥运会期间，他多次在公开发表的文章中提及要用“中国梦”取代“美国梦”，使之成为引导世界舆论的新口号②。2009 年 3 月 9 日，《瞭望东方周刊》以《当真的有可遇不可求的机会之时》为封面文章，阐述了吴旭他的“中国梦”长篇评论，指出“中国梦”是一个图景，更是一种模式，是世世代代中国人追寻的梦想家园，“中国梦”只能由中国自己来打造，但这个梦想可以属于整个世界③。2009 年 7 月，吴旭以“用中国梦来取代美国梦”为题做会议主题报告，同时《为世界打造“中国梦”：论如何扭转中西方的软实力逆差》的时评论文集被新华出版社出版。2010 年 4 月 22 日，新华社《国际先驱导报》发表《我们需要什么样的中国梦》专访文章，指出“中国梦”的内涵和核心是实现自我（自强不息，以德载物）、回馈社会（己所不欲，勿施于人）、拥抱自然（道法自然，天人合一）④。

2012 年底，习近平总书记将“中国梦”从一个学术圈探讨的新概念，提升为一个大国实现民族复兴的新口号，并成为新一代领导人在思想创新和政策转型上的新名片⑤。2013 年 3 月 17 日在人民代表大会闭幕式上，习近平主席 9 次提及“中国梦”，44 次提到“人民”，对于“中国梦”内涵外延的重新诠释，

---

① 金冲及．近代中国的民族主义［C］//复旦大学历史系，复旦大学中外现代化进程研究中心．近代中国的国家形象与国家认同．上海：上海古籍出版社，2003：4.

② 吴旭．“中国梦”：中国国家形象的新标识［J］．对外传播，2013（9）：38－41.

③ 吴旭．当真的有可遇不可求的机会之时［N］．瞭望东方周刊，2009－03－09（1）．

④ 我们需要什么样的中国梦［N］．国际先驱导报，2010－04－22（30）．

⑤ 吴旭．“中国梦”：中国国家形象的新标识［J］．对外传播，2013（9）：38－41.

已不同于首次提出这一概念时的描述。习近平主席有关中国梦的论述，其核心主要体现在以下四个方面。

（一）中国梦是国家梦、民族梦，归根到底是人民的梦

中国梦归根到底是人民的梦，必须紧紧依靠人民来实现，必须不断为人民造福；中国梦是民族的梦，也是每个中国人的梦。这一阐释体现了一种高度的文化自觉和强烈的文化自信，强调了中国梦根植于全体中国人的文化认同，它能凝聚每一个公民的理想、智慧和创造，从这个意义上来说，中国梦这一概念便是一种独一无二的文化软实力①。

体育和建设美丽中国是实现中国梦的重要内容。体育是提高人民健康水平的重要手段，也是实现中国梦的重要内容，能为中华民族伟大复兴提供凝心聚气的强大精神力量②。

（二）实现中国梦，必须坚持走中国特色社会主义道路

习近平总书记强调，实现中国梦是物质文明和精神文明比翼双飞的发展过程③，必须坚持走中国特色社会主义道路，必须增强道路自信、理论自信、制度自信和文化自信，必须准备进行具有许多新的历史特点的伟大斗争，必须坚持和完善人民代表大会制度，人民政协要为实现中国梦作出新的更大贡献。同时，习近平总书记还指出，中国梦的宣传和阐释要与当代中国价值观念紧密结合起来。

习近平总书记指出全面建成小康社会是实现中国梦的关键一步，实现中国梦还需要付出长期艰苦的努力，因此，必须坚持以经济建设为中心，不断夯实实现中国梦的物质文化基础。

---

① 花建．中国如何迈向文化强国［N］．光明日报，2014－06－09（11）．

② 习近平欢迎出席青奥会开幕式的国际贵宾　相信南京将向世界奉献一场精彩纷呈、充满活力、有中国特色的青春盛会［EB/OL］．［2014－08－17］．http：//politics. people. com. cn/n/2014/0817/c1001－25479363. html.

③ 隋笑飞．实现“中国梦”，让两个文明比翼双飞——习近平主席访欧阐述重要外交理念述评之三［N］．北京日报，2014－05－05（3）．

（三）培育爱国主义精神，为实现中国梦提供强大精神动力

习近平总书记指出，实现中国梦必须弘扬中国精神，即以爱国主义为核心的民族精神，以改革创新为核心的时代精神。要从统筹国内国际两个大局的视野培育国民的爱国主义情感，国内大局是“两个一百年”奋斗目标，实现中华民族伟大复兴的中国梦，国际大局就是维护国家主权、安全、发展利益，维护世界和平稳定、促进共同发展。要充分发挥各方面英模人物的榜样作用，大力激发社会正能量，为实现“中国梦”提供强大精神动力。2015 年 12 月 30 日，习近平在中共中央政治局第二十九次集体学习时强调伟大的事业需要伟大的精神，要大力弘扬伟大爱国主义精神，大力弘扬以改革创新为核心的时代精神，为实现中华民族伟大复兴的中国梦提供共同精神支柱和强大精神动力。

（四）中国梦同世界人民的梦想息息相通

习近平总书记指出，中国梦同世界各国人民的美好梦想息息相通，要把中国梦同周边各国人民过上美好生活的愿望对接起来。中国梦与“马欣达愿景”相互契合、与拉美梦、东盟各国梦想息息相通。中国梦是追求和平、追求幸福、奉献世界的梦。我们要实现的中国梦，不仅造福中国人民，而且造福各国人民。实现中国梦给世界带来的是机遇不是威胁，是和平不是动荡，是进步不是倒退。世界各国人民在实现各自梦想中要相互理解、相互帮助。做好周边外交工作、积极推动中外文明交流互鉴，同国际社会一道，推动实现持久和平、共同繁荣的世界梦。

第二节　国家认同与中国梦的关系

一、国家认同推动中国梦实现

中国梦不是一朝一夕就能实现的，这是一个长期的、积累的过程，在实现中国梦的过程中，需要有集体意识、国家意识，需要有责任担当和家国情怀，需要有付出和牺牲。而支撑起中国梦建设的根基是人民的国家认同，是普通民众的爱国情感和爱国热情。普遍而真实的国家认同，是国家稳定的民意基础，

也是国家兴旺的重要前提①。国家认同作为国民归属感及为国奉献的心理和行为，是国家凝聚力、向心力的重要表现，每一个国民的国家认同所形成的凝聚力能够推动中国梦的实现。国家认同和民族凝聚与中国梦紧密相连，而实现中国梦的有效途径之一就是不断强化国家认同和中华民族凝聚力②。党的十九大报告提出“铸牢中华民族共同体意识”，并把这一要求写入党章，意义十分重大。习近平指出：“必须全面正确贯彻党的民族政策和宗教政策，加强民族团结，不断增进各族群众对伟大祖国、中华民族、中华文化、中国共产党、中国特色社会主义的认同。”③ 无论是爱国主义还是独立意识，都是中国国家认同建设与民族精神建设的重要内容④。

二、中国梦促进国家认同建设

中国梦是每一个人的梦，是民族的梦，同世界各国人民的美好梦想息息相通。中国梦是中华儿女强化国家认同的理想动力。中国梦的实现需要每一位中华儿女的参与，需要有广泛的群众基础和群众的积极性、主动性、参与性，需要凝聚民众的力量。中国梦的提出以及人民大众在为之不断努力、奋力前行的过程就是国家认同的充分体现。中国梦是对我国美好未来的描绘，关系着每个人实实在在可以感受到的利益，这对人民具有很强的吸引力，中国梦的提出及逐步实现在潜移默化中强化着人民对国家的认同⑤。

第三节　体育与国家认同、中国梦

“梦想”（dream）是超越国界和文化、不需要我们刻意解释的世界语言。中国在国际话语权争夺上的弱势，很多时候源于我们找不到自己发声的平台，缺乏训练有素、熟悉对外传播的“发言人”或“代言人”，没有一定规模的国

① 吕健，计秋华. 中国梦与国家认同的关系研究［J］. 世纪桥，2016（9）：35 -36.
② 王震中. 强化国家认同与民族凝聚［N］. 人民日报，2015 -10 -15（07）.
③ “五个认同”：从思想上增强各民族大团结［N］. 中国民族报，2017 -10 -31（02）.
④ 郭树勇. 新中国外交60年［M］. 北京：北京大学出版社，2010：9.
⑤ 刘琴琴. 中国梦与国家认同［J］. 西昌学院学报（社会科学版），2014（3）：76 -80.

际受众群[①]。一个国家整体国际形象的传播与塑造，需要把中国的历史、政策、文化、产品等所有这些文化的碎片、现实的符号、情感的律动归结成一个统一一致的集合象征体。体育作为国家文化的一个构成单元，具有超越国界和文化的特征，能够有效地架通国内和国际沟通与传播的桥梁。

一、体育与中国梦的关系

体育作为中国梦的重要组成部分，是个人梦、民族梦、国家梦与世界梦联通的桥梁和纽带，能够跨越民族、政治、语言、地域的障碍，将全世界的人们凝聚在一起，彰显民族精神和国家自豪感。体育竞技场上升国旗、奏国歌，爱国主义情感自然流露和展现。可以说，体育是实现中国梦的最为有效的工具。中华人民共和国经历了由民族独立和民族国家的建构到“和平崛起”的发展，也经历了由“集体性”地争取国家强大的“中国梦”到每个中国人个体实现自己梦想的“中国梦”的展开的进程[②]。体育作为一个民族国家重要的文化形态，是中国发展道路的一部分。体育与中国道路、中国发展之间相互联系、相互依存，它与“中国梦”的关系是异常紧密的。在实现中国梦的图景框架中，体育是不可或缺的重要内容之一，与中国梦紧密耦合，同步共振。

政府管理维度在国家形象建构和提升方面起着非常重要的作用[③]。2014 年 2 月，习近平看望参加索契冬奥会运动员时指出：“我们成功举办了北京奥运会，实现了全国人民的百年奥运梦。我们每个人的梦想、体育强国梦都与中国梦紧密相连。”[④] 2014 年 8 月 16 日，习近平会见国际奥委会主席巴赫时强调，体育是社会发展和人类进步的重要标志，是综合国力和社会文明程度的重要体现，是提高人民健康水平的重要手段，也是实现中国梦的重要内容，能为中华民族伟大复兴提供凝心聚气的强大精神力量[⑤]。同时习近平希望奥运会志愿者们弘

---

① 吴旭．当真的有可遇不可求的机会之时［N］．瞭望东方周刊，2009－03－09（1）．

② 张颐武．“中国梦”：想象和建构新的认同——再思六十年中国电影［J］．上海大学学报（社会科学版），2009（5）：5－17.

③ 张汝飞，赵彦云．定量探讨国家形象的影响因素——基于发达国家（地区）与发展中国家（地区）对比分析［J］．当代经济管理，2015（2）：54－59.

④ 习近平看望勉励中国体育代表团奥运健儿［N］．人民日报（海外版），2014－02－09（01）．

⑤ 习近平欢迎出席青奥会开幕式的国际贵宾　相信南京将向世界奉献一场精彩纷呈、充满活力、有中国特色的青春盛会［EB/OL］．［2014－08－17］．http：//politics. people. com. cn/n/2014/0817/c1001－25479363. html.

扬奥林匹克精神和志愿服务精神，热情参与、真情奉献，提供细致周到的服务，积极传播中华文化、讲好中国故事，用青春的激情打造最美的“中国名片”，促进中国梦和各国人民的梦相通相融，共同为人类和平与发展的崇高事业作出贡献[①]。2015 年 7 月在北京获得 2022 年冬奥会举办权之后，习近平强调，2022 年北京冬奥会，要坚持开放办奥，借鉴北京奥运会和其他国家办赛经验，弘扬奥林匹克精神，加强中外体育交流，推动东西文明交融，展示中国良好形象。

2014 年 10 月，国务院颁布了《关于加快发展体育产业促进体育消费的若干意见》指出：“体育事业和产业有利于弘扬民族精神、增强国家凝聚力和文化竞争力。”该文件为体育梦与中国梦的实现描绘了宏伟的发展蓝图，为体育领域的深化改革、创新发展提供了制度框架。国家体育总局原局长刘鹏也多次在不同的会议中论述了体育与中国梦的关系，他指出：国运兴，则体育兴，国家的强大和社会的进步，为充分彰显和发挥体育的价值创造了时代的舞台。让我们振奋精神，务实创新，加快体育强国建设，推进健康中国建设，为全面建成小康社会，实现中华民族伟大复兴的中国梦做出更大努力！2022 冬奥会，将进一步向全世界展现和平、友谊、进步的中国形象，为实现中华民族伟大复兴的中国梦添彩助力[②]。“足球梦”是“中国梦”的重要部分，足球不是单纯的运动项目，其意义远远超过项目本身，足球给人民群众带来快乐、健康、激奋，是精神文化生活的重要内容，国家综合实力的重要方面，民族精神的重要环节[③]。

党的十八大提出在中国共产党成立一百年时全面建成小康社会，在中华人民共和国成立一百年时建成富强、民主、文明、和谐的社会主义现代化国家“两个一百年”奋斗目标。在中国全面建成小康社会的“十三五”发展关键时期，声誉资本的积累成为中华民族伟大复兴的重要目标之一。权力和声誉并不是相伴而生的——美国每天面临来自全球各地的挑战，也有力地证实了这一点[④]。在阐述“中国梦”时，习近平谈道：“只要我们紧密团结，万众一心，为实现共同梦想而奋斗，实现梦想的力量就无比强大，我们每个人为实现自己梦

① 习近平给“南京青奥会志愿者”回信 勉励青年志愿者用青春激情打造最美“中国名片”［EB/OL］．［2014 – 07 – 17］. http：//politics. people. com. cn/n/2014/0717/c1024 – 25290919. html.

② 刘鹏：申办冬奥会为实现中国梦作出贡献［EB/OL］．［2015 – 03 – 28］. http：//sports. people. com. cn/n/2015/0328/c376883 – 26765114. html.

③ 刘鹏：足球梦是中国梦重要部分 不改变对不起人民［EB/OL］．［2014 – 01 – 22］. http：//sports. iqilu. com/zuqiu/2014/0122/1839249. shtml.

④ 王义桅．探寻中国的新身份：关于民族主义的神话［J］．世界经济与政治，2006（2）：14 – 21.

想的努力就拥有广阔的空间。生活在我们伟大祖国和伟大时代的中国人民，共同享有人生出彩的机会，共同享有梦想成真的机会，共同享有同祖国和时代一起成长与进步的机会。”[①] 体育作为中国社会的一个有机单元，为中国梦的实现贡献着独有的力量。2016 年 3 月 18 日，在专题听取北京冬奥会、冬残奥会筹办工作情况汇报后，习近平主席指出：在北京举办一场全球瞩目的冬奥盛会，必将极大振奋民族精神，有利于凝聚海内外中华儿女为实现中华民族伟大复兴而团结奋斗，也有利于向世界进一步展示我国改革开放成就、和平发展主张。[②] 冬奥会、冬残奥会是集体育精神、民族精神和国际主义精神于一身的世界级运动盛会，象征着世界和平、友谊和团结。中国将以办好这次盛会为绝好契机，从国内和国际层面实现中华民族伟大复兴的中国梦。

“精神”二字在习近平主席的治国理政新理念、新思想中特别突出，民族精神、革命精神、奋斗精神等各种优秀精神财富，既要注重传承，更要注重发扬[③]。在全面建成小康社会和实现中华民族伟大复兴的征程上，以爱国主义为核心的、伟大的民族精神始终是我们昂首站立的脊梁，是激励我们战胜一切艰难险阻的强大精神动力。世界上没有任何一个强大的国家不珍视爱国主义精神，对于尚未完全实现民族复兴的中国而言，爱国主义精神更是弥足珍贵。体育明星运动员在推广运动项目文化、传播体育精神、树立积极正面的社会形象中发挥着不可忽视的重要作用。在我国竞技体育事业发展的历程中，许多优秀的运动员在国际赛场上为中国赢得了荣誉，展示了良好的社会形象，提升了中国在世界竞技体育体系中的地位和话语权，为中国梦的实现贡献着体育精神和体育力量。

伟大的精神总有催人奋进、催人泪下的力量。中国女排以其百折不挠、英勇顽强、团结奋斗的拼搏精神，为这支光荣的队伍植入了强大基因，在漫漫岁月的积淀中丰富了自己的精神内涵，成为一代代中国观众热爱女排、支持女排、守望女排、将女排视作“英雄之师”的重要理由。2016 年里约奥运会上，中国女排以 3∶2 击败东道主巴西队闯进四强，3∶1 打败荷兰杀入决赛，3∶1 打败塞尔

① 习近平：实现中国梦必须凝聚中国力量［EB/OL］．［2013 – 03 – 17］．www. xinhuanet. com/2013lh/2013 – 03/17/c_ 115053201. htm.

② 习近平听取北京冬奥会冬残奥会筹办工作情况汇报［EB/OL］．［2016 – 03 – 18］．http：//news. xinhuanet. com/politics/2016 – 03/18/c_ 1118378932. htm.

③ 北京冬奥会在习近平心中的首要意义［EB/OL］．［2016 – 03 – 20］．http：//www. china. com. cn/news/2016 – 03/20/content_ 38069165. htm.

维亚获得奥运冠军，女排姑娘们夺金之路上展现出来的拼搏、坚持，彰显着中国体育的伟大精神，这种精神为奋斗在民族伟大复兴之路上的中国注入了强有力的体育力量。

“女排精神”是20世纪80年代中国社会奋斗激情的集中体现，女排姑娘的精神激励了一代人。1981年第三届排球世界杯赛上，女排姑娘先后击败了苏联、古巴、美国和日本等强队，以无可非议的战绩夺取冠军，成为第一支登上世界巅峰的中国三大球队伍。在改革开放初期，国人突然意识到我们与世界的差距而变得有些失落和彷徨，女排姑娘的夺冠，无疑给迷失的人们注入了一剂强心针。在女排夺冠的那一刻，人们聚集在天安门广场高呼“中国万岁！女排万岁！”北大学子则喊出了“学习女排、振兴中华”的口号。《人民日报》头版以大标题“刻苦锻炼、顽强战斗、七战七捷、为国争光——中国女排首次荣获世界冠军”进行了报道，女排教练和队员的照片占据了头版的其他位置，同时配发评论员文章《学习女排、振兴中华》，文中提出“用中国女排的这种精神去搞现代化建设，何愁现代化不能实现?”《体育报》刊发中国妇女运动先驱邓颖超题为《各行各业都来学习女排精神》的文章。女排姑娘成了人人皆知的民族英雄。正如郎平所言：“女排夺冠以后，我扣球的形象都上了邮票，女排的集体照做在了日历上，还有纪念币、纪念章，像民族英雄一样，逼着你只能上不能下，打球已经完全不是我们个人的事情、个人的行为，而是国家大事，我自己都不属于自己，女排是一面旗帜。”① 由此可见，女排的胜利已经上升到了激励整个民族的高度。国务院以及国家体委、共青团中央、全国青联、全国学联、全国妇联号召全国人民学习“女排精神”，为民族腾飞和社会主义建设而努力奋斗。女排精神不仅成为中国体育的一面旗帜，更成为整个民族锐意进取、昂首前进的精神动力②。

2015年，郎平带领中国女排获世界冠军，钟秉枢教授在《中国体育报》发表《女排夺冠背后的文化传承与精神永续》的文章，指出：“中国女排八获世界冠军，袁伟民、邓若曾、张蓉芳、陈忠和、郎平五位冠军教练一脉相传，文化传承，信任延续，权威保有，精神永续。”作者用翔实的历史数据，阐明运动项目特有的团队精神和文化是项目成员集体行动的力量，是整个共同体效率提高的核心所在。郎平教练也谈道：“我很荣幸，曾经在世界很多排球水平比较高

① 小胆．“女排精神”激荡了整整一代人的灵魂［N］．深圳晚报，2011－11－16（A56）．

② 张建会，钟秉枢．体育明星运动员在运动项目文化建设中的作用及培养路径［J］．武汉体育学院学报，2016（2）：95－100.

的国家执教，学到了世界排球不同的文化，对我来说也是一个经验和经历。如何把每个国家不同的排球文化组合起来，这是我学到的最重要的东西。如果执教一支排球队的话，你首先要知道她们的排球文化，才可以做出更好的计划。"① 2016 年里约奥运会中国女排夺冠，郎平在北师大的演讲中提道："女排的团队精神必须能够相互包容，相互担当。没有最好的个人，只有最好的团队，这是中国女排一个非常好的传统。希望年轻的中国女排可以继续发扬这种传统，尽自己最大的努力走在实现梦想的路上。"

在重大的历史关键节点，体育从未缺席。女排世界杯十一连胜成功卫冕，为中华人民共和国成立 70 周年庆典贡献了体育的卓越力量，女排姑娘在赛场上的奋勇拼搏谱写出新时代爱国主义教育的新篇章，在看似平凡的比赛中一次又一次创造着英雄气概。中国女排用实际行动践行着初心与使命，与祖国同呼吸、共命运，为中华人民共和国 70 周年华诞献上了一份厚礼。

女排精神根植于排球文化。文化是行为方式，精神是思维方式。精神在文化的土壤内成长，贯穿于文化始终，但反过来，又对文化的发展有很大的影响。在实现中华民族伟大复兴中国梦的征途中，体育将为爱国主义凝聚起更多的民族力量。

二、体育与国家认同的关系

体育在国家、民族国家和国家认同建设中发挥着重要作用，国际体育赛事叙事形塑了国家意识、国家认同、民族国家间的关系，构建了国家间的世界观②。国家间的体育竞赛象征着向外部世界传达国家的意识和国家的边界，意味着参赛队伍所代表的国家间的竞争，而国际体育赛事则将国家间的竞争固化为一种自然而然的现象。体育也通常被描述为国家认同建构的工具，是一系列外交活动及国家获得国际社会认可的重要途径。国际体育竞赛通常为确认国家在国际社会中的成员关系提供政治机会，同时还利用个人和团队的成功作为符号表征③。国家在其政治合法性未实现稳定发展的情况下，国家认同和国际认可处于极度不稳定或者主权不稳定的阶段。在这种情况下，体育通常能够发挥

---

① 钟秉枢．女排夺冠背后的文化传承与精神永续［N］．中国体育报，2015－11－06（06）．

② BUDD A，LEVERMORE R. Sport and International Relations：An Emerging Relationship［M］. London：Routledge，2004.

③ JEDLICKA S R. Sport Governance As Global Governance：Theoretical Perspectives on Sport in the International System［J］. International Journal of Sport Policy and Politics，2018（2）：287－304.

如下功能，在国内层面，可以创设国家共同体的归属感；在国际层面，可以与其他竞争者强化特定的国家认同，通过国家符号和在国际赛场的成功激发国内民众团结在一起，为不强大的政治和经济表现提供交换平台①。现代国际体育组织联盟，例如国际奥委会、欧洲足球协会联盟、国际足球协会联盟，均一致认为现代体育有助于促进国家团结，另外，国际足球协会联盟还将通过国际足联大家庭的扩展促进国家间的和谐和平等，以此作为联盟的一个团结民众的主要目标。

体育提供了一个有益的视角剖析中国国家认同、民族主义和国际化，有助于我们理解国家认同和国际化是如何发展的，正如艾瑞克·霍布斯鲍姆指出的“体育在界定国家认同和国家归属感上具有独特效果”②。体育与国家认同演变关系密切，体现了中国与世界的关系。体育，尤其是奥林匹克运动，展示了中国民族主义和国际主义的融合发展进程。体育反映了 19 世纪中期西方思想通过强制性手段进入中国的那段历史。当中国开始拥抱西方体育，我们更多是被体育建构国家形象的力量和价值所打动。20 世纪上半叶我国尚处于不稳定的国际体系底层，通过体育，尤其是参加奥林匹克运动会，寻求在国际社会中的国家建构；20 世纪下半叶，我国迎来历史性的崛起，以体育为突破口，冲破西方国家的封锁。改革开放之初，体育在新一波全球化浪潮中，率先登上国际赛场，树立国家形象，塑造民族精神。冷战结束后，体育又以承办和申办国际大赛的形式，以更加积极的状态推动国际体系的发展进程，重塑国家认同，使中国成为国际体系中一个负责任的、建设性的、可预期的塑造者。2008 年北京奥运会的成功举办，让中国在国际社会中建设性作为的意愿得以展现。2008 年后中国崛起步伐加速，中国体育再次站在新的时代关口，推动国家认同建设的深度发展。体育与国家命运、民族命运、个人命运休戚相关，体育能够为国家认同建设提供平台和载体，反过来国家认同又进一步促进了体育的发展，二者相互依存，共生共进。

① BRENTIN D, TREGOURES L. Entering Through the Sport's Door? Kosovo's Sport Diplomatic Endeavours Towards International Recognition [J]. Diplomacy & Statecraft, 2016, 27 (2): 360-378.

② XUGQ. Olympic Dreams China and Sports 1895-2008 [M]. Cambridge: Harvard University Press, 2008.

第三章 奥运会与国家认同

第一节　冬季奥林匹克运动会

冬季奥林匹克运动会简称为冬奥会，每四年举办一届，1994 年起与夏季奥林匹克运动会相间举行。

一、冬奥会产生的历史背景

19 世纪末，冰雪运动在欧美等国家逐渐得到普及和发展，1887 年挪威成立了世界上第一个滑雪俱乐部，第一个冰球协会于 1890 年在加拿大成立，1892 年国际滑冰联盟在荷兰成立，国际冰球联合会于 1908 年在法国成立。然而，由于很少有城市既适合举办夏季奥运会又适合举办冬季奥运会，且北欧冬季运动会非常成功，已没必要再举办冬季奥运会。因此，冬季运动纳入奥运会的进程非常缓慢①。奥尼格曼指出：“冬奥会的发展历史充斥着各种各样的争吵、抗议、

① K. 吐依，A. J. 维尔．真实的奥运会［M］．朱振欢，王荷英，译．北京：清华大学出版社，2004：78.

政治介入等问题……所有夏季奥运会碰到的困难，冬季运动会都碰到了……比赛资格方面产生的问题，冰球项目的裁判员问题，女运动员的冰上服装过于短小引起的难堪，比赛中部分选手火暴脾气的发作等。”①

1908 年伦敦奥运会上，滑冰第一次作为比赛项目亮相，激发了观众的极大兴趣。1912 年瑞典斯德哥尔摩奥运会引入冬季运动项目的倡议遭到人们拒绝，1916 年柏林奥运会由于第一次世界大战停办，再次尝试引入冬季运动项目的计划落空。1920 年，滑冰和冰球运动终于被认可纳入安特卫普奥运会。1921 年国际奥委会决定，奥运会主办城市在举办夏季奥运会的同时，组织冬季项目比赛。于是，1924 年法国夏蒙民举办了官方记载的第一届冬奥会。1928 年，为减轻主办国的负担，国际奥委会决定冬、夏季奥运会在同一年份不同国家举办。1994 年国际奥委会又决定将冬、夏季奥运会分开在不同年份举行，故 1992 年冬奥会与 1994 年冬奥会相隔 2 年。

二、历届冬奥会举办情况

（一）历届冬奥会举办地

自 1924 年至 2018 年，冬季奥运会已经成功举办了 23 届，参与国家由最初的 16 个扩展为现在的 88 个，运动员参赛人数达到了 2800 多人。具体举办情况见表3－1。

表 3－1　历届冬季奥运会举办情况一览表

届次	时间	举办地	大项/分项/小项	参与国家/奖牌	参与运动员（男/女）	印刷媒体/媒体人员	志愿者
1	1924	法国，夏蒙民	6/9/16	16/49	258（247/11）		
2	1928	瑞士，圣·莫里兹	4/8/14	25/39*	464（438/26）		
3	1932	美国，普莱西德湖	4/7/14	17/42	252（231/21）		
4	1936	德国，加米施－帕腾基兴	4/8/17	28/51	646（566/80）		

① K. 吐依，A. J. 维尔. 真实的奥运会［M］. 朱振欢，王荷英，译. 北京：清华大学出版社，2004：78.

续表

届次	时间	举办地	大项/分项/小项	参与国家/奖牌	参与运动员(男/女)	印刷媒体/媒体人员	志愿者
5	1948	瑞士,圣·莫里兹	4/9/22	28/66	669(592/77)		
6	1952	挪威,奥斯陆	4/8/22	30/66	694(585/109)		
7	1956	意大利,科尔迪纳	4/8/24	32/72	821(687/134)		
8	1960	美国,斯阔谷	4/8/27	30/81	665(521/144)		
9	1964	奥地利,因斯布鲁克	6/10/34	36/104	1091(892/149)		
10	1968	法国,格勒诺布尔	6/10/35	37/117*	1158(947/211)		
11	1972	日本,札幌	6/10/35	35/105	1006(801/205)		
12	1976	奥地利,因斯布鲁克	6/10/37	37/111	1123(892/231)		
13	1980	美国,普莱西德湖	6/10/38	37/114	1072(840/232)		
14	1984	南斯拉夫,萨拉热窝	6/10/39	49/117	1272(998/274)	2363/5630	10450
15	1988	加拿大,卡尔加里	6/10/46	57/138	1423(1122/301)	2477/4361	9498
16	1992	法国,阿尔贝维尔	6/12/57	64/171	1801(1313/428)	2271/3623	6647
17	1994	挪威,利勒哈默尔	6/12/61	67/183	1737(1215/522)	2615/4018	9054
18	1998	日本,长野	7/14/68	72/204	2176(1389/787)	2856/5743	32000
19	2002	美国,盐湖城	7/15/78	77/236	2531(1612/919)	2661/6069	22000
20	2006	意大利,都灵	7/15/84	80/252	2508(1548/960)	2688/6720	18000
21	2010	加拿大,温哥华	7/15/86	82/258	2566(1522/1044)	2800/8000	18500
22	2014	俄罗斯,索契	7/15/98	88/295*	2873(1754/1120)	13477	25000
23	2018	韩国,平昌	7/15/102	92/	2922(1680/1242)	11462	20480

注：* 表示前三位有并列额外增加奖牌，所有数据来自国际奥委会官方网站。

随着全球化和现代化进程的加速，大型体育赛事举办城市的遴选也成为全球化进程中不可或缺的重要单元。笔者对冬奥会举办国进行了五大洲归属统计分析（图 3－1），结果显示，欧洲承担了 14 次冬奥会举办任务，其中法国承办了 3 次，瑞士、挪威、意大利、奥地利各承办了 2 次，德国、南斯拉夫、俄罗斯各承办了 1 次；美洲承担了 6 次，其中美国承办了 4 次，加拿大承办了 2 次；亚洲承担了 4 次，其中日本承办了 2 次，韩国、中国分别于 2018 年、2022 年各承办 1 次；而非洲和大洋洲至今为止，未曾举办过一届冬季奥运会。

冬奥会举办城市的洲际地域分布，在一定程度上反映了欧洲仍是冬季运动项目的主导者或者说统治者，欧洲具有绝对的优势，拥有着稳固的地域文化认同。

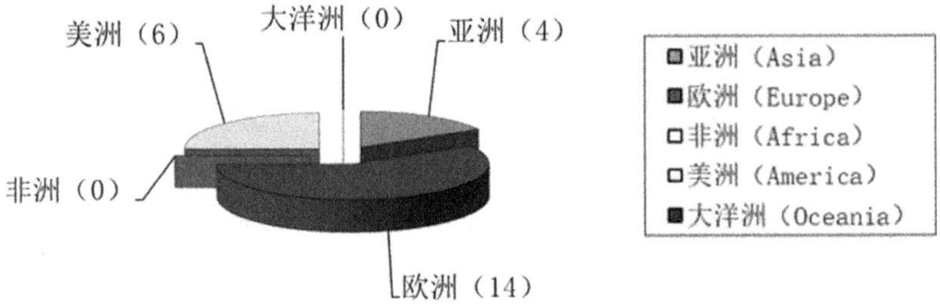

图3－1　五大洲举办冬奥会情况分布图

（二）历届冬奥会奖牌分布

冬奥会奖牌的分布，显示了各个国家和地域的竞技实力和竞争格局，反映了冬季运动项目发展演进的轨迹。从表3－2冬奥会奖牌榜排名前五位国家的数据主要得出如下结论：

①唯一能够与欧洲冰雪强国抗衡的国家是美国，在举办的23届冬奥会中，美国有17次在奖牌榜前五，且竞技实力较为强大。

②20世纪20年代至70年代，挪威成为冬奥会竞技实力最强的国家，六次获得奖牌榜的第一名；20世纪60年代至90年代，苏联成为冬奥会竞技实力很强的国家，解体之后，俄罗斯仍然在20世纪90年代之后的竞争格局中处于优势地位，并在2014年索契冬奥会重回奖牌榜第一的位置；20世纪末，加拿大冬季运动项目的竞技实力也有了明显的增长。

③奖牌分布体现了举办国的竞争优势规律。1932年美国举办了第三届冬奥会，美国获得了奖牌榜第一；1952年挪威举办了第六届冬奥会，挪威获得了奖牌榜第一；2010年加拿大举办了第21届冬奥会，加拿大获得了奖牌榜第一；2014年俄罗斯举办了第本国在冬奥会，俄罗斯获得了奖牌榜第一；同时，德国、奥地利也都取得了周期内东道主最优成绩。这些规律也验证了体育赛事对举办国所产生的重大影响力，主办国竞赛成绩的跃升，说明了体育在凝聚国内民族力量、展现国家实力、巩固国家认同中发挥着重要作用。

④冬奥会中亚洲竞技实力较弱。虽然日本两次举办冬奥会，但并未取得优

异成绩，未能进入奖牌榜前五名。1998 年日本举办的第 18 届冬奥会上，日本创造了 22 届冬奥会中最辉煌的成绩，获得 5 枚金牌、1 枚银牌、4 枚铜牌，位列奖牌榜第 7 位。虽然未能打破欧美一直保持的竞争优势，但这一历史最好成绩也给亚洲乃至日本国民注入了强烈的地域认同感和国家自豪感，强化了国家的认同意识。

表 3－2　历届冬季奥运会奖牌情况一览表

届次	时间	举办国家	奖牌榜排名前五的国家	奖牌榜			
				金牌	银牌	铜牌	总数
1	1924	法国	挪威	4	7	6	17
			芬兰	4	4	3	11
			奥地利	2	1	0	3
			瑞士	2	0	1	3
			美国	1	2	1	4
2	1928	瑞士	挪威	6	4	5	15
			美国	2	2	2	6
			瑞典	2	2	1	5
			芬兰	2	1	1	4
			法国	1	0	0	1
3	1932	美国	美国	6	4	2	12
			挪威	3	4	3	10
			瑞典	1	2	0	3
			加拿大	1	1	5	7
			芬兰	1	1	1	3
4	1936	德国	挪威	7	5	3	15
			德国	3	3	0	6
			瑞典	2	2	3	7
			芬兰	1	2	3	6
			瑞士	1	2	0	3

续表

届次	时间	举办国家	奖牌榜排名前五的国家	奖牌榜			
				金牌	银牌	铜牌	总数
5	1948	瑞士	挪威	4	3	3	10
			德国	4	3	3	10
			瑞士	3	4	3	10
			美国	3	4	2	9
			法国	2	1	2	5
6	1952	挪威	挪威	7	3	6	16
			美国	4	6	1	11
			芬兰	3	4	2	9
			德国	3	2	2	7
			奥地利	2	4	2	8
7	1956	意大利	苏联	7	3	6	16
			奥地利	4	3	4	11
			芬兰	3	3	1	7
			瑞士	3	2	1	6
			瑞典	2	4	4	10
8	1960	美国	苏联	7	5	9	21
			德国	4	3	1	8
			美国	3	4	3	10
			挪威	3	3	0	6
			瑞典	3	2	2	7
9	1964	奥地利	苏联	11	8	6	25
			奥地利	4	5	3	12
			挪威	3	6	6	15
			芬兰	3	4	3	10
			法国	3	4	0	7

续表

届次	时间	举办国家	奖牌榜排名前五的国家	奖牌榜			
				金牌	银牌	铜牌	总数
10	1968	法国	挪威	6	6	2	14
			苏联	5	5	3	13
			法国	4	3	2	9
			意大利	4	0	0	4
			奥地利	3	4	4	11
11	1972	日本	苏联	8	5	3	16
			民主德国	4	3	7	14
			瑞士	4	3	3	10
			荷兰	4	3	2	9
			美国	3	2	3	8
12	1976	奥地利	苏联	13	6	8	27
			民主德国	7	5	7	19
			美国	3	3	4	10
			挪威	3	3	1	7
			联邦德国	2	5	3	10
13	1980	美国	苏联	10	6	6	22
			民主德国	9	7	7	23
			美国	6	4	2	12
			奥地利	3	2	2	7
			瑞典	3	0	1	4
14	1984	南斯拉夫	民主德国	9	9	6	24
			苏联	6	10	9	25
			美国	4	4	0	8
			芬兰	4	3	6	13
			瑞典	4	2	2	8

续表

届次	时间	举办国家	奖牌榜排名前五的国家	奖牌榜			
				金牌	银牌	铜牌	总数
15	1988	加拿大	前苏联	11	9	9	29
			民主德国	9	10	6	25
			瑞士	5	5	5	15
			芬兰	4	1	2	7
			瑞典	4	0	2	6
16	1992	法国	德国	10	10	6	26
			独联体	9	6	8	23
			挪威	9	6	5	20
			奥地利	6	7	8	21
			美国	5	4	2	11
17	1994	挪威	俄罗斯	11	8	4	23
			挪威	10	11	5	26
			德国	9	7	8	24
			意大利	7	5	8	20
			美国	6	5	2	13
18	1998	日本	德国	12	9	8	29
			挪威	10	10	5	25
			俄罗斯	9	6	3	18
			加拿大	6	5	4	15
			美国	6	3	4	13
19	2002	美国	德国	12	16	7	35
			挪威	11	7	6	24
			美国	10	13	11	34
			俄罗斯	6	6	4	16
			加拿大	6	3	8	17

续表

届次	时间	举办国家	奖牌榜排名前五的国家	奖牌榜			
				金牌	银牌	铜牌	总数
20	2006	意大利	德国	11	12	6	29
			美国	9	9	7	25
			奥地利	9	7	7	23
			俄罗斯	8	6	8	22
			加拿大	7	10	7	24
21	2010	加拿大	加拿大	14	7	5	26
			德国	10	13	7	30
			美国	9	15	13	37
			挪威	9	8	6	23
			韩国	6	6	2	14
22	2014	俄罗斯	俄罗斯	13	11	9	33
			挪威	11	5	10	26
			加拿大	10	10	5	25
			美国	9	7	12	28
			荷兰	8	7	9	24
23	2018	韩国	挪威	14	14	11	39
			德国	14	10	7	31
			加拿大	11	8	10	29
			美国	9	8	6	23
			荷兰	8	6	6	20

三、中国代表团参加冬奥会

自1980年中国代表团第一次组队参加冬奥会以来，中国共参加了11届冬季奥林匹克运动会，具体参赛情况和竞赛成绩见表3－3。

表3－3　中国代表团参加历届冬奥会情况一览表

年度	届次	地点	参加项目数	运动员人数	排名	取得前三名成绩		
						金牌	银牌	铜牌
1980	13	美国	5	28	—	0	0	0
1984	14	南斯拉夫	5	37	—	0	0	0
1988	15	加拿大	4	15	—	0	0	0
1992	16	法国	6	33	15	0	3	0
1994	17	挪威	6	28	19	0	1	2
1998	18	日本	7	60	16	0	6	2
2002	19	美国	7	72	13	2	2	4
2006	20	意大利	9	76	14	2	4	5
2010	21	加拿大	10	90	7	5	2	4
2014	22	俄罗斯	9	65	12	3	4	2
2018	23	韩国	12	82	14	1	6	2
合计						13	28	21

（一）中国代表团历届冬奥会参赛分项情况

自我国代表团参加第13届冬季奥运会以来，参赛分项数呈现逐届上升的趋势（图3－2），这在一定程度上反映了我国在推进冬季奥林匹克项目布局、传播冬奥项目文化方面正在进行着不懈的努力和探索。

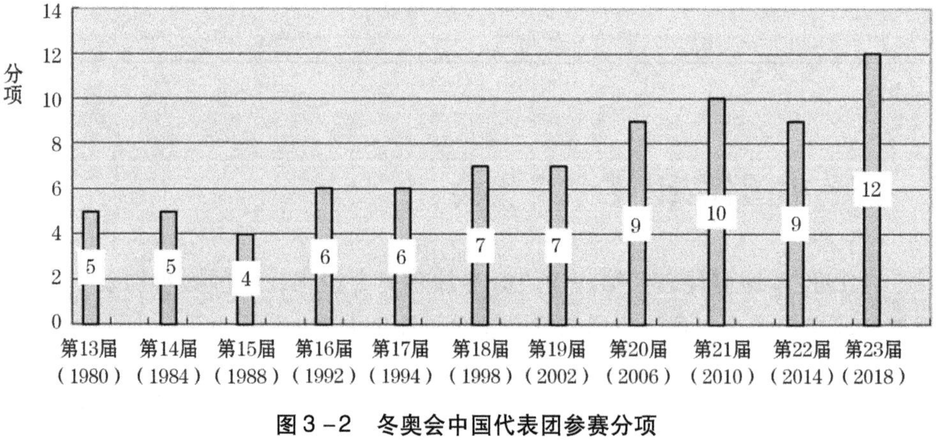

图3－2　冬奥会中国代表团参赛分项

（二）中国代表团历届冬奥会的运动员人数情况

中国代表团参加冬季奥运会的运动员人数呈现不断增加的趋势（图 3 –3），表明我国不断扩展冬季奥运会的参赛人数和参赛范围，但与第 13 ~23 届冬奥会总参赛运动员人数相比（图 3 –4），我国运动员所占的比例仍偏低，着力加强运动员参赛基数，是今后一段时期我国冬季运动项目重点考虑和解决的问题。

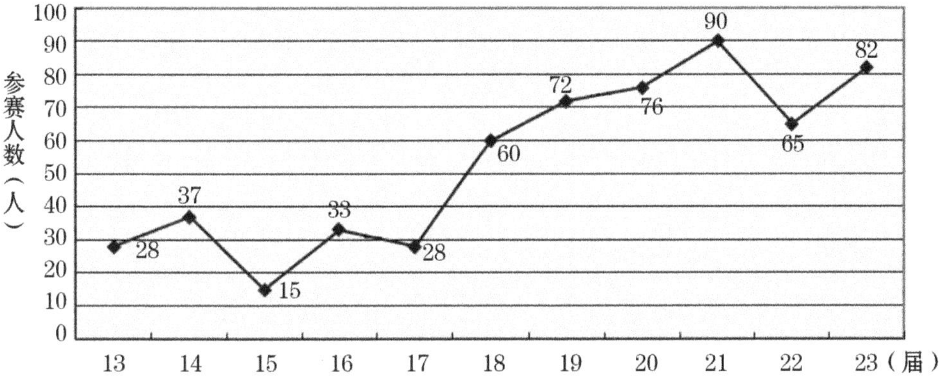

图 3 –3　第 13 ~23 届冬奥会中国代表团参赛运动员人数

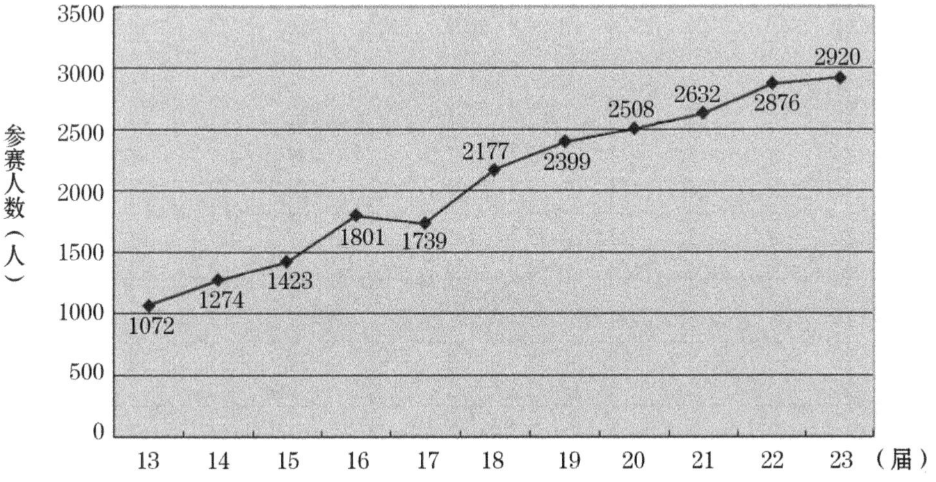

图 3 –4　第 13 ~23 届冬奥会参赛运动员总数

（三）中国代表团历届冬奥会运动成绩情况

中国代表团冬季奥运会的运动成绩不断提升（图 3 –5），且在第 16 ~23 届冬奥会代表团的总排名中的名次也不断上升（图 3－6），在一些项目上实现了重大突破，表明我国冬季奥林匹克运动项目有了较大的发展，取得冬奥会奖牌的竞赛项目也呈现出逐届扩大的趋势（表 3－4）。但是受气候和区域条件等因素的影响，参加冬奥会的运动员主要来自东北三省。我国成功申办 2022 年冬奥会时给国际奥委会的承诺之一就是推动冰雪运动发展，即实现 3 亿人参加冰雪运动。在 2016 年我国全面筹备 2022 年冬奥会之际，第 13 届冬运会于 2016 年 1 月 20 日在新疆开幕，这次冬运会从区位上扩大了冰雪运动的地理空间，表明我国在兑现 2022 年冬奥会申办承诺方面迈出了坚实的一步。

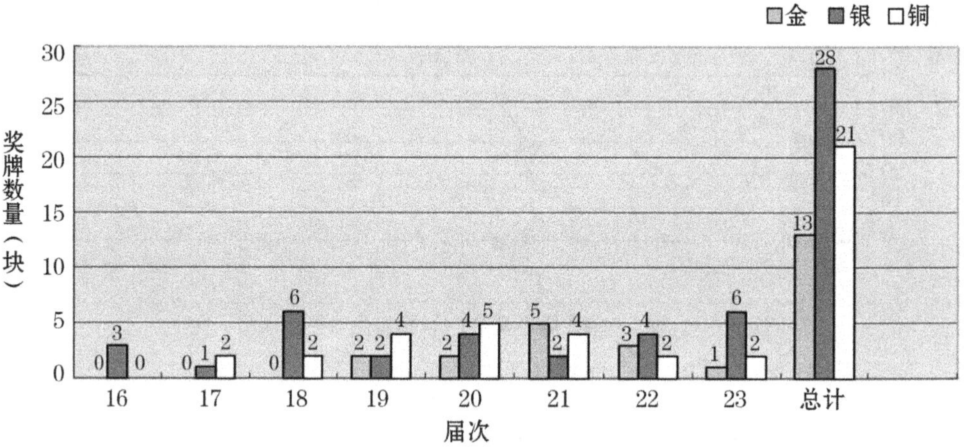

图 3－5　第 13～23 届冬奥会中国代表团成绩

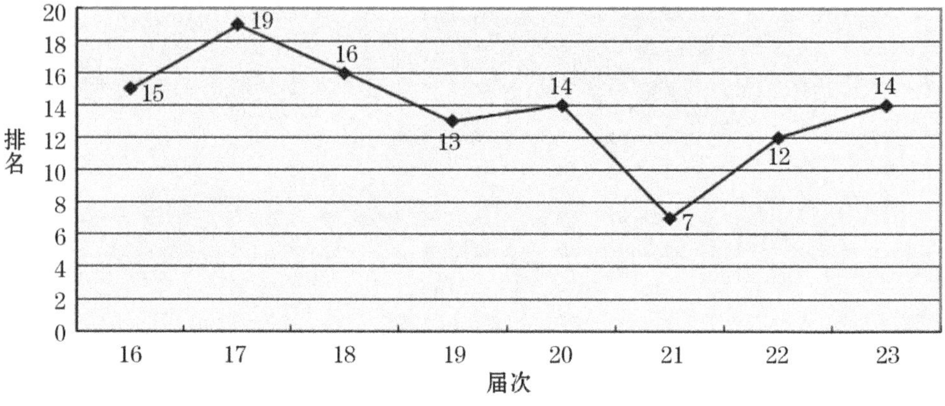

图 3－6　第 16～23 届冬奥会中国代表团奖牌榜排名

表3－4　中国代表团参加历届冬奥会获奖情况一览表

年度	届次	获得奖牌		
		金牌	银牌	铜牌
1992	16	0	3（2枚短道速滑女子500米，短道速滑女子1000米）	0
1994	17	0	1（短道速滑女子500米）	2（花样女单；速滑女1000米）
1998	18	0	6（短道速滑男子500、1000米；短道速滑女子500、1000米、接力、自由式女子）	2（花样女单；短道男接力）
2002	19	2（短道速滑女子500、1000米）	2（短道速滑男1500米；女接力）	4（短道速滑女子500、1000米；男接力、双人滑）
2006	20	2（短道速滑女子500米、自由式滑雪男空中技巧）	4（短道速滑女1000米、速滑女500米、花样双人滑、自由式滑雪女子空中技巧）	5（短道速滑女子1000米、女1500米、男1500米；速滑女500米、花样双人滑）
2010	21	5（短道速滑女子500、1000、1500、3000米接力；花样滑冰双人滑）	2（花样滑冰双人滑、自由式滑雪女子空中技巧）	4（速度滑冰女子500米；自由式滑雪空中技巧男子、女子；女子冰壶）
2014	22	3（短道速滑女子500、1500、1000米）	4（短道速滑女子1000米、男子500、1500米，自由式滑雪女子空中技巧）	2（自由式滑雪男子空中技巧、短道男子5000米接力）
2018	23	1（短道速滑男子500米）	6（女子单板、花样双人滑、短道速滑男子5000米接力、短道速滑女子1500米、自由式滑雪男子空中技巧、自由式滑雪女子空中技巧）	2（速度滑冰男子500米、自由式滑雪女子空中技巧）

注：作者依据相关数据整理。

第二节　夏季奥林匹克运动会

一、夏季奥林匹克运动会产生的历史背景

公元前776年，古希腊人规定每4年在奥林匹亚举办一次运动会，目的是促进和平、尊重奥林匹克众神（即古希腊神话里的宙斯等神）。从公元前776年至公元394年罗马帝国皇帝狄奥多西一世禁止奥林匹克运动会，古代奥林匹克运动会在其发展的1170年里共举行了293届。

1776年，英国考古学家在勘察中发现了古代奥运会举办地遗址。1875年至1881年，德国库蒂乌斯人在奥林匹亚遗址发掘出文物，引起了全世界的兴趣。1892年11月25日，法国教育家皮埃尔·德·顾拜旦（Pierre de Coubertin）在庆祝法国体育协会成立五周年集会上，第一次公开提出了恢复举办奥运会的倡议①。1894年6月，12个国家49个体育团体79名代表参加了在巴黎索邦大学召开的国际体育会议，会议通过了第一部由顾拜旦倡议和制定的《奥林匹克宪章》，它涉及奥林匹克运动的基本宗旨、原则及其他有关事宜。6月23日，大会通过了成立国际奥林匹克委员会的决议，每年的6月23日也因此被定为“国际奥林匹克日”（International Olympic Day）。大会决定在1896年召开首届现代奥运会，希腊的历史名城雅典获得主办权。

二、历届夏季奥林匹克运动会简况

（一）历届夏季奥林匹克运动会举办地

自1896年第1届现代奥林匹克运动诞生以来，至2016年共举办了31届夏季奥林匹克运动会，项目设置由第1届的9个大项发展到了现在的28个大项，参与国家由最初的14个发展到了现在的200多个，参与运动员由第一届的241名扩大到现在的1万多名，这些数据充分说明了夏季奥林匹克运动会在当今世

① 谭华．体育史［M］．北京：高等教育出版社，2005：7.

界现代化、全球化进程中的重要地位与作用，彰显了体育拥有的改变世界的力量。历届夏季奥运会举办地情况见表3－5。

表3－5　历届夏季奥运会举办情况一览表

届次	时间	举办城市	大项/小项	参与国家/地区	参与运动员（男/女）
1	1896	雅典	9/43	14	241
2	1900	巴黎	19/85	24	997（975/22）
3	1904	圣路易斯	16/94	12	651（645/6）
4	1908	伦敦	22/110	22	2008（1971/31）
5	1912	斯德哥尔摩	14/102	28	2406（2359/47）
6	1916	—	—	—	—
7	1920	安特卫普	22/156	29	2626（2561/65）
8	1924	巴黎	17/126	44	3089（2954/135）
9	1928	阿姆斯特丹	14/109	46	2883（2606/277）
10	1932	洛杉矶	14/117	37	1332（1206/126）
11	1936	柏林	19/129	49	3963（3632/331）
12	1940	—	—	—	—
13	1944	—	—	—	—
14	1948	伦敦	17/136	59	4104（3714/390）
15	1952	赫尔辛基	17/149	69	4955（4436/519）
16	1956	墨尔本	17/151	72	3314（2938/376）
17	1960	罗马	17/150	83	5338（4727/611）
18	1964	东京	19/163	93	5151（4473/678）
19	1968	墨西哥城	18/172	112	5516（4735/781）
20	1972	慕尼黑	21/195	121	7134（6075/1059）
21	1976	蒙特利尔	21/198	92	6084（4824/1260）
22	1980	莫斯科	21/203	80	5179（4064/1115）
23	1984	洛杉矶	21/221	140	6829（5263/1566）
24	1988	汉城（首尔）	23/237	159	8391（6197/2194）

续表

届次	时间	举办城市	大项/小项	参与国家/地区	参与运动员（男/女）
25	1992	巴塞罗那	25/257	169	9356（6652/2704）
26	1996	亚特兰大	26/271	197	10320（6797/3523）
27	2000	悉尼	28/300	199	10651（6582/4069）
28	2004	雅典	28/301	201	10625（6296/4329）
29	2008	北京	28/302	204	10942（6305/4637）
30	2012	伦敦	26/302	204	10768（5992/4776）
31	2016	里约	28/306	207	11238（5080/6158）

注：本表数据来源于国际奥委会官方网站。

我们将每一届夏季奥运会举办国进行了五大洲归属统计分析（图 3－7），除去 1916 年、1940 年、1944 年奥运会停办了三届之外，实际举办的 28 届夏季奥林匹克运动会中欧洲承担了 16 次举办任务，其中英国举办了 3 届，希腊、法国、德国各举行了 2 届，瑞典、比利时、荷兰、芬兰、意大利、西班牙、俄罗斯各举行了 1 届；美洲承担了 7 次，其中美国承办了 4 届，加拿大、墨西哥、巴西各承办了 1 届；亚洲承办了 3 次，中国、日本、韩国各举行了 1 届；大洋洲承办了 2 次，均在澳大利亚举办，非洲国家至今为止未曾举办过一届夏季奥运会。非洲也是当前唯一一个既没有举办过冬奥会，又没有举办过夏季奥运会的大洲。

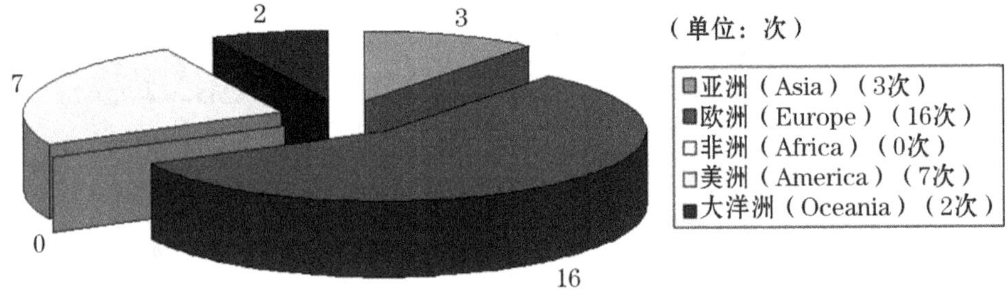

图 3－7　五大洲举办夏季奥运会情况图

从五大洲举办夏季奥运会的情况看，欧洲是举办夏季奥运会最多的大洲，同时也是举办冬奥会次数最多的大洲，充分说明了现代奥林匹克运动在欧洲发展的区位优势，在一定程度上表明了欧洲在体育现代化以及体育全球化进程中所起到的主导作用。

（二）历届夏季奥运会奖牌分布

夏季奥运会奖牌榜显示了各个国家和地区的竞技实力和竞争格局。从表3－6 夏季奥运会奖牌榜排名前五位国家的统计数据中可以得出如下结论：

①美国在现代夏季奥林匹克运动中占有绝对的优势，自 1896 年第 1 届奥运会至 2016 年实际举行的 28 届奥运会中，美国 17 次奖牌榜排名第一，8 次奖牌榜排名第二，2 次奖牌榜排名第三。

②奥运会不同发展阶段，竞技体育实力竞争格局不同。第 1 届奥运会至第 9 届奥运会，奖牌榜排名前五的国家主要来自欧洲和北美洲；1932 年洛杉矶奥运会，日本的竞技实力较为突出，进入了奖牌榜前五位，但随后举办的几届奥运会中，日本并未再次进入前五，直到 1964 年东京奥运会及其之后的十年，日本在奥运会中的竞技实力一直较为突出；1956 年墨尔本奥运会之后，澳大利亚的竞技体育实力也有了一定的增长，进入奖牌榜前五；1984 年洛杉矶奥运会，中国竞技体育实力有了突破和飞跃，之后不断攀升，并在 2008 年北京奥运会达到了顶峰，获取了奖牌榜排名第一的好成绩。

③获得奥运会举办权后举办国的竞技实力增强。一方面体现在举办国竞技体育竞争优势，即举办国的竞技体育成绩较好；另一方面表现在举办国筹备和举办奥运会的前后十年中，竞技体育的竞争实力会维持一段时间。这些规律也验证了体育赛事对举办国所产生的重大影响力，主办国竞赛成绩的提升，说明了体育在凝聚国内民族力量、展现国家实力、巩固国家认同中发挥着重要作用。

④区域竞技实力分布不均。奥运会奖牌榜排名前五位的国家中，66% 的获奖国家来自欧洲，21% 的获奖国家来自美洲，11% 的获奖国家来自亚洲，3% 的获奖国家来自大洋洲，非洲暂未有获奖国家进入奖牌榜前五。这一比例说明欧洲仍是竞技体育实力较强的大洲，也在一定程度上说明了竞技体育与国家经济发展、社会进步、人群参与有着密切的关系。

表 3－6 历届夏季奥运会奖牌（排名前五）情况一览表

届次	时间	举办城市	奖牌榜排名前五的国家	奖牌榜			
				金牌	银牌	铜牌	总数
1	1896	雅典	美国	11	7	2	20
			希腊	10	17	19	46
			德国	6	5	2	13
			法国	5	4	2	11
			英国	2	3	2	7
2	1900	巴黎	法国	26	41	34	101
			美国	19	14	14	47
			英国	15	6	9	30
			混合队	6	3	3	12
			瑞士	6	2	1	9
3	1904	圣路易斯	美国	78	82	79	239
			德国	4	4	5	13
			古巴	4	2	3	9
			加拿大	4	1	1	6
			匈牙利	2	1	1	4
4	1908	伦敦	英国	56	51	38	145
			美国	23	12	12	47
			瑞典	8	6	11	25
			法国	5	5	9	19
			德国	3	5	6	14
5	1912	斯德哥尔摩	美国	25	19	19	63
			瑞典	24	24	17	65
			英国	10	15	16	41
			芬兰	9	8	9	26
			法国	7	4	3	14

续表

届次	时间	举办城市	奖牌榜排名前五的国家	奖牌榜			
				金牌	银牌	铜牌	总数
7	1920	安特卫普	美国	41	27	27	95
			瑞典	19	18	24	61
			英国	15	15	13	43
			芬兰	15	10	9	34
			比利时	14	11	11	36
8	1924	巴黎	美国	45	27	27	99
			芬兰	14	13	10	37
			法国	13	15	10	38
			英国	9	13	12	34
			意大利	8	3	5	16
9	1928	阿姆斯特丹	美国	22	18	16	56
			德国	10	7	14	31
			芬兰	8	8	9	25
			瑞典	7	6	12	25
			意大利	7	5	7	19
10	1932	洛杉矶	美国	41	32	30	103
			意大利	12	12	12	36
			法国	10	5	4	19
			瑞典	9	5	9	23
			日本	7	7	4	18
11	1936	柏林	德国	33	26	30	89
			美国	24	20	12	56
			匈牙利	10	1	5	16
			意大利	8	9	5	22
			芬兰	7	6	6	19

续表

届次	时间	举办城市	奖牌榜排名前五的国家	奖牌榜			
				金牌	银牌	铜牌	总数
14	1948	伦敦	美国	38	27	19	84
			瑞典	16	11	17	44
			法国	10	6	13	29
			匈牙利	10	5	12	27
			意大利	8	11	8	27
15	1952	赫尔辛基	美国	40	19	17	76
			苏联	22	30	19	71
			匈牙利	16	10	16	42
			瑞典	12	13	10	35
			意大利	8	9	4	21
16	1956	墨尔本	苏联	37	29	32	98
			美国	32	25	17	74
			澳大利亚	13	8	14	35
			匈牙利	9	10	7	26
			意大利	8	8	9	25
17	1960	罗马	苏联	43	29	31	103
			美国	34	21	16	71
			意大利	13	10	13	36
			德国联队	12	19	11	42
			澳大利亚	8	8	6	22
18	1964	东京	美国	36	26	28	90
			苏联	30	31	35	96
			日本	16	5	8	29
			德国联队	10	22	18	50
			意大利	10	10	7	27

续表

届次	时间	举办城市	奖牌榜排名前五的国家	奖牌榜			
				金牌	银牌	铜牌	总数
19	1968	墨西哥城	美国	45	28	34	107
			苏联	29	32	30	91
			日本	11	7	7	25
			匈牙利	10	10	12	32
			民主德国	9	9	7	25
20	1972	慕尼黑	苏联	50	27	22	99
			美国	33	31	30	94
			民主德国	20	23	23	66
			联邦德国	13	11	16	40
			日本	13	8	8	29
21	1976	蒙特利尔	苏联	49	41	35	125
			民主德国	40	25	25	90
			美国	34	35	25	94
			联邦德国	10	12	17	39
			日本	9	6	10	25
22	1980	莫斯科	苏联	80	69	46	195
			民主德国	47	37	42	126
			保加利亚	8	16	17	41
			古巴	8	7	5	20
			意大利	8	3	4	15
23	1984	洛杉矶	美国	83	61	30	174
			罗马尼亚	20	16	17	53
			联邦德国	17	19	23	59
			中国	15	8	9	32
			意大利	14	6	12	32

续表

届次	时间	举办城市	奖牌榜排名前五的国家	奖牌榜			
				金牌	银牌	铜牌	总数
24	1988	汉城（首尔）	苏联	55	31	46	132
			民主德国	37	35	30	102
			美国	36	31	27	94
			韩国	12	10	11	33
			联邦德国	11	14	15	40
25	1992	巴塞罗那	独联体	45	38	29	112
			美国	37	34	37	108
			德国	33	21	28	82
			中国	16	22	16	54
			古巴	14	6	11	31
26	1996	亚特兰大	美国	44	32	25	101
			俄罗斯	26	21	16	63
			德国	20	18	27	65
			中国	16	22	12	50
			法国	15	7	15	37
27	2000	悉尼	美国	37	24	31	92
			俄罗斯	32	28	28	88
			中国	28	16	15	59
			澳大利亚	16	25	17	58
			德国	13	17	26	56
28	2004	雅典	美国	35	39	29	103
			中国	32	17	14	63
			俄罗斯	27	27	38	92
			澳大利亚	17	16	16	49
			日本	16	9	12	37

续表

届次	时间	举办城市	奖牌榜排名前五的国家	奖牌榜			
				金牌	银牌	铜牌	总数
29	2008	北京	中国	51	21	28	100
			美国	36	38	36	110
			俄罗斯	23	21	29	73
			英国	19	13	15	47
			德国	16	10	15	41
30	2012	伦敦	美国	46	29	29	104
			中国	38	27	23	88
			英国	29	17	19	65
			俄罗斯	24	26	32	82
			韩国	13	8	7	28
31	2016	里约	美国	46	37	38	121
			英国	27	23	17	67
			中国	26	18	26	70
			俄罗斯	19	18	19	56
			德国	17	10	15	42

三、中国代表团的奥运梦想之旅

自 1896 年第 1 届现代夏季奥林匹克运动会举办以来，中国共参加了 11 届奥运会，中华人民共和国成立之前参加了 3 届，但均空手而归。1896 年第 1 届现代奥运会召开前夕，法国人顾拜旦致函清政府，邀请中国参加将在希腊雅典举行的奥运会。中国第一个接到奥运会邀请书的是清朝光绪皇帝，后因慈禧太后及其幕僚不懂得“田径”一词的含义而未能派队参加①。1908 年，《天津青年》发表文章，向国人提出了三个问题：中国何时才能派一位选手参加奥运会？

① “零的记录”与“东亚病夫”［EB/OL］.［2003－01－16］. http：//www. china. com. cn/zhuanti2005/txt/2003－01/16/content_ 5262825. htm.

中国何时才能派一支队伍参加奥运会？中国何时才能举办奥运会？① 这也成为中国民众心中的一个伟大梦想，而中国回答这三个问题，用了100年的时间。1932年洛杉矶奥运会，中国第一次派出队员参加。中国短跑选手刘长春曾在跑道上竞逐，但预赛即被淘汰。1936年柏林奥运会，中国派出140余人的代表团，参加了近30个项目的比赛，除撑竿跳高选手符保卢进入复赛外，其余均在初赛即遭淘汰。1948年伦敦奥运会，中国代表团派出田径4人、游泳1人、自行车1人、足球队18人、篮球队10人。奥运会上，中国选手均在初赛被淘汰。1948年8月12日，英国《镜报》刊登了一幅漫画，画面上，一个身材瘦小、穿着中国运动服的人手执白色大旗，大旗上的五环竟被作者画成了鸭蛋状。“鸭蛋”下则写着1932、1936、1948的字样，这是讽刺中国奥运代表团参加了3届奥运会，均以“零”告终。“东亚病夫”成为西方人形容中国人体育落后的形象称谓。

中华人民共和国成立之后，摘掉“东亚病夫”的帽子是中华人民共和国体育事业发展的历史起点。1952年在芬兰首都赫尔辛基举办的第15届夏季奥运会是中国人奥运梦开始的地方。

中华人民共和国成立后首次奥运之旅②

1952年7月18日，国际奥委会发给新中国的第一封邀请电报距离第15届赫尔辛基奥运会开幕只差几个小时。中国之所以这么晚才收到邀请，是因为国际奥委会内部有一些敌视新中国的人在阻挠捣乱，他们反对邀请中国运动员参加奥运会的比赛。根据周恩来总理“在奥运会上升起五星红旗就是胜利”指示，中国代表团紧急组建，日夜兼程赶赴芬兰赫尔辛基，中国代表团到达赫尔辛基奥运会闭幕只有五天了，只有游泳运动员吴传玉赶上了男子100米仰泳比赛，但预赛第一轮即被淘汰。第一次参加奥运会，把五星红旗升起在奥运赛场同样是具有标志性意义的胜利，中国的政治和体育地位得到了国际社会的承认，同时也是体育精神的一种体现，所有代表团成员亲身感受到了体育和奥林匹克在社会生活中起到的不可估量的作用。芬兰奥委会官员布洛达卡宁在评价赫尔辛基奥运会的成就时也特别提到，邀请到了有着世界最多人口的新中国的参与，从而使这届奥运会成为空前的、代表性最为广泛的大奥运。荣高棠回忆起率团参加赫尔辛基奥运会的经历时，曾经这样感慨道：“从机场到克里姆林宫，人们一遍遍地朝着体育英雄高呼‘乌拉（万岁）!’沸腾的人群像洪水一样，当时我就一个感觉，运动员拿了冠军，对一个民族、一个国家影响真大!”

---

① “零的记录”与“东亚病夫”［EB/OL］.［2003－01－16］. http://www.china.com.cn/zhuanti2005/txt/2003－01/16/content_ 5262825.htm.

② 赫尔辛基——新中国奥运梦开始的地方［EB/OL］.［2009－07－29］. http://sports.163.com/09/0729/15/5FD9QK4800053IHA.html.

30年与奥林匹克运动绝缘

1956年夏季奥运会在澳大利亚墨尔本举办。为备战这次奥运会，中国做了充分准备，在广州二沙头修建了封闭式训练基地，并开始集训运动员，组建中国体育代表团。但是代表团上下都很清楚，由于西方敌对势力的阻挠，中国运动员角逐奥运赛场的路仍然是曲折和艰难的。因为尽管1954年的国际奥委会第50次全会上，国际奥委会以23票对21票通过决议，承认了“中华全国体育总会”是中国的国家奥委会，然而当时的国际奥委会主席布伦戴奇却未经全会讨论，悄悄地把台湾的奥委会以所谓“中华民国”的名义列入国际奥委会承认的国家奥委会名单里，企图在国际奥委会内部造成“两个中国”的局面，这是中国绝对不能接受的，代表团也为此做好了应对各种困难的准备。按照中国代表团的计划，10月正式宣布中国将去参加奥运会，并决定派出由黄中带领的先遣组抢先进入奥运村。这个抢先当然是相对于台湾方面，可惜由于到澳大利亚交通不便，先遣组11月初才成行，抵达墨尔本时发现台湾方面已经进入奥运村并升了旗。国内获悉后决定立即发表声明，坚决反对国际奥运会制造“两个中国”的做法，并表明在组委会未妥善处理之前，中国将不参加奥运会。然而先遣组与组委会交涉无效，于是中国奥委会在奥运会开幕前夕被迫宣布退出该届奥运会，并撤回已在广州集训的大批运动员。中国奥委会在多次交涉无效后于1958年中断了与国际奥委会的联系。中国体育如此一别奥运，与其隔绝将近30年。

洛杉矶奥运会开启中国的奥运荣誉之旅

1979年，中华人民共和国经过艰苦卓绝的斗争恢复了在国际奥委会合法席位。中国代表团参加了1984年洛杉矶奥运会，无数中国人心中升腾起奥林匹克之梦。在被殖民者称作“东亚病夫”的140年后，在140个国家和地区参加的体育盛会中，在短短的16天之内，第一次全面出征奥运会的中国代表队共夺得金牌15枚，银牌8枚，铜牌9枚，金牌总数仅次于美国、罗马尼亚、联邦德国，位居第四。鲜艳的五星红旗一次又一次地在赛场上奏响，中国成为洛杉矶奥运会上最耀眼的明星。从此，我们开始了迈向奥运的荣誉之路。2008年，奥运会终于投入中国的怀抱，中国举办了有史以来最不同凡响的一届奥运盛会。

1949年至今，中国参加了9届奥运会，加上1949年前参加的3届，中国代表团一共参加了12届奥运会，具体参赛情况和竞赛成绩见表3－7。

表3-7　中国代表团参加历届夏季奥运会情况一览表

年度	届次	地点	参加项目数	运动员人数	排名	取得前三名成绩		
						金牌	银牌	铜牌
1932	10	洛杉矶	1	1	—	0	0	0
1936	11	柏林	6	69	—	0	0	0
1948	14	伦敦	5	33	—	0	0	0
1984	23	洛杉矶	16	225	4	15	8	9
1988	24	汉城（首尔）	18	301	11	5	11	12
1992	25	巴塞罗那	20	251	4	16	22	16
1996	26	亚特兰大	22	309	4	16	22	12
2000	27	悉尼	24	311	3	28	16	15
2004	28	雅典	26	407	2	32	17	14
2008	29	北京	28	639	1	51	21	28
2012	30	伦敦	23	396	2	38	27	23
2016	31	里约	26	416	3	26	18	26
合计						227	162	155

（一）中国代表团历届夏季奥运会参赛分项情况

中华人民共和国成立之后，我国奥运会代表团的参赛大项呈现逐届上升的趋势（图3-8），并在2008年北京奥运会上实现了参加全部28个大项，这有力地说明了我国在推进奥林匹克运动发展、传播奥运项目文化方面做出了卓越的贡献。

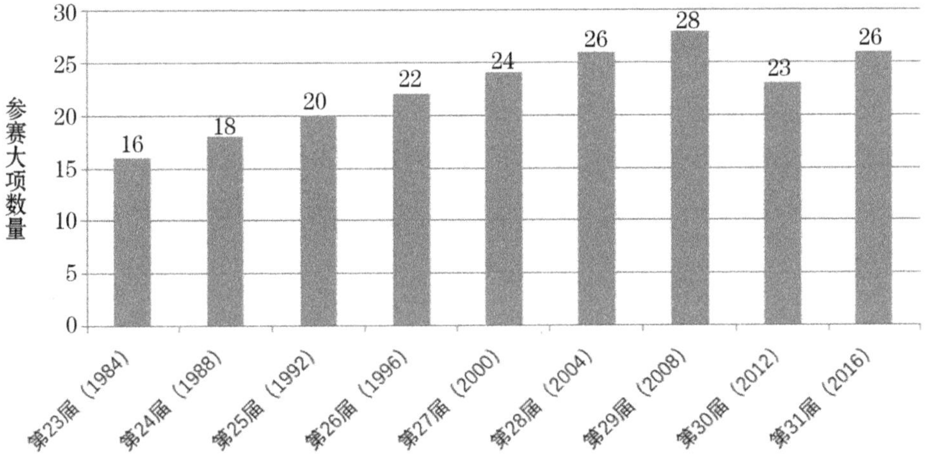

图3－8　第23～31届夏季奥运会中国代表团参赛大项数量

（二）历届夏季奥运会中国代表团参赛运动员人数情况

中国代表团参加夏季奥运会的运动员人数呈现不断增加的趋势（图3－9），表明我国在奥运项目的传播与布局方面做出了坚实的努力。2008年北京奥运会，我国参赛运动员达到历史峰值，实现了奥运会28个大项全覆盖，在本土参赛的区位优势下，实现了中国参加、举办奥运会的百年梦想，展示了中国在国际体育舞台上的竞技实力，也为后奥运时代中国竞技体育的转型与发展提供了非常好的契机。2008年北京奥运会的成功举办，诠释了无与伦比的奥林匹克中国精神，实现了强国梦与奥林匹克梦最完美的融合和统一。

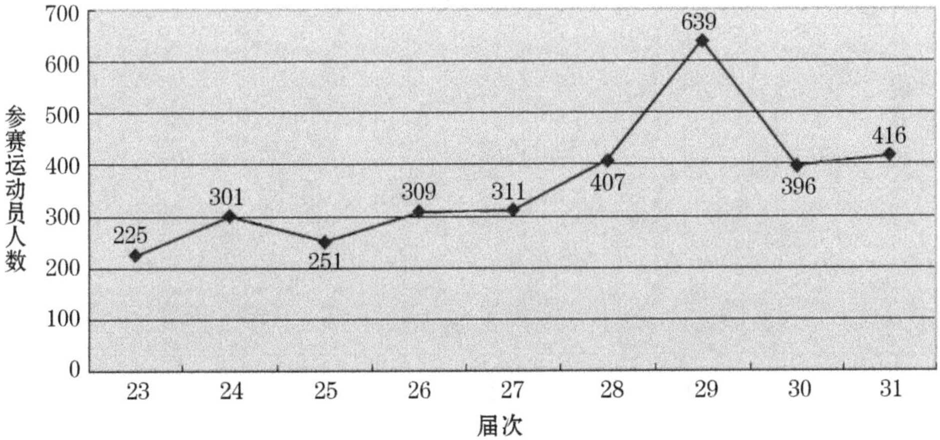

图3－9　第23～31届夏季奥运会中国代表团参赛运动员数量

（三）中国代表团历届夏季奥运会成绩情况

中国代表团夏季奥运会的成绩不断提升（图 3 – 10），且在第 23 ~31 届夏季奥运会中的排名不断提升（图 3 – 11），并在 2008 年北京奥运会上获得了 51 枚金牌，100 枚奖牌，排在奖牌榜第一，凸显了我国在奥林匹克运动中取得的卓越成绩。

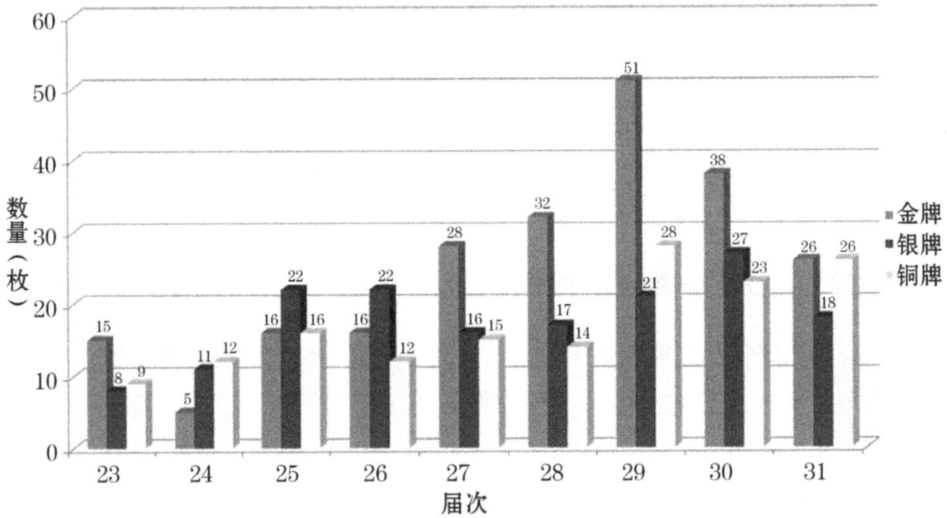

图 3 – 10　第 23 ~31 届夏季奥运会中国代表团成绩

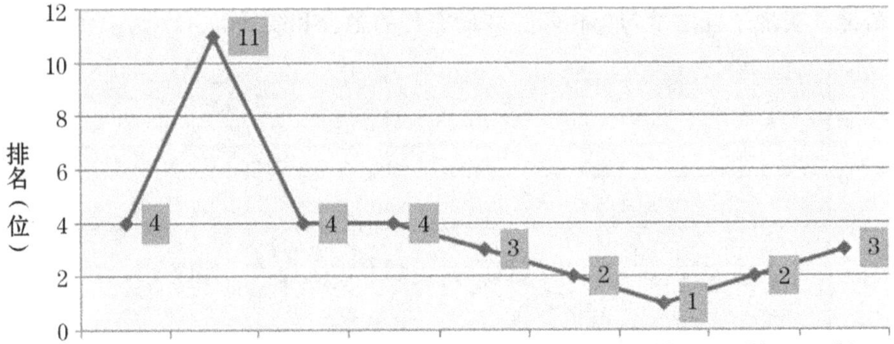

图 3 – 11　第 23 ~31 届夏季奥运会奖牌榜中国代表团排名

从表3－8中可以看出，第23～31届奥运会，我国代表团在奥运会中的夺金实力主要集中在游泳、体操、举重、乒乓球、射击、羽毛球、柔道、射击等优势项目中，涵盖了17个大项，对于奥运会全部28个大项来说，我国只在一半多的大项中有金牌增长点，而在近一半的大项中，则不具有夺金实力。我国从体育大国向体育强国转变过程中，深化改革体育项目布局，增强田径、三大球等项目的竞技实力，以及未来一段时期竞技体育发展的主要方向，是我国在全面实现“两个一百年”奋斗目标进程中及实现民族伟大复兴的中国梦道路上，中国体育应该呈现的图景。

表3－8　第23～31届奥运会中国代表团夺金项目总体分布①

届数	金牌数	田径	游泳	体操	举重	射击	射箭	帆船	赛艇	柔道	摔跤	击剑	排球	网球	拳击	乒乓球	羽毛球	跆拳道	皮划艇	自行车
23	15	—	1	5	4	3	—	—	—	—	—	1	1	—	—	—	—	—	—	—
24	5	—	2	1	—	—	—	—	—	—	—	—	—	—	—	2	—	—	—	—
25	16	1	7	2	—	2	—	—	—	1	—	—	—	—	—	3	—	—	—	—
26	16	1	4	1	2	2	—	—	—	1	—	—	—	—	—	4	1	—	—	—
27	28	1	5	3	5	3	—	—	—	2	—	—	—	—	—	4	4	1	—	—
28	32	2	7	1	5	4	—	—	—	1	1	1	1	1	—	5	3	2	1	—
29	51	—	8	11	8	5	1	1	1	3	1	1	—	—	2	4	3	1	1	—
30	38	1	11	5	5	2	—	1	—	—	—	2	—	—	1	4	5	1	—	—
31	26	2	8	—	5	1	—	—	—	—	—	—	1	—	—	4	2	2	—	1
合计	227	8	53	29	34	22	1	2	2	8	2	4	3	1	3	28	18	7	2	1

注：在原作者数据的基础上补充了第31届奥运会的数据。

① 熊双，王磊，孙旭静，等．中国历届夏季奥运会夺金项目项群分析［J］．赤峰学院学报（自然科学版），2015（6）：214－217.

第三节 奥运会个案剖析

当今世界，体育已经超越了国家的边界，成为全球化过程的产品和助推器，并成为世界范围内政治、经济、文化倾向的缩影。以奥运会和足球世界杯为代表的大型体育赛事作为一种文化工具，成为民族主义和全球化间的新型链接中介，因其独特的国际影响力而备受各国政府的重视。2010 年温哥华冬奥会通过体育、文化、可持续发展的激情塑造了加拿大精神。2014 年俄罗斯政府通过索契冬奥会的辉煌叙事，激发了民众的爱国主义情感，重塑了俄罗斯精神，建构了新俄罗斯神话。2018 年举办的平昌冬奥会则为韩国政府实现进入世界中心国的目标提供了展示平台。习近平总书记指出，中国政府一贯重视发展体育事业，重视奥林匹克运动在社会发展中的重要作用。北京成功获得 2022 年冬奥会举办权，将有利于中国体育及社会经济发展和世界奥林匹克运动发展相互促进，有利于促进中华文明同世界各国文明交流互鉴，让中国人民有机会再次为奥林匹克运动发展、奥林匹克精神传播作出贡献。

本部分以 2018 年平昌冬奥会、2016 年里约奥运会、2014 年索契冬奥会、2012 年伦敦奥运会、2010 年温哥华冬奥会、2008 年北京奥运会为例，分析在举办奥运会的过程中，举办国是通过何种方式将国家的概念植入国内和国际社会的。因上述奥运举办国家都有各自不同的政治、经济和文化传统，对国家认同的表达方式、具体手段也会有所不同，在论述这部分内容时，笔者更注重体现每一个举办国家在国家认同建构中的突出特征，从而可以更好地从多层面、多维度、多视角理解奥运会与国家认同在国际和国内层面的建设机制。

一、2018 年平昌冬奥会

（一）民族文化的彰显

2018 年平昌冬奥会在民族文化、国力的展示方面做足了文章，在会徽、吉祥物的设计中，设计者绞尽脑汁表现民族特色和韩国风采，比如吉祥物 + 韩国服装的组合设计，充分融入了韩国本土的民族文化。除了冰雪场馆外，每个场馆都设计了体验活动室，采用连环画教材的形式和韩国举办奥运会的经验介绍等，充分体现了民族文化。1988 年奥运会至今，韩国在生态环境方面也做出了巨大改变，三个场馆布局都强调人文环境，车辆完全按照线路行驶，不能随便超车，雪场和旅馆没有吸烟的地方，环境非常干净，指示标志非常清晰，人文环境塑造了人们良好的行为举止。接待酒会展示了节俭的办赛理念，12 个泡菜的饮食设计充分体现了民族特色。平昌冬奥会每天接待 10 万人，传播的核心是民族文化，展现国家历史，向世界传递韩国人的热情。

（二）追求和平的表达

体育有着伟大的力量，可以联结人民，有时甚至可以超越一切争端冲突。2018 年 2 月 9 日，韩国平昌冬奥会开幕式上，全世界见证了这个历史性时刻，朝鲜及韩国运动员在朝鲜半岛旗帜的引领下共同入场。巴赫在开幕式致辞中讲道：运动员们，这是你们的时刻，和平和谐生活，追求卓越、相互尊重、公平竞争，尊重规则，真正清白，只有这样才能真正成为一个精神富有的奥林匹克选手。你们展示体育的平等，展示体育联结人们的独特力量。一个伟大的时刻，一个团结的力量，在今晚发生，朝鲜和韩国奥委会、运动员同时入场，深深打动了我们在场的每一个人，打动了世界。两年前的里约，第一次出现了难民代表团。来自韩国和朝鲜的运动员联合入场，向世界传递了和平的信号。本届冬奥会最大的意义是给朝韩双方打开了对话的窗口。

（三）奥运遗产的创造

平昌冬奥会首先关注的是运动、运动员，以及留下的各种各样的遗产，包括先进的体育设施、高速铁路、奥运村，人们熟悉的冬季运动、志愿者。其中最为突出的是平昌冬奥会在创造国际交流机会上的突出贡献。开幕式上，和平之钟“穿越”出现在了场地中央，钟声响起，体现出人们对于和平的珍惜、对和谐的渴望，表达了“呼唤和平，构筑和谐”的主题。

2018 年平昌冬奥会为朝韩关系的改善奠定了坚实的民意基础，女子冰球朝韩联队的比赛、朝鲜艺术团的表演、朝韩拉拉队的助威，成为冬奥会最具民族情感的风景线，产生了广泛的共鸣，激发了民族情感，完美地将冬奥会演绎成为民族的盛事。“冬奥外交”虽然不能从根本上解决朝鲜半岛核问题，但冬奥会期间，朝鲜没有进行新的核导试验，美韩也暂停了针对朝方的军演，为南北改善关系营造了最基本的条件[①]。2018 年国际奥委会主席巴赫被联合国授予通过体育推动和平荣誉称号；4 月，韩国和朝鲜领导人为朝鲜半岛和平发展开启对话，体育为促进朝鲜半岛和平发展开启了一扇独特的窗口，贡献了体育的力量。巴赫主席对于通过平昌冬奥会促进韩国和朝鲜联合参与起到了关键性作用。

二、2016 年里约奥运会

（一）奥运会举办战略愿景

里约为世界各地运动员提供了一个惊奇的时刻、出色的赛事举办地和令观众和电视收看者激动的比赛场景。同时，里约秉承节约高效的理念，促进经济、环境和社会可持续发展。充分利用现有场馆，只有 26% 的新建永久性场馆。赛事主场馆、奥运村和新闻广播中心都位于市区的奥林匹克公园中，交通便捷，几乎一半多的运动员都能够在 20 分钟以内到达他们的比赛场馆，75% 的运动员在 25 分钟以内能够到达。

里约奥运会组委会与国际奥委会和残奥委会通力合作，为观众带来一场超乎想象的体育娱乐盛典，同时保持了每一项运动项目的传统。里约的使命是推动每一项运动发展到新的水平，利用新颖的场馆设计和独特的体育表达理念连接观众和运动员，增强他们的赛事体验。为了实现这个新的目标，里约从预算和技术创新出发全方位与每一个运动项目合作。

巴西是世界上最年轻的国家之一，有 6500 万 18 岁以下的年轻人口，里约采用最新的科技手段将他们与赛事联系在一起。特别是实施了全体育馆先锋队项目，带领年轻人到直播现场和比赛场地，通过现场真实的信息，鼓励成千上万的年轻人成为赛事的一个组成部分。里约通过建立多直播渠道，让没有票的观众能够通过全球直播网络成为比赛的一个组成单元。通过城市和巴西其他地方直播平台，确保这一独特赛事能够覆盖整个国家。另外，奥林匹克直播先锋队在全球设立 15 个站点，确保每一个大洲至少有两个，尤其是为年轻观众带来独特的连接体验，架起赛事和他们沟通的桥梁。

---

① 外交部部长王毅就中国外交政策和对外关系回答中外记者提问［EB/OL］.［2018－03－08］. http：//www. fmprc. gov. cn/web/wjbzhd/t1540582. shtml.

（二）奥运会遗产计划

里约奥运会遗产包括促进巴西、南美和世界的体育发展，并为 11000 名具有潜力的巴西年轻运动员提供资金支持。由政府支持，巴西奥委会帮助地区体育联盟建立奥林匹克训练中心，为巴西和国际运动员提供训练设施。奥林匹克训练中心还为来自巴西和全球的运动员和教练员提供奖学金。这些奖学金项目和国际奥委会支持的计划一并执行。里约奥运会的体育遗产还包括促进社会发展，在基础设施、旅游目的地建设、赛事举办地标等方面为巴西留下重要的体育遗产。里约奥运会体育盛宴从体育馆延伸至城市从而扩展到全世界。

（三）奥运会开闭幕式

里约奥运会开幕式简洁、有新意，为全球观众留下了深刻的印象。开幕式中自然与人文炫酷的深度表达，简洁明快又意味深长。

海洋和热带雨林，自然禀赋决定了巴西对自然的亲近感受和对全球变暖的关切；印第安原住民、葡萄牙航海殖民、非洲黑奴、阿拉伯商人、中日茶农、意德移民，种族结构带来了多元肤色、多元文化；无论贫富都享受生活的生存哲学，造就了贫民窟里原生的音乐舞蹈和运动娱乐形态，以及鲜活的艺术生命力和基因；对自然和人文的深度理解，通过炫酷的科技效果和点缀其中的舞台表演，淋漓尽致地表达了激情与深沉结合、模式与创意结合、历史与未来结合、节俭与炫酷结合；最终点火的是范德雷·德·利马，雅典奥运会马拉松他领先了大半个赛程，却被路边一个突然冲出来的精神失常的观众撞了一下，最终获得第 3 名。组委会为了补偿他，事后颁发给他一枚复制的金牌，国际奥委会给他颁发了顾拜旦奖章。他最后的点火体现了巴西人对奥林匹克精神的崇拜，对人文精神的追求（注：上述资料摘录于首都体育学院校长钟秉枢教授对里约奥运会开幕式的评论，2016 年 8 月 8 日）。

Andrea Stanton 提出奥运会是国家建设的标志（a sign of statehood），能够在国际和国内维度建构国家认同。运动员入场式上，国际奥委会中的委员代表会与入场的本国运动员互动，表达了他们自身和国家之间的紧密关系。里约奥运会总共颁发了 306 枚金牌，每一枚金牌都凝结着运动员们辛勤的汗水。

里约奥运会闭幕式上，206 个国际单项组织协会在里约相聚，实现了大团圆。里约奥运会“一个新世界”的举办理念再次体现在闭幕式中，孔桥、雪山、面包山、里约奥运会会徽、彩色奥运会五环等标识性符号一一展现在舞台中央，通过社交媒体网络平台，与世界各地的人们一起分享奥林匹克荣耀。奥运会让世界各地的运动员聚集在一起，奔放的舞蹈、欢快的音乐节奏，让奥运场馆成为运动员狂欢的场域，每一位出场运动员尽情宣泄着心中的体验和情感。国际奥委会主席巴赫的闭幕致辞最能体现奥运会的独特价值："体育有着连接世界的力量，这是一届精彩的奥运会，这是一座精彩的城市。"

三、2014 年索契冬奥会

（一）奥运会举办战略愿景

2014 年索契冬奥组委提出了三个基本问题：我们想要创造一届怎样的冬奥会？我们怎么实现这样的冬奥会？为什么我们想创造一届这样的冬奥会？为了回答这三个问题，他们对之前举办的历届冬奥会进行了分析和经验总结，发现共享愿景（shared vision）是一届奥运会成功的基础，每一届杰出的奥运会都反映了独特的国家文化，同时也通过奥运会表达了举办国家的价值观和优越性。因此，索契冬奥会建立了一个清晰的愿景，并有正式的战略和顶级水平目标支持此愿景。

建立索契冬奥会战略愿景包括以下几项工作：第一，奥组委团队对冬奥会、冬残奥会活动的相关代表进行了大量的结构性深度访谈，访谈的目标是发现筹备奥运会和举办奥运会中的价值和优越性；第二，团队组织了战略工作坊，工作坊由三个问题组成。是什么？冬奥会和冬残奥会的创新。怎么做？彰显俄罗斯精神。为什么？引领积极的改变。

索契 2014 年冬奥会又增加了九个基本价值，以在筹备和举办冬奥会过程中传递他们的战略愿景。愿景的三个维度又派生出三个价值子目标，更进一步明晰了愿景的意义。是什么？卓越，愿望，包容。怎么做？友好，协作，独特。为什么？尊重，遗产，和谐。最后，分析团队设计了 2014 年索契冬奥会战略结构图，被称为"俄罗斯钻石"（Russian Diamond），如图 3 - 12 所示。

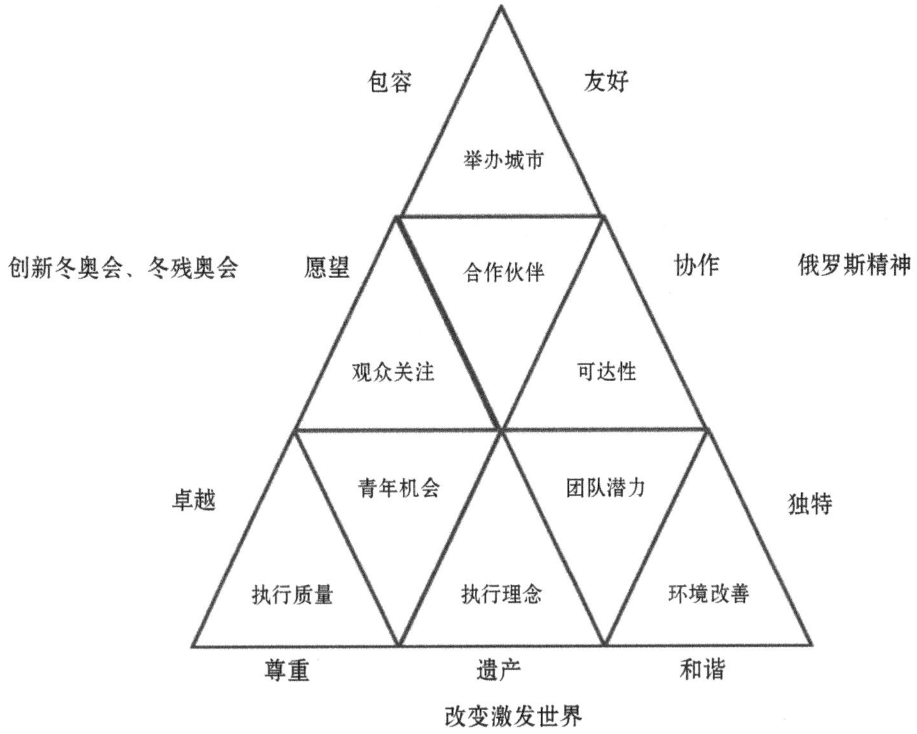

图 3－12　索契冬奥会战略愿景

（二）奥运会组织管理

俄罗斯奥申委专为奥组委建立了快速的人才选拔、机构建立机制，组建了一个强有力的组织结构。申办奥运会时普京建立的总统委员会被正式确立为体育文化和卓越体育发展总统委员会，作为 2014 年冬奥会的执委会，由 49 名委员构成，包括核心部门部长、国家运动项目协会主席、运动员和其他杰出代表，委员会的功能是领导索契冬奥会的筹备工作和俄罗斯体育发展工作。委员会为事关体育领域的所有协会和地方政府行政机关以及公共协会提供服务。委员会委员包括总理、副总理、地区发展部部长、奥林匹亚公司主席、财政部部长、商业部部长、俄罗斯奥委会主席、体育文化和项目机构部长、索契市长、克拉斯诺达尔市长、总统委员会秘书。总统委员会组织结构内部包括三个机构，负责奥运会的筹备，为奥运会提供信息支持。体育文化和卓越体育（physical culture and sport，and excellence in sport）工作团队由 18 个工作组构成，每一个工作组在筹备奥运会方面都有特定的工作领域，例如奥运会场馆、奥运会社会和经济遗产、交通、环境、技术、安全、住宿、大众体育、医疗和反兴奋剂、卓越体育、国际关系、健康生活方式和媒介关系促进、青年体育、残疾人体育、立法、教育、文化、体育产业、国家运动队。这些工作部门由联邦部或责任部领导，可以确保他们的项目获得必需的资源，这些工作组为总统委员会提供决策基础。从这个意义上来讲，2014 年索契冬奥会建立了一个高效的职业团队，从而确保了冬奥会组织工作的高水平。

索契冬奥会成功的关键是组委会的管理体系，为所有项目提供最大化的合作便利。

1. 索契冬奥会的管理结构

国际奥委会要求举办国家至少要有两个组织基础：举办国家奥委会和举办城市政府。俄罗斯将这一任务提升至国家层面，由联邦政府发起并全力支持国际奥委会。高效灵活的管理体系在筹备索契冬奥会期间是非常重要的。

最高层面：俄罗斯联邦体育文化和运动发展总统委员会是奥运会战略层面的最高管理者。委员会构成人员在大众体育、竞技体育，以及筹备冬奥会和冬残奥会中承担着重要的工作任务。最高管理机构是理事会、主席团和高管（在组委会监督执行委员会中担任重要职位）。运动会举办前一年，州政府组委会成立，州部长担任委员会委员并受俄罗斯副总理领导。

第二层面：2014 年索契奥组委与自发的非商业组织，负责筹备和举办冬奥会及冬残奥会。它包括管理办公室、九个各领域活动专业机构。每个专业机构都有相应的功能，总计 55 个。最高政府管理机构是组委会管理委员会，国内的管理实体是审计委员会，其管理权由组委会管理委员会授予。索契组委会负责计划、组织和实施奥运会，保护奥运会和残奥会标识，为奥运会场馆提供财政资金，吸引合作伙伴。组委会有权力从各个机构中收集基本信息，包括公共行政部门，同时组委会还有权实施奥运会志愿者项目。

2. 组委会管理体系

索契冬奥会组委会采用了项目驱动管理（project - oriented organisation）。2010 年项目驱动管理方法应用于组委会，直至 2012 年，这一方法基于三个要素：人（例如组委会的组织结构和人员培训）；过程（方法和规范性文件）；技术（IT 技术）。索契组委会将所有的管理活动系统化和正式化，以确保高效率完成所有筹备任务。在筹备阶段，所有的任务都分为计划和未计划两类，管理者最重要的任务是减少未计划的任务数量，最大化有计划任务数量。有计划的任务又细分为规划和过程。规划的目标是明确在资源有限的情况下追求高质量的结果，过程则是一系列工作安排。

项目驱动管理的核心内容是标志性事件管理（milestones），明确了项目完成的关键结果和完成日期。标志性事件管理用于组委会监督和组织管理当前的活动进度，分为三个层面，一是国际奥委会/国际单项联合会和俄罗斯政府事件追踪；二是组委会管理机构建立的重要事件；三是组委会设置的功能领域水平事件，在奥运会开始前，共完成了 2 万件标志性事件。所有的任务和不同水平的安排都被转化为标志性事件以及事件详细清单（战略计划）计划汇报管理体系，并下发给更多的合作部门，以使他们清晰地了解重大事件、计划和重要文件。这一管理体系有效地保证了奥组委各个部门协调畅通地合作。同时索契组委会还与财政服务部成立了联合体。组委会开发了唯一修正文档，所有的计划项目发生改变时都需要通过它来完成。例如一个标志性事件延迟、财政资金的变化等，这些都需要反映在唯一修正文档中。

合作和计划管理模式应用于奥运会筹备和举办过程也取得了很好的效果。项目驱动管理的创设，同时建立了精细的计划方法，为未来奥运会的组织提供了非常有价值的信息。这一管理模式在俄罗斯管理机构的实施和使用过程中获得非常好的效果。例如，经济发展部采用这一方法制定各州的发展规划纲要。组委会创立的项目驱动管理是基于大量创新的方法实现的，这一体系还可以用于政府机构或者商业管理机构。

（三）奥运会仪式性活动

1. 火炬接力

索契冬奥会圣火经过长达 123 天的接力，从莫斯科到索契经过 65000 千米的传递路线，这个距离可以绕地球 1 周半，火炬在俄罗斯全境 8 个区域 83 个地区的 135 个城市进行传递。火炬传递的图片和视频用于俄罗斯学校地理教学，详细展示俄罗斯西部、西伯利亚、俄罗斯远东、俄罗斯北极等地的生活、文化、美景和热情好客。索契冬奥会的火炬接力非常独特。冬奥会奥林匹克圣火在历史上第一次到达北极，进入国际空间站，到达贝加尔湖最底端，还来到欧洲海拔 5642 米的厄尔布鲁士山最高峰。同时，奥林匹克圣火也通过不同的交通工具运送，从希腊采集的火种通过飞机到达莫斯科，由摩托车将火种运送到红场。

2. 索契冬奥会开幕式

开幕式主创者的主要任务是向人们讲述还不曾讲过的这个国家的故事，使得全球的人们从中学会理解和爱，看到俄罗斯文化多样性，感受到俄罗斯人民心中的爱。为了完成这个重务，索契组建了国际化的团队，其中包括2012年伦敦奥运会开幕式的主创人员。

索契冬奥会开幕式和其他冬奥会开幕式不同之处在于，运动员第一次行走在位于场馆中心的一个48米长的专属通道上；另一个新创意是在场地中央投射了一个星球图，当每一个国家的运动员代表入场时，他们国家就会出现在这个星球图上。更重要的和令人惊奇的是开幕式上的技术创新，开幕式用18个篇章展示了俄罗斯梦想（Dreams of Russia）的真诚和华丽。2014年索契冬奥会开幕式上，具有里程碑意义的俄罗斯历史被清晰呈现，芭蕾是开幕式不可或缺的重要元素，导演也没有忘记将红色苏维埃时代工业化进程的团体操融入开幕式的文化建构中，这也增强了民族认可。

开幕式的核心仪式也体现了爱：体育之爱、竞技之爱、友邻之爱。国际奥委会主席巴赫在开幕式致辞中提道："今晚的开幕式开启了俄罗斯历史上的第一届冬奥会，索契，一个地球上最大国家的美丽一角，准备好了欢迎来自全世界的人们……让我们今晚感受这个国家以及其丰富的体育文化传统，让我们长期保持这种团结精神。我祝愿所有运动员好运，希望每一个来自世界不同地区观看索契冬奥会开幕式的观众体验到奥运会带来的真正快乐。"点火运动员Irina Rodnina讲道："当我点燃奥林匹克圣火的时候，我感到非常自豪的是奥林匹克运动会可以在我们国家举办，我们完美地做好了一切准备。当圣火点燃，我转过来面对每一个人说，'我们做到了'。"加拿大广播公司评论说："开幕式作为俄罗斯的庆典，向人们展示了一个富有而复杂的历史和经历困难后的自信复兴，更向人们展示了俄罗斯体育和文化的历史。"捷克著名滑冰运动员讲道："开幕式如此伟大，当你和你的团队被数百万人观看的时候，简直不敢相信。"英国俯式冰橇运动员讲道："我可以毫不保留地说这届运动会是伟大的开始，体育馆给了各位运动员最热烈的欢迎，很快我们感觉在这里像在家一样。"美国高山滑雪队运动员说："这种压倒一切的感觉，是我曾经见过的最好的表演！毫不怀疑地说，奥林匹克精神活在索契。"

3. 文化奥林匹亚

在2014年索契冬奥会期间，球迷不仅可以欣赏到精彩的竞赛，为本国运动员的胜利喝彩，同时还能观赏到俄罗斯最好的舞蹈和音乐团队表演，以及知名的摇滚歌手、电影明星和最著名演员的表演。索契的博物馆和大部分音乐厅是免费让观众观看的。克拉斯诺达尔市赛区的各个体育馆，每天都会有由知名导演创建的流行音乐合唱团，为观众奉献赏心悦目的精彩表演。奥林匹克公园是场馆集中区，这里建有球迷屋，人们可以买各种纪念品，许多观众可以坐在长椅上欣赏美丽的山景、奇特的体育场馆建筑艺术和圣火奇观。冬奥会赛事合作伙伴，包括街头艺术家、民族歌唱家、小丑和杂技演员，也在奥林匹克公园举办各种形式的高水平文化艺术活动。

（四）奥运会遗产及其可持续发展

索契冬奥会一个最丰富的奥林匹克遗产是建筑，包括多个场馆和设施。所有的有形的和无形的遗产对未来都是非常重要的。有形的遗产是满足冬季运动项目开展的各种基础设施，世界级的滑雪、雪橇、跳台滑雪等训练设施首次出现在俄罗斯，地区的旅游产业可以增加福利、提高就业率。坐落于黑海边上的奥林匹克公园体现了技术创新理念，这里有五个冰场、奥林匹克体育馆、主媒体中心、奥运村、国际奥委会旅馆和奥林匹克家庭旅馆。这些场馆将持续激发年轻人参与体育活动及推动冬季运动项目发展。未来，这些奥林匹克海滨场馆将成为国家训练中心，可以举办国际性的体育竞赛。冰上场馆可作为一年四季的训练基地和举办娱乐赛事活动场地，速滑馆可以用于举办展览、会议和体育赛事。

索契冬奥会的遗产还包括培养了大批可以从事大型体育赛事的技术专家，以及实施了历届冬奥会中最具雄心的志愿者计划，通过全国 26 个志愿者中心培训志愿者，一个专业的可持续发展训练模式在志愿者和工作人员培训中广泛使用。另外，将可持续发展的理念融入俄罗斯家庭、小镇发展之中。此外，为了促进年轻人养成健康的体育生活方式，俄罗斯冬奥组委还实施了学校教育项目，这为俄罗斯留下了丰厚的冬季奥林匹克运动教育遗产。

索契冬奥会还创设了可持续管理体系（sustainability management system，SMS），这是一个管理的决策和运行机制。这一体系的主要目标是充分挖掘奥运会的潜力，在国家、地区、举办城市的社会、环境和经济层面创造长期的、积极的条件，从而更好地利用奥运会遗产。可持续管理体系全部融入奥林匹克管理计划体系之中。在可持续管理体系执行的过程中，健康生活、自然和谐相处、无障碍环境、经济财富、现代技术以及文化和国家价值六个方面均贯彻了可持续发展理念。对于健康生活可持续发展，俄罗斯开展了职业体育保险，增加了保险服务的能力和服务质量。索契冬奥组委还发起了“索契，无烟城市”及“索契，一个没有烟草的城市”行动。自然和谐相处可持续发展主要是向市民介绍环境管理的方法，树立环保意识。同时，还实施了《环境保护赔偿法》，强化州政府环境保护的意识。索契冬奥组委实施了文化和国家价值可持续性计划，组委会设立了四个主要目标，即发展国家自豪感、通过体育团结俄罗斯人民、发展志愿者主义、促进文化的多样性。其中最核心的活动是把俄罗斯 83 个地区的人民聚集起来，展示最好的俄罗斯文化，为此俄罗斯政府组织了超过 2000 场文化活动，吸引了 250 万观众参与其中。

（五）追求优异的竞技成绩

俄罗斯队曾经两次荣登冬奥会奖牌榜第一，第一次是 1994 年利勒哈默尔冬奥会，第二次是 2014 年索契冬奥会，并刷新了 1994 年的纪录。索契冬奥会上，俄罗斯超越了传统强国美国、加拿大、德国和挪威。俄罗斯通过归化运动员在历史薄弱项目上获得了一些成绩，韩国出生的短道速滑运动员和美国出生的滑板运动员是两个非常好的例子。当然，成功也不能单纯依赖于归化运动员，本国运动员在滑板项目上获得了奖牌，传统弱势项目自由式滑冰也有奖牌入账。另外，还包括优秀教练员的选择，既有本国教练，也有外籍教练；还有运动员的努力与国家支持，例如冬奥会前允许运动员重新组合。俄罗斯不仅向世界展示了其最大的真诚，同时也占据了奖牌榜第一的位置。

四、2012 年伦敦奥运会

英国有历史悠久且令人自豪的奥运遗产，它是自 1896 年现代奥运会诞生以来参加了历届奥运会的五个国家之一；举办了五次国际奥林匹克委员会全会；有 19 位国际奥委会委员；获得了 704 枚奖牌，其中 200 多枚金牌。此外，2005 年英国奥委会还庆祝了其 100 年诞辰。2012 年伦敦奥运会是伦敦第四次举办夏季奥运会。伦敦奥运会的五个举办愿景是：向运动员传递毕生的体验；为英国留下体育遗产；通过再生给社区发展带来益处；支持国际奥委会和奥林匹克活动；建设简洁的、标识性的、精心设计的体育场馆。

（一）奥运会仪式性活动

1. 火炬接力

2012年伦敦奥运会将开闭幕式、领奖仪式和欢迎仪式及火炬接力仪式融汇为一个部分，这样可以在夏季奥运会和残奥会中产生一致的、连贯的和有效的创造性和执行力。伦敦奥运会火炬接力经历了8000英里的旅行，穿过了1000多个社区，超过95%的英国居民都经历了和火炬的10分钟之旅。火炬接力的同时也传递着伦敦奥运会的使命——吸引和激发年轻一代。火炬接力将目标人群锁定在12~24岁的青年身上，并将这一策划应用于每一个火炬传递社区。例如许多火炬接力聚集点在学校或社区体育场，每一次庆祝活动都是年轻人担任主角。火炬接力影响巨大的一个基本原因是选择的绝大多数火炬手都有一个激励人心的故事。8000名火炬手中90%的人入选是因为他们都有一个故事，这直接与2012年伦敦奥运会举办愿景联系起来。伦敦火炬接力由40个强有力的国内团队支持，而不仅仅是普通的完全由一个合作伙伴支持的模式。这样做的结果是伦敦奥委会可以采用专门定制的方法，区域化伦敦市场，强有力地突出主题。外部企业则可以集中精力策划火炬接力中的赞助活动。超过1500万人在街上观看了火炬接力活动，并对当地选拔出的地方英雄式的火炬手表达了强烈的支持。

2. 主题口号

“激励一代人”（Inspire a Generation）是伦敦奥运会的主题。伦敦奥运会充分利用世界明星的偶像作用，让他们讲述自己的故事，他们果敢、卓越，有毅力和勇气，也成为年轻人的英雄和榜样。

3. 会徽

2012年伦敦奥运会会徽有四种颜色：粉色、蓝色、绿色、橘色。这些颜色选择与伦敦奥运会的精神相对应——活力（energetic）、精神（spirited），明亮/辉煌（bright）、年轻（youthful）。

4. 吉祥物

文洛克和曼德维尔（Wenlock and Mandeville）是2012年伦敦奥运会的吉祥物，吉祥物的设计是为了吸引更多的儿童。英国利用过去和现在的奥林匹克活动激发青少年一代的兴趣，有助于他们建设未来。

5. 开闭幕式

伦敦奥运会开幕式以“奇妙岛屿”为主题，展示英伦三岛的历史、文化和现代社会风情。田园风光、工业革命、披头士、《猜火车》、007、“憨豆先生”、哈利·波特……一个个令英国人引以为傲的文化符号悉数登场，为全世界奉献了一场精彩纷呈同时又极具本国特色的视觉盛宴。

（二）文化奥林匹亚

基于伦敦丰富的艺术和鲜活的历史，文化奥林匹克活动也表现出了高质量，尤其是在多样性、包容和世界级表演方面。一个成功的文化项目能增加运动会的比赛氛围，同时还能够为旅游带来长久的遗产。伦敦奥林匹克文化节明确了四个策略：第一，文化节必须是国家的、民族的，是在地理范围内广泛流行的。伦敦奥运会期间，建立了地区项目文化网络，目的是有效地实施1980万群众参与的艺术传播活动。第二，文化奥林匹亚活动要与2012年伦敦节日紧密配合。文化奥林匹克节是英国举办的最大的艺术节，历时3个月，有900多场表演，举办了12000多场活动，25000名艺术家参与。第三，艺术节必须展示出残疾人的艺术。伦敦奥运会财政预算中的400万英镑，用于支持聋哑艺术家融入文化奥林匹亚活动中。第四，2012年伦敦艺术节的设计是为了展示未被发现的、具有符号标识的遗产地点，并将它们推向世界。伦敦奥运会文化奥林匹亚有效地展示了英国的物质和社会遗产。伦敦奥委会制作了201部电影向观众讲述奥运会、残奥会知识，包括项目历史、技术、战术、规则。

（三）奥运会遗产

伦敦奥运会为国家和社区留下了丰厚的奥运遗产。

1. 数据遗产（database legacy）

使用Get Set数据库，并在教育系统中推行，超过200万的孩子参与了这一项目，覆盖了英国85%的学校。这是伦敦奥运会愿景中最重要的遗产，激励了年轻一代。

2. 国际热情（international inspiration）

伦敦奥组委的主要使命是通过2012年伦敦奥运会使世界上的年轻人和体育相连。项目在20个国家推行，超过1200万年轻人参与，通过体育激励他们的生活。主要有阿塞拜疆、孟加拉国、巴西、埃及、埃塞俄比亚、加纳、约旦、印度、印度尼西亚、马来西亚、莫桑比克、尼日利亚、巴基斯坦、帕劳、南非、坦桑尼亚、特立尼达和多巴哥、土耳其、乌干达和赞比亚等国。

3. 信息和知识管理（information and knowledge management，IKM）

信息知识管理设有三个目标：其一，通过调度文档管理系统和其他工具改善公司生产力。其二，通过结构学习项目植入之前举办城市信息。其三，确保伦敦奥委会知识、记录和文档作为遗产传播给未来的举办城市。在运行过程中，IKM 团队首先采用了很多新的计划满足终端使用者的特定需求，建立了灵活多变的转换平台；其次采用了分享知识的方法，邀请之前奥运会举办城市人员在伦敦奥运会测试赛的时候来观摩，分享知识。其四，伦敦奥委会也是在赛前正式签署文档材料协议的组委会，并将组委会记录和文献资料转换为数字化资源，为世界上的未来一代提供服务。

（四）伦敦奥运会的成功经验

1. 愿景

愿景（vision）是举办国家筹办赛事的指南针，指引着举办国家从申办到聚合所有利益相关者和合作伙伴去实施。使用愿景有助于组织管理者做出决定，将每一个人校准在一个清晰、简洁的愿景之下，是他们与公众联系时建立主张的最好的方法。遗产是愿景的一部分，愿景不仅仅局限于体育。早期明确遗产传播及遗产的作用，能更好地推进奥运会和遗产计划。

2. 参与

建立以爱好者/球迷/体育迷为基础的参与（engagement）结构，在七年的筹备中激发他们的参与热情，这对奥运会的成功非常关键。要认识到国内公众是奥运筹备的利益相关者之一，要引导公众体验并认识到他们是奥运会的一部分。通过使用奥运会的资源和条件（例如火炬接力、门票、志愿者、城市活动、教育和文化项目），有策略地吸引国内公众在前奥运时期加入这一行列中，这将有助于营造热烈的比赛氛围。开创新的方法吸引整个国家参与，使用运动员和明星作为形象大使和发言人传递信息，激发更广泛的人群参与。

3. 多样性融合

首先要理解在奥运会之旅中不同背景下的领导力（leadership）的含义是什么。激励（inspire）、授权（empower）和认可（acknowledge）是一个非常漫长的旅程，组委会以每年两倍的规模增长，这要求其高级和中级管理团队必须十分专业。其次是建立一个传播组织，传播赛事理念。再次是高度专业的组织者（highly skilled facilitators）。又次是维护好公共和私人关系（public and private relationship)。最后是注重国际国内的关系和合作伙伴（relationship and partnership，both internal and external become operational)。组委会必须建立相应组织结构满足奥运会的执行需求，尤其是流动性的、训练有素的、可利用的人员，以赛场为基础的团队。

五、2010 年温哥华冬奥会

（一）奥运会举办战略愿景

温哥华冬奥会的愿景包括组委会愿景、使命、价值和七个战略目标，并且每一个战略目标都有清晰的执行路线计划（图 3－13)。

（二）奥运会组织管理

2003 年 7 月 2 日温哥华成功获得 2010 年冬奥会举办权后，一个非正式的、但仍是官方性质的过渡管理团队承担起筹备活动的指导管理工作。由于 2002 年 11 月 12 日签署了多党合作协议（multi-party agreement，MPA)，也就是在温哥华赢得冬奥会举办权的 8 个月之前，也正是这个文件，使得温哥华申办委员会提前成功完成了向组委会的转变。多党合作协议对温哥华申办成功后各个成员应尽的责任和义务进行了明确界定，这减少了许多内部的压力。这对于温哥华成功申办 2010 年冬奥会发挥了重要作用。

2010 年温哥华组委会和冬残奥组委会于 2003 年 9 月 30 日正式成为合法机构，比预计时间提前了两个月。新建立的组委会得到了各党派的认同，执委会主任包括加拿大政府任命的 3 位成员、大英哥伦比亚政府任命的 3 位成员、惠斯勒市政府任命的 2 位成员、温哥华市任命的 2 位成员、加拿大残委会任命的 1 位成员、地方第一成员国（local first nations）任命的 1 位成员、加拿大奥委会任命的 7 位成员，还包括 3 名加拿大国际奥委会委员和一位由上述 19 名委员任命的执行主任。从人力资源视角来看，执委会的战略决定是“从上雇佣”（hire from the top)。2004 年 6 月，四个执委会组成了温哥华奥委会团队，负责整个赛事计划、比赛、人力资源、财务和场馆建设。2004 年 10 月，团队开始雇佣管理者监管核心工作的运行。

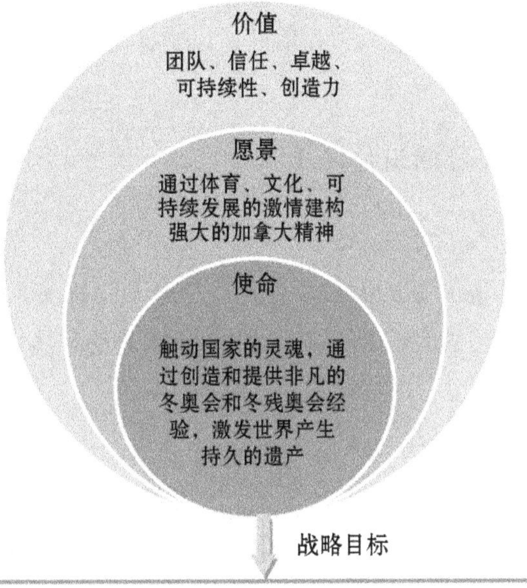

客户目标/加拿大居民

与国家一起分享这场独特的加拿大冬奥会和冬残奥会体验之旅。

客户目标/运动员、参与者

创造条件，为运动员和其他参与者提供非凡的体验。

人民/文化目标

构造富有激情的团队，以达到非凡表现。

合作伙伴目标

与所有合作伙伴建立良好的合作关系，优化他们对加拿大奥运会的参与、贡献和留下的遗产。

财政目标

创造足够的收入并管理成本和风险，以确保积极的财务遗产。

内部和共享的业务流程目标

采用商业过程控制，使我们能够有效地管理业务。

可持续性目标

通过多种途径管理奥运会在社会、环境和经济与机会方面带来的影响，为本地区和全球创造持久的收益。

图 3－13　温哥华冬奥会战略愿景①

温哥华奥委会的核心价值，即团队、信任、卓越、可持续性、创造性，这些核心价值成为奥组委雇佣工作人员的主要标准，团队和文化是执行战略计划

① 引自国际奥委会官方网站：2010 年温哥华冬奥会官方报告。

的核心要素，这些要素形成了温哥华奥委会团队的特征和人格特性。那些符合这一价值的人员才能被招聘进入工作团队，以确保每一个人都能够高效地执行各类战略任务和计划。

（三）奥运会符号标识和仪式

1. 会徽

会徽设计采用传统的石头人，并融入当代意义，石头人成为希望、友谊、友好、协作的象征。会徽展示了加拿大人和激动人心的环境之间的深度关系。

2. 吉祥物

温哥华冬奥会的吉祥物是米加（miga）、苏米（sumi）和魁特奇（quatchi），每一个吉祥物都有本土故事和传说，并被赋予典型的地区特征。其设计代表加拿大人民、地理和精神，体现了2010年冬奥会的价值和本质。

3. 运动会口号

“炽热的心/放射光芒”（with glowing hearts/des plus brilliants exploits），这些强有力的字眼被每一个加拿大人熟知。冬奥会口号将激发每一个人的情绪和自豪感，主题口号反映了举办国家的热情，向世界许诺每一个运动员都将得到十分的尊敬和赞美。

4. 火炬接力

温哥华冬奥会火炬接力有着冬季奥运会历史上最长的国内传递路线（45000千米），到达了1037个社区，有12000名火炬接力者，路线经温哥华、举办城市和开幕式场地。火炬接力路线涵盖了118个土著居民社区，有600名土著火炬接力者。火炬接力中最具视觉元素的是火炬本身，它的设计和结构即代表了国家。火炬接力中有超过100多种的交通形式。

5. 开闭幕式

任何一届奥运会的开幕式和闭幕式都是历史和个人展示的重要平台，它们能够号召表现最好的我们和阐明我们人类的集体记忆。“我们的理念正在逐渐被认可，我们年轻，我们是文化汇集形成的织锦，这使得我们的历史非常丰盈。我们尝试着正确的改变，使其影响范围从a到z，是的，我们说的是z，我们是真正的北方，强壮而自由，而且，我们不仅仅是说到，我们还会做到。”这些带有强烈爱国主义色彩的话语，展现了加拿大对世界各国冬季项目运动员的热情。

6. 胜利仪式和场馆体验

奥林匹克胜利仪式（olympic victory ceremonies）是专门为获胜运动员最大化地呈现在公众面前分享庆祝仪式的过程，既包括现场观众，也包括电视机前的观众，在开闭幕式期间，场馆中会举行为胜利者庆祝的仪式，奖牌颁发和娱乐活动均是在这个区域进行，背景带有充满活力的蓝色和绿色。

抓住每一个机会庆祝是加拿大温哥华冬奥会的主要目标。在惠斯勒，大型户外冬季夜间胜利庆祝仪式为获胜的奥林匹克人举行，并配置北美顶级阵容。共有 15 个顶级项目，包括知名的加拿大和美国组合，从 13 日至 27 日每晚在惠斯勒冬奥会奖牌广场演出。世界级的户外圆形露天剧场是专门为了进行夜间赛事和残奥会闭幕仪式建造的。

温哥华奥委会认识到胜利仪式除了需要有献鲜花和颁发奖牌外，还要激发更多国家参与庆祝运动员获胜的仪式。同时，提供高质量的体育赛事产品会营造欢快的参与氛围，不仅是为运动员和官员，还有现场观众和电视机前的观众。温哥华奥组委的赛事组织目标是从开始到结束都要创造一种难忘的、参与的、教育的、激情的和有趣的体育赛事参赛体验。开赛前的两个半小时，赛后的一个小时，温哥华奥委会体育产品服务团队要确保每一个竞赛场馆、奥运村和奖牌广场都扮演好承办体育赛事本身的角色，举办好接下来的颁奖仪式。体育产品在每一个场馆都是独特的，都是根据项目和参与的观众设计的。在特定场馆，还会雇佣体育专业专家引领体验。例如在冰球场地，国家冰球联盟会选聘最好的职业解说员，而在高山场馆自由式滑雪和单板滑雪场地，至少有五年以上单板赛事音乐经历的 DJ 团队才有机会进入场馆服务。

（四）文化奥林匹亚

文化奥林匹亚（cultural olympiad）体现了加拿大各地区最具活力的文化艺术活动。文化奥林匹亚与 60 位艺术家和文化组织合作，组织了数百场文化活动，展示了加拿大文化的多样性、重要性和冒险精神，从而更好地定义加拿大艺术和文化图景。文化奥林匹亚使用网络技术将国家和世界连接起来，并通过数字编辑的网页平台延伸各种文化庆祝活动，有效地架起了加拿大和世界连接的桥梁。

（五）奥运会竞赛成绩

加拿大将温哥华冬奥会筹备和举办上升到国家高度，运用国家的资源和力量推进各项工作。为了确保加拿大冬季项目运动员取得好成绩，加拿大政府于2005年实施了“拥有领奖台2010国家行动计划”，政府、国内合作伙伴和企业大多数都加入了这一行动计划。这一计划的目的是确保全方位的支持，帮助加拿大运动员在2010温哥华冬奥会上获得好的成绩，并在金牌榜上进入前三。最终，加拿大的战略计划全部实现，加拿大代表团获得了金牌榜第一、总奖牌数第三的成绩，尤其是男子、女子冰球队均获得了金牌，这更加彰显了民族自豪感。

（六）奥运会遗产

1. 责任制

温哥华冬奥会创建了可持续政府模式（sustainability governance Model），为组织大型体育赛事提供了经验，同时还融合创新了可持续管理和报告体系（sustainability management and reporting system，SMRS），在执行可持续发展目标和任务时可以扩大组织的广度、交叉功能和公共责任。

2. 环境管理和减少影响

温哥华冬奥组委设定了绿色建筑目标、碳管理和减少废弃物排放，在冬奥会及相关领域实施了高水平环境创新方法。2010温哥华申办公司承诺举办一届环保可持续的运动会，申办城市和申办文件均在立法、规章制度和工业实践方面强调了环境保护。温哥华2010环境管理和2010冬奥会实施的举措包括：所有新设施采用绿色建筑目标LEED（leadership in energy and environmental design）标准；实施固体和液体废物管理，在冬奥会期间实现零固体垃圾管理策略；进行空气质量和绿色室内空气管理，实现冬奥会期间气体排放物环境中和效应；保护自然和文化遗产，尤其是在惠斯勒北欧中心建设过程中（冬季两项、越野滑雪、北欧两项、跳台滑雪赛事）注重保护自然遗产；温哥华冬奥会还成立了由各层级政府、环保和非环保政府组织、学术/学者和企业环保专家组成的环境工作组。

3. 社会融入和责任

温哥华冬奥会在促进赞助商、建筑商招募、采购和社区支持方面，都强化了城市内社区融入，同时赛事还为那些不直接从赛事获取收益的人们创造机会，和他们分享利益。冬奥会的13个场馆和2个运动员村均是以社区长期使用为基础而进行设计的。

4. 本土居民的参与和合作

温哥华奥组委与四个举办地签署了正式协议，为当地居民在赛事计划、传播和遗产保护等方面提供前所未有的发展机会。

5. 可持续体育生活方式

温哥华奥委会明确了体育赛事在促进商业、社区和个人行为方面的可持续发展的方式，为当地和全球应对可持续挑战提供了可选择的方法。

六、2008 年北京奥运会

（一）奥运会举办理念

2008 年北京奥运会提出了绿色、科技、人文的理念。为了实现绿色奥运这个目标，北京奥组委指出在建设奥运会基础设施时要提前做好环境保护，执行严格的生态标准；使用生态友好和节能技术，提高城市利用率，促进环境相关产业的发展；引起公众对于环境保护的认知和促进生态友好型消费，鼓励市民将保护生态环境作为一种生活习惯。

科技奥运的核心是奥运会与高科技相互促进，一届成功的奥运会离不开国际和国内最新科技成果，举办奥运会有助于促进科技创新能力的提升。科技奥运体现在科学发展观引领发展、将高科技手段应用于奥运会、为整个社会带来福利三个方面。

人文奥运既是体育盛宴，也是文化盛宴。传播奥林匹克文化，促进多元文化交流是评价奥运会影响的最重要因素之一。人文奥运包括以下四个方面。

1. 突出人民和时代的重要特征

北京奥运会促进了源于西方文化的奥林匹克精神与五千年中国文明的交汇，促进了东西体育哲学和其他领域的融合，加深了世界人民之间的理解和友谊。

2. 奥林匹克形象具有中国特征

北京奥运会展示了中国历史遗产和北京创新、开放、包容的文化环境，提高了世界对中国历史、文化及优美的自然风景的认知度。

3. 人民优先的理念

人民优先体现在以运动员为中心的场馆建设和设施服务方面。奥运会促进了人与自然和谐相处。

4. 中国奥林匹克精神

北京奥运会有助于奥林匹克精神在中国的传播，中国青少年可以通过媒介、学校教育和火炬接力等形式学习奥林匹克精神。

（二）火炬接力

2008 年 3 月 31 日从希腊采集的圣火火种抵达北京，北京天安门广场举行了盛大的欢迎火种仪式，中国领导人和各民族代表一起庆祝火种的到来。时任北京市市长郭金龙主持仪式。仪式上，国际奥委会合作委员会主席 Hein Verbruggen 传达了时任国际奥委会主席罗格的致辞："奥林匹克圣火抵达北京，这是奥运之火第一次到达中国大地，从今天起，火炬将带领火种传播到全球，创造令人期待而又兴奋的北京奥运会，无论火炬传递到哪里，无论他是哪个民族、文化和信仰的人，火炬都会带给他们和平的信息和奥林匹克卓越、友谊和尊重的价值。"时任国家副主席的习近平同志代表 13 亿中国人民发表了热情的讲话，他指出：现代奥运会在全世界是一个和平和友谊的盛会，中华民族一个世纪的举办奥运会的梦想变为现实，举办一届高水平的奥运会，能够激发中国人民共享奥林匹克精神，中国政府和人民非常欢迎来自世界各国的运动员到达北京参与这一盛事。我们将以我们最大的热诚传播奥林匹克精神，提升与世界各国人民之间的相互理解和友谊，创建一个和谐的世界，实现持久和平①。时任北京奥组委主席的刘淇将采集火种的灯笼交给当时的国家主席胡锦涛，胡锦涛将火炬点燃，并交给刘翔。

北京 2008 年奥运会火炬名为"祥云"，这是中国文化符号的象征，表达着和谐的理念。火炬的传递主题是"和谐之旅"，体现了奥林匹克理想通过体育服务于人类的和谐发展，促进人类社会和平，维护人类的尊严。和谐体现了强烈的中国元素和特征，表现了人类追求人与自然、身体与精神平衡的中国传统哲学思想，同时也体现了中国创建和谐社会、促进人类持久和平和实现共同富裕的目标。火炬接力经过 5 大洲 21 个城市，和谐之旅不仅传播了奥林匹克精神，同时还表达了中国 13 亿人民的美好愿望。

2008 年 4 月 2 日，火炬境外传递首先从哈萨克斯坦最大的城市阿拉木图开

---

① 习近平：百年奥运中华梦圆 世界唱响同一梦想［EB/OL］．［2008 - 03 - 31］．http：//news. fznews. com. cn/zt/2008/OlympicGames/2008 - 3 - 31/2008331c - 0j - 2cq + + 165430. shtml.

始，这也是古丝绸之路的苹果之城。68 岁的哈萨克斯坦总统手持祥云火炬，成为这个国家的第一个火炬手。4 月 3 日，北京奥运会火炬抵达欧洲，首先是伊斯坦布尔，一个连接亚欧的城市，之后到了圣彼得堡、伦敦和巴黎，超过 300 名火炬手参加了欧洲火炬接力活动。4 月 9 日，奥运圣火到达美国旧金山，4 月 11 日，到达阿根廷首都布宜诺斯艾利斯。这也是奥运圣火第一次到达南美。时任国际奥委会主席的罗格发表了一个特殊的讲话："奥运圣火是一个神奇的符号，激发了我们追求卓越、友谊和相互尊重的奥林匹克价值，北京 2008 奥运会火炬接力是一个和谐之旅。"4 月 13 日，火炬到达非洲坦桑尼亚达累斯萨拉姆，这也是奥运圣火第一次到达东非城市，最后一名火炬接力手说："这一刻，坦桑尼亚、非洲和整个世界团结在一起，触摸奥林匹克精神。"4 月 14 日，奥运会圣火抵达亚洲，开始在 10 个亚洲城市传递——阿曼首都马斯喀特、巴基斯坦首都伊斯兰堡、印度首都新德里、泰国首都曼谷、马来西亚首都吉隆坡、印度尼西亚首都雅加达、日本长野、韩国首都首尔、朝鲜首都平壤和越南首都河内。4 月 22 日，奥运会圣火第 15 站来到澳大利亚首都堪培拉，来自各个城市的人们欢迎奥林匹克圣火并带来最好的祝愿。巴基斯坦总统和总理都参加了火炬接力仪式。在新德里，印度奥委会主席讲道："奥林匹克的精神是普世的，能够将整个世界团结在一起。"在泰国首都曼谷，泰国副总理表达了全力支持并代表泰国人民送上了对北京奥运会最美好的祝愿。在朝鲜平壤，朝鲜总理参加了接力仪式，与 40 万朝鲜人民祝福北京奥运会成功举办。

5 月 2 日，奥运圣火在中国香港传递，中国香港特别行政区长官曾荫权出席了欢迎仪式，火炬在城门河龙舟、维多利亚港、著名的赛马场等地传递。5 月 3 日，奥运圣火抵达澳门，火炬传递路线长 27 千米。5 月 8 日，充满勇气和智慧的中国登山运动员携带奥运圣火，抵达了地球最高峰珠穆朗玛峰的顶端。正如北京申办奥运会时承诺的那样，在海拔 8844. 43 米的世界最高峰，中国登山者将奥运圣火带到了前所未有的高度。这一壮举被全球 113 个国家的 297 家电视转播，成为奥运会历史上前所未有的人类活动。

奥运圣火和谐之旅的中国大陆传递始于 5 月 4 日，历时 3 个月，在全国 31 个省、市、自治区的 105 个城市和地区传递，经历了 97000 千米。5 月 12 日汶川地震后，火炬接力成为爱和支持的接力棒。中国大陆超过 1 万名火炬接力者参与了这项活动。火炬接力在国际层面表达了友谊，在中国香港、澳门和台湾表达了爱国主义。

地震发生后，火炬接力的意义变得丰富起来，5 月 14 日，圣火抵达江西瑞金，火炬接力仪式上，人们为地震中遇难的同胞默哀一分钟。5 月 18 日，圣火抵达浙江杭州，火炬接力者通过握紧拳头、鼓掌和摇动手臂等表达对地震灾区的支持，表明我们团结一心，通过奥运圣火传递我们的爱。5 月 19—21 日，为了纪念地震遇难同胞，火炬接力活动也随之中止三天。北京奥组委决定四川省火炬接力活动由原来的 6 月 15—18 日改为 8 月 3—5 日，这里是圣火抵达北京前的最后一站。8 月 5 日，四川省开始了三天的圣火传递，在仪式上，当地人们表演了集体舞蹈《不屈的脊梁》，很多观众都热泪盈眶。8 月 6 日，圣火抵达北京，航天英雄杨利伟首棒传递，8 月 8 日，北京大学校长许智宏接过最后一棒，火炬接力活动圆满完成。

火炬接力作为北京奥运会开幕前的仪式性活动，将奥林匹克精神和中国民众紧密联系起来，激发了人们的奥运激情与梦想，创设了个人、奥运与国家沟通的桥梁。

（三）奥运会开幕式

北京奥运会开幕式有超过一万名演员参演，四个小时的晚会向世界展示了奥林匹克精神和古老的中华文明。开幕式艺术表演由两个篇章构成。第一篇章是灿烂文明，由《画卷》《文字》《戏曲》《丝路》《礼乐》五个单元构成；第二部分是辉煌时代，由星光、自然和梦想三个单元构成。开幕式将中华文化元素通过电视媒介完美地呈现给世界观众，展示了中华文明的源远流长和博大精深，有效地提升了中华文化在世界文化体系中的影响力。

开幕仪式上，中国国旗在鸟巢慢慢升起，全场九万人齐唱国歌。“同一个世界，同一个梦想”是中华儿女对北京奥运最好的诠释。我们有理由相信，历史悠久的奥林匹克精神与源远流长的中华文明交融，必将展现出更加灿烂夺目的光辉。我们将与全世界一起尽情演绎“更快、更高、更强”的体育精神，共同奏响“团结、友谊、和平”的伟大乐章。

李宁，从事体操运动的十几年中获得的奖牌多达 100 块。1999 年，李宁被评选为 20 世纪世界最佳运动员。李宁空中飞人点燃主火炬的方式是一个史无前例的壮举，这又是一个奥运会开幕式上难以被复制和超越的永恒的经典，它超乎想象，感动了世界。

（四）奥运会与中国国家形象

美国丹佛大学教授提姆·西斯克曾说："一个社会在体育方面的成功反映了这个社会的结构运行良好，如果一个社会在体育方面十分出色的话，那么这个社会在管理整个社会方面也会相当出色。"[①] 2008 年北京奥运会让北京成为"世界外交的中心"。时任国际奥委会主席的罗格在北京奥运会闭幕式上指出，"世界更多地了解了中国，中国也更多地了解了世界"。2008 年北京奥运会成功塑造了中国的国家形象和国际地位，向国际社会展示了"一个繁荣、稳定、现代化和全球化的中国"[②]。在世界大国崛起的过程中，以文化维度为国家形象的目标导向是一个普遍经验。从建构主义的国际关系理论来看，国家文化实质上是一种国际规范，其着眼点和落脚点皆在形塑认同[③]。国家形象与国家软实力（权力）紧密相连，一个国家的力量包括硬力量和软力量，软力量是指能够影响其他人喜好的能力，作为国家力量的一种，在推广国家积极的、正面的形象中有着独特的作用，软实力多以价值观、文化等体现[④]。2008 年北京奥运会提出的人文奥运理念，则注重从文化的维度展示北京奥运会的特色，通过奥运会中的各种文化仪式活动，展示没有中断过的五千年文明史，将中华文化有机地与奥林匹克文化融合，有力推动了中国与世界的相互交流、相互吸收、相互借鉴，北京奥运会的成功向世界展现了自信、开放、和谐、包容、共享的中国国家形象。

（五）中华民族百年梦圆彰显中国精神与力量

2008 年北京奥运会，中国体育代表团创造了辉煌战绩，获得 51 枚金牌、100 枚奖牌，实现了中华民族的百年梦想，赢得了国际社会高度评价。以色列总统佩雷斯表示，北京奥运会是无与伦比、令人惊叹的全球盛事，其魅力四射的表现向整个世界展示了一个灿烂辉煌的新中国。科威特首相纳赛尔表示，北京奥运会充分反映了中国的文明进步和在各领域追求卓越、实现梦想的强大实

---

① 钟鸣华．论国际关系中的国家形象塑造与传播——以 2008 北京奥运会为例谈中国国家形象的塑造与传播［D］．广州：暨南大学，2008.

② 陈红星，金晓阳．奥运会与国家形象建设：以北京奥运会为例［J］．四川体育科学，2011（3）：1－4.

③ 冯惠玲，胡百精．北京奥运会与文化中国国家形象构建［J］．中国人民大学学报，2008（4）：16－25.

④ 赵元恩．北京奥运会的中国国家形象传播分析［D］．南京：南京理工大学，2012.

力。拉脱维亚总理戈德马尼斯表示，北京奥运会的成功举办进一步提升了中国的国际影响力。委内瑞拉全国代表大会指出，北京奥运会凸显了体育运动对于人类全面发展和精神培养以及促进各民族间开展多元对话的重要性。墨西哥外长埃斯皮诺萨表示，北京奥运会是促进各国和地区间和平与和谐，并向世界展示中国灿烂文化的一次良机。联合国秘书长潘基文表示，北京奥运会使全世界运动员、人民及各国领袖汇聚一堂，共庆奥林匹克精神，这是中国为创建一个更美好的世界作出的巨大贡献①。北京奥运会在现代奥林匹克运动史册上书写了中国奇迹、中国特色、中国骄傲，谱写了中华民族的华美乐章。

举国上下同心同德、同舟共济，这是北京奥运会、残奥会成功举办的强大力量，是我国改革开放和社会主义现代化事业不断前进的强大力量，也是中国体育代表团创造奇迹的动力源泉。成功举办北京奥运会、残奥会，培育和弘扬了为国争光的爱国精神、艰苦奋斗的奉献精神、精益求精的敬业精神、勇攀高峰的创新精神、团结协作的团队精神②，给中国留下了丰厚的精神遗产，为升华伟大中华民族精神提供了新的契机和载体，为不断推进中华民族伟大复兴提供了强大的精神动力③。北京奥运会向国际社会展示了中国发展开放的步伐、民族文明进步的历程。北京奥运会的成功举办彰显了中国社会的时间坐标、空间坐标和精神坐标，昭示着新起点如何继续民族复兴的征程，如何进一步扩大开放，如何进一步涵养开放包容的社会意识和理性成熟的国民心态④。

体育作为社会发展和人类文明进步的重要标志，是综合国力和社会文明程度的重要体现。北京奥运会全方位展现了中国社会的文明与进步，并为进一步坚持我国竞技体育举国体制、保持我国竞技体育的特点和优势提供了宝贵的经验，同时也为进一步发挥竞技体育振奋民族精神、增强民族凝聚力、促进国际交流的重要作用，指明了发展方向和发展路径。

---

① 一些外国领导人祝贺北京奥运会圆满成功（六）［EB/OL］. ［2008 - 09 - 17］. http：//www. gov. cn/gzdt/2008 - 09/17/content_ 1097864. htm.

② 胡锦涛在北京奥运会残奥会总结表彰大会上的讲话［EB/OL］. ［2008 - 09 - 29］. http：//www. gov. cn/ldhd/2008 - 09/29/content_ 1109754. htm.

③ 凝聚民族力量——写在奥运会、残奥会圆满落幕之际［EB/OL］. ［2008 - 09 - 18］. http：//www. gov. cn/jrzg/2008 - 09/18/content_ 1098981. htm.

④ 一次崭新的扬帆启航——北京奥运会成功的启示之五［EB/OL］. ［2008 - 08 - 31］. http：//www. gov. cn/jrzg/2008 - 08/31/content_ 1083566. htm.

第四节　奥运会国家认同建构方式

体育赛事是一种“正在发生的历史”，奥运会作为世界超级体育赛事，具有“造王”的力量，奥运冠军常常被誉为“无冕之王”，成为政治传播话语的符号标识①。奥林匹克精神是国际化和举办国本土化实践的聚合体，与民族观念和国家意识紧密相连。奥林匹克运动不再是一个单纯的体育事件（如果它曾经是过）：它们还是文化的、政治的、经济的现象。不同的人看待奥运会的兴趣不同：一个新闻事件、一个游览的好去处、一个市场发展的好机会、一次城市革新和重塑、一种“大众体育”运动，更是对年轻人的一种鼓舞，还是促进世界和平和国际相互理解的一个重要力量。由此来看，真正能保持奥运会的独特性，保证其能一直存在下去的并不是体育方面的元素，而是上述提到的各种各样的作用，正是这些作用使奥运会的存在具有了必要性②。

国民对国家的认同感是国家维系自身统一性和连续性的基础，符号资源的大力挖掘与开发是当前世界各国都十分重视的，以不断强化国民的国家认同感。从某种意义上说，国家认同感的建构就是一个创造符号、解释符号、革新符号、运用符号和使符号“物化”的过程③。而奥运会正是为主办国提供了这样一个运用符号的绝佳机会，使举办国能够凭借举办奥运会的契机，掌握奥运会文化符号体系传播的有关分类、知识和控制的权力、机构、设施和手段，并把它用于民族国家的想象和创造。奥运会的文化传播符号体系主要包括：会徽、海报、吉祥物、奖牌、纪念品以及具有时代特色的奥运建筑景观以及开闭幕式等多种艺术形式，其中会徽是核心，它向世界传递着主办国的民族历史文化观④（图 3 – 14）。国际奥委会在《奥林匹克宪章》中明确指出：奥林匹克主义谋求体育运动与文化和教育相融合，创造一种以奋斗为乐，发挥良好榜样的教育作用及以尊重基本公德原则为基础的生活方式。因此，奥运会成为国家认同建构的重要载体。

---

① 钟智锦，王友．“王者”的意义：奥运冠军报道的特征与话语中的国家意识（1984—2016）［J］．新闻记者，2018（7）：73 – 83.

② K. 吐依，A. J. 维尔．真实的奥运会［M］．朱振欢，王荷英，译．北京：清华大学出版社，2004：60.

③ 吴玉军．符号、话语与国家认同［J］．学术论坛，2010（12）：75 – 77.

④ 白铂，印文晟，等．冬奥会会徽设计的审美价值研究［J］．哈尔滨体育学院学报，2013（5）：58 – 62.

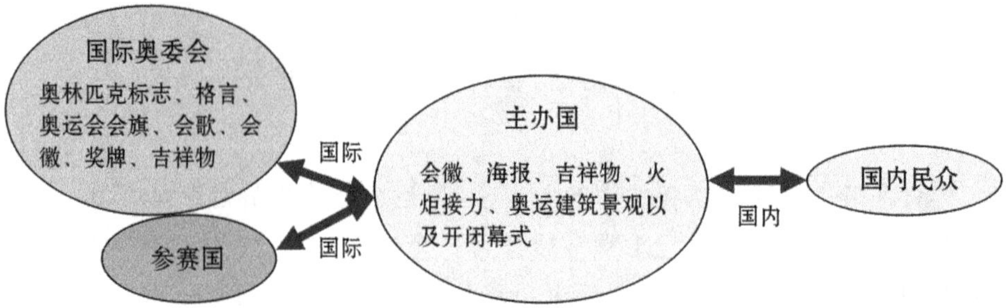

图 3－14　奥运会与国家认同建构关系示意图

从奥运会与国家认同建构关系图中我们可以获知，奥运会主办国在国际维度上要与国际奥委会和参赛国达成共识，形成稳定的合作关系，在国内维度上要与国内民众达成共识，形成良好的国内认知。国际奥委会有一系列独特而鲜明的象征性标志，主办国在开发使用国际奥委会的系列标识时，必须在约定的范围框架内使用，且受国际奥委会相关条例的约束，这说明主办国和国际奥委会必须达成默契的合作关系，这样才能举办一届成功的奥运会。同时，参赛国与主办国之间的利益纠葛与政治分歧，也会在奥运会的舞台上显现出来。因此，参赛国和主办国之间需要形成政治利益共同体，解决利益冲突与矛盾，这样才能在奥运会赛场上相互合作，传承并发扬奥林匹克精神。在国内维度上，主办国需要在国际奥委会议定的合作框架内设计带有主办国地域文化特色的文化标识体系，展现主办国文化，进而获得国内民众的支持与认可。奥运会为举办国凝聚民心、推进社会改革提供了重要的治理平台和载体。

一、奥运会主办国符号仪式表征体系与国际奥委会、国际社会间的认同建构

奥运会主办国在国际维度与国际奥委会达成合作共识，获得国际奥委会的认可，是国家认同国际维度建构的主要形式。国家认同的主要表达方式是通过国际奥委会约定使用的系列文化标识体现出来的。奥运会作为全球标志性的体育赛事，能够在世界版图上凸显举办城市，并且在全球化时代，举办国家的奥运场馆、徽标、吉祥物、时装、开闭幕式展演活动等所有设计都有利于国家认

同的建构[1]。

（一）奥运会会徽

会徽，是人类进行社会活动、思想交流、信息传播的媒介和手段，是一种独特的形色融于一体的视觉艺术，是人类通用的一种形象语言[2]。在大型运动会中，会徽是专门设计的运动会主题标志，它以别具匠心的艺术造型或抽象符号的运用，简练、概括地体现运动会的主旨[3]。从观察的角度来看，就是把体育比赛的地点、时间以及体育文化，通过同一的视觉识别设计，予以视觉化、规模化、个性化和系统化，运用整体媒体传播方式加以整合性宣传，使观众产生一致的认同感和价值观，从而为体育盛会塑造良好的形象[4]。里约奥组委品牌部经理贝斯·卢拉说："奥运会会徽的作用在于向全世界推广主办城市和主办国家的文化，使参与奥运会的运动员和观看奥运会的观众受到鼓舞和激励，这也是奥运会的主要特性之一。我们的目标就是要通过这一会徽将全世界与奥林匹克追求卓越、相互尊重的观念连接起来，同时增强合作伙伴同奥运会的联系，而最重要的是将里约奥运会打造成一届有特色的盛会。"

1. 历届冬季奥运会会徽

白铂[5]将历届冬奥会会徽设计分为形成期、发展期、成熟期三个阶段，其中形成期为第 1 届至第 7 届（1924—1956），内容上主要以传播奥林匹克思想的信息为主；发展期为第 8 届至第 15 届（1960—1988），用现代主义的表现手法传播奥林匹克思想；成熟期为第 16 届至今（1992 年至今），用后现代主义的表现手法将主办国的文化与奥林匹克文化完美融合。

---

① TRAGANOU J. Designing the Olympics：（Post）National Identity in the Age of Globalization［M］. London：Routledge，2016.

② 薛苏北，王万喜．世界体育徽标图案［M］．武汉：武汉出版社，1989：6.

③ 徐桂霞，卓志伟．体育盛会会徽功能分析［J］．南京体育学院学报，2003（4）：1－5.

④ 同③.

⑤ 白铂，印文晟，金喜添．冬奥会会徽设计的审美价值研究［J］．哈尔滨体育学院学报，2013（5）：58－62.

1924年第1届冬奥会

1928年第2届冬奥会

1932年第3届冬奥会

1936年第4届冬奥会

1948年第5届冬奥会

1952年第6届冬奥会
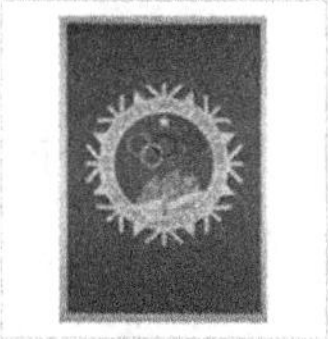
1956年第7届冬奥会

1960年第8届冬奥会

1964年第9届冬奥会

1968年第10届冬奥会

1972年第11届冬奥会

1976年第12届冬奥会

1980年第13届冬奥会

1984年第14届冬奥会

1988年第15届冬奥会

1992年第16届冬奥会

1994年第17届冬奥会

1998年第18届冬奥会

2002年第19届冬奥会

2006年第20届冬奥会

2010年第21届冬奥会

2014年第22届冬奥会

2018年第23届冬奥会

2022年第24届冬奥会

2. 历届夏季奥运会会徽

夏季奥运会会徽设计分为以下三个时期，第一个时期是 1896 年至 1928 年，由于条件所限，当时并未进行系统的宣传和推广工作，招贴画和海报样式繁多而混乱，因此，奥运会总结报告的封面被认为是奥运会的官方会徽，会徽的设计更加突出主办城市的特征，且均以人物形象为主；第二个时期是 1932 年至 1960 年，奥运会会徽除了奥运五环标识外，还以举办国象征性的标识为设计内容突出举办国的地域特色；第三个时期是 1964 年至今，奥运会会徽向简约化方向发展，主要呈现奥运五环、举办国以及举办国的最具代表性的文化象征符号，使奥林匹克与主办国有机融合。

1896年雅典奥运会

1900年巴黎奥运会

1904年圣路易斯奥运会

1908年伦敦奥运会

1912年斯德哥尔摩奥运会

1920年安特卫普奥运会

1924年巴黎奥运会

1928年阿姆斯特丹奥运会

1932年洛杉矶奥运会

1936年柏林奥运会

1948年伦敦奥运会

1952年赫尔辛基奥运会

1956年墨尔本奥运会

1960年罗马奥运会

1964年东京奥运会

1968年墨西哥城奥运会

1972年慕尼黑奥运会

1976年蒙特利尔奥运会

1996年亚特兰大奥运会

2000年悉尼奥运会

2004年雅典奥运会

2008年北京奥运会

1980年莫斯科奥运会

1984年洛杉矶奥运会

1988年汉城奥运会

1992年巴塞罗那奥运会

2012年伦敦奥运会

2016年里约奥运会

2020年东京奥运会

无论是冬季奥运会还是夏季奥运会，会徽的设计与发展都呈现了主办国与国际奥委会之间的合作认同关系。会徽的设计与传播自然而然地表达了主办国与国际奥委会间的相互认同，并成为一种约定俗成的规范一直传承与延续。

（二）奥运会主题口号

1984 年洛杉矶奥运会中首次出现了奥运会主题口号。主题口号作为主办国的标签，成为主办国对外、对内传播的符号。主题口号是历届奥运会独特举办理念的高度概括和集中体现。各届奥运会都精心设计打动人心的口号以使其广泛传播、深入人心，并作为奥运会各种文化和视觉设计活动（场馆建设、文化活动、形象与景观、开闭幕式等）的创作依据①。奥运会中经典的主题口号既触动人心，又表达了主办国对各参赛国诚挚的认同之情。

1. 冬奥会主题口号

冬奥会的主题口号（表 3 – 9）出现于 1998 年的长野冬奥会，从核心关键词的角度分析近五届冬奥会的主题口号，可以总结出“花”“火”“心”等。主办国通过这些词语来表达对国际社会与国内社会的认知与承诺，阐释主办国赋予主题口号的深刻意义。其中，2002 年美国盐湖城冬奥会的主题口号可以作为现代奥林匹克历史中非常成功的经典案例。盐湖城冬奥会申办丑闻使得美国急需重新树立自己的公共形象，“点燃心中之火”这一口号正是在这种背景下产

① 奥运会举办理念的集中体现——赏析历届奥运会主题口号［EB/OL］.［2012 – 04 – 23］. http://www.dezhoudaily.com/whdl/p/335276.html.

生的，寓意为正义与纯洁的内在心灵，表现了组织者直面流言蜚语、勇敢自我辩护的精神。盐湖城冬奥会把主题口号与火炬、奖牌等视觉设计工作完美融合在一起，通过直观的方式表达了主办国在国际与国内维度的双重认同。盐湖城冬奥会开幕之际，“9·11”事件余波未平，“点燃心中之火”冬奥会主题口号再一次为美国的国际形象塑造贡献了独特的力量，其表达的激情和希望也振奋了美国人的精神。

表 3 -9　第 18 ~23 届冬奥会主题口号

届次	时间	举办城市	主题口号
18	1998	长野	From Around the World to Flower As One（让世界凝聚成一朵花）
19	2002	盐湖城	Light the Fire Within（点燃心中之火）
20	2006	都灵	An Ever Burning Flame（永不熄灭的火焰）
21	2010	温哥华	With Glowing Hearts（用炽热的心）
22	2014	索契	Hot Cool Yours（激情冰火属于你）
23	2018	平昌	Passion Connected（激情同在）

2. 夏季奥运会主题口号

夏季奥运会的主题口号（表 3 -10）出现于 1984 年的洛杉矶奥运会。洛杉矶奥运会的口号为“Play Part in History”，目的是要把奥运会描述成一个具有伟大历史意义的盛会，认为全世界的人们都应参与进去，同时又用以表达主办国对以苏联为代表的社会主义阵营抵制这次奥运会的不满。1988 年汉城奥运会的主题口号是“Harmony and Progress”，表达了韩国希望在奥运会赛场上，国家层面、各国关系层面达到和谐与进步，构建良好的韩国国际形象。1992 年巴塞罗那奥运会是在冷战刚刚结束的国际背景下召开的（美国抵制莫斯科奥运会，苏联抵制洛杉矶奥运会，朝鲜抵制汉城奥运会），主题口号为“Friends for Life”，既表达了在多年低潮之后奥林匹克大家庭的大团聚，又表达出主办国希望与各个国家建立友好的关系。1996 年亚特兰大奥运会的主题口号是“The Celebration of the Century”，形象地体现了现代奥运会百年盛典的特殊意义，同时也表达了主办国的自豪感。2000 年悉尼奥运会的主题口号是“Share the Spirit”，表达了主办国期望与世界各国在关系和谐或地位平等的基础上共享奥运精神，增进各国间和谐稳固的社会政治关系以及分享所带来的经济利益①。2004 年雅典奥运会的主题口号是“Welcome Home”，既使主办国在文化声誉和地位方面的收益达到了最大化，又极其精准地找到了雅典奥运会的定位和主题，表达了主办国愿与各国建立和谐关系的立场。2008 年北京奥运会的主题口号是“One World, One Dream”，表达了主办国愿与世界各国、各民族、各地区求大同，存小异，摒除一切矛盾，在圣洁的奥运会的体育环境中共同参与，参与社会、参与历史进程。2012 伦敦奥运会的主题口号是“Inspire a Generation”，表达了主办国期望通过奥运会影响教育一代人的美好愿望。2016 年里约奥运会的主题口号是“Live Your Passion”，既表达了主办国对成为南美洲首次举办奥运会的国家的激动心情，又表达出主办国对各国参与奥运会的期盼。

2020 年东京奥运会的主题口号是“Unitedby Emotion”，表达出东京奥运会将超越国籍、种族、性别、文化等一切差异，促进人们互相融合，促进彼此更加了解。

表 3-10　第 23~32 届夏季奥运会主题口号

届次	时间	举办城市	主题口号
23	1984	洛杉矶	参与历史（Play Part in History）
24	1988	汉城（首尔）	和谐、进步（Harmony and Progress）
25	1992	巴塞罗那	永远的朋友（Friends for Life）
26	1996	亚特兰大	世纪庆典（The Celebration of the Century）
27	2000	悉尼	分享奥林匹克精神（Share the Spirit）
28	2004	雅典	欢迎回家（Welcome Home）
29	2008	北京	同一个世界，同一个梦想（One World, One Dream）
30	2012	伦敦	激励一代人（Inspire a Generation）
31	2016	里约	点燃你的激情（Live Your Passion）
32	2020	东京	激情聚会（Unitedby Emotion）

① 林景．奥运会主题口号的批评话语分析［J］．河北工程大学学报（社会科学版），2008（2）：72-73.

（三）奥运会吉祥物

吉祥图形是人类历史上最古老、最奇特的文化现象，它承载着人类早期图腾崇拜与自然崇拜的印痕，蕴含趋吉辟邪、祈求平安、寓意祥福，是人类最早的社会组织标志与象征。吉祥物被称为幸运之神，其造型亲切、活泼、可爱，蕴藏喜庆吉祥、福寿平安等文化内涵，备受人们的尊崇与喜爱①。吉祥物的设计是以一定的事物为原型，加之符号学、文化学的理论创造出来的，蕴含着丰富的文化。吉祥物作为人们最为熟识的一个公共符号，在体育、政治、经济、文化多个领域的传播中均扮演着重要角色②。它传递了不同主办城市、民族的世界观、价值观和社会情感，反映了一种文化对待环境的特殊态度、心理需要和价值趋向，因而演变成为一种最能反映文化形态差异性的文化符号③。

1972 年德国慕尼黑奥运会首次出现了奥运会吉祥物。自此，每一届奥运会主办国都设计代表本国形象特征的奥运吉祥物。奥运会吉祥物的设计着重突出内涵和意义表达，尤其是奥林匹克精神的传递与表达。因此，奥运会吉祥物常常被塑造为阳光、活力、激情的可爱形象。奥运会主办国通过这一符号形象，向世人传递主办国的举办理念、历史传统、文化精神，创设一个喜庆、祥和的奥运会节日庆典。吉祥物是在广大群众，特别是在儿童和青少年中推广奥林匹克精神的重要载体，是所有奥运会识别项目中的其他形象无法比拟的。

1. 冬奥会吉祥物

冬奥会吉祥物在1968 年法国格勒诺布尔冬奥运会上首次出现。1976 年因斯布鲁克冬季奥运会吉祥物是以奥地利山区泰洛尔人造形的雪人为原型设计的，象征着纯洁的奥运。1984 年萨拉热窝冬季奥运会吉祥物 Vucho，是一只勇敢无畏的狼，它到世界各地宣传奥运，传递过程中还登上高山，甚至骑着骆驼穿过沙漠。Vucko 改变了人们对狼的看法，表达出人与动物和谐相处。1988 年加拿大卡尔加里冬季奥运会吉祥物 Hidy 和 Howdy，是两只拟人化的北极熊，传达出加拿大人的热情（Hi，Hello）。1994 年挪威利勒哈默尔冬季奥运会吉祥物 Hakon 和 Kristin，是来自挪威童话故事中的两个形象，这也使得这届奥运会的吉祥

① 张晶．奥运会吉祥物的价值和文化功能解读［J］．内江科技，2009（1）：19－20.

② 张建会，朱琳．融合与认同：全运会文化传承及其路径［J］．军事体育学报，2015（1）：10－13.

③ 项国雄，张欣．从奥运吉祥物看中国传统文化的传播——“福娃”的符号学解读［J］．新闻界，2007（3）：14－15，13.

物与历届奥运会不相同，充满故事性。2002 年美国盐湖城冬季奥运会吉祥物雪靴兔 Powder、北美草原小狼 Copper 和美洲黑熊 Coal，代表了奥林匹克运动会“更快、更高、更强”的格言。2006 年都灵冬奥会吉祥物“格利兹”，象征冰和雪是冬季奥林匹克运动会中不可缺少的元素。2010 年温哥华冬奥会吉祥物米加和魁特奇，让人联想到加拿大广阔荒原的神秘故事，寓意运动员精力充沛。2014 年索契冬奥会吉祥物之一北极熊，被视作俄罗斯国家的象征，代表着强大的力量。2018 年平昌冬奥会吉祥物，使用与韩国文化有着很强关联性的白老虎，象征着冬季奥运会与自然环境的密切联系。2022 年北京冬奥会吉祥物、冬残奥会吉祥物冰墩墩和雪融融。冰墩墩意喻敦厚、健康、活泼、可爱，契合熊猫的整体形象，象征着冬奥会运动员强壮的身体、坚忍的意志和鼓舞人心的奥林匹克精神。雪融融意喻融合、温暖，相知相融，表达了世界文明交流互鉴、和谐发展的理念，体现了通过残奥运动创造一个更加包容的世界和构建人类命运共同体的美好愿景。

2. 夏季奥运会吉祥物

1972 年德国慕尼黑夏季奥运会吉祥物 Waldi，代表了运动员坚忍、顽强、敏捷的特性。1976 年加拿大蒙特利尔夏季奥运会吉祥物 Amik，意谓努力。1984

年洛杉矶奥运会吉祥物 Sam，以美国星条旗为背景，美国风味十足，代表美国传奇，吉祥物的商业化也从此次开始。1988 年韩国汉城夏季奥运会吉祥物 Hodori，展现了热情好客的韩国文化传统。1992 年西班牙巴塞罗那夏季奥运会吉祥物 Cobi，以连续剧的形式在西班牙传播，受到了世界人民的喜爱。1996 年亚特兰大夏季奥运会吉祥物 Izzy，是第一个用电脑制作出的吉祥物。2000 年悉尼奥运会吉祥物 Syd、Olly 和 Millie，展现了保护环境、友好的奥运会。2004 年雅典奥运会吉祥物费沃斯和雅典娜，象征着希腊的历史和现代奥运会的结合。2008 年北京奥运吉祥物是五个拟人化的福娃，英文译名为 Fuwa，向人们传递友谊、和平、积极进取的精神和人与自然和谐相处的美好愿望。2012 年伦敦奥运会吉祥物 Wenlock，是为儿童创作的，讲述让人们引以为豪的奥运会故事，帮助孩子们健康成长，吉祥物蕴藏的含义也让国际奥委会看到了伦敦人民对于奥运会这项赛事的尊重和憧憬。2016 年里约奥运会吉祥物 Vinicius（维尼休斯）代表巴西的动物，体现桑巴国的热情与奔放，目的是将快乐传递给公众，特别是孩子们。2020 年东京奥运会吉祥物名为“Miraitowa”，寓意美好的未来将永远持续下去；残奥会吉祥物名为“Someity”，象征残奥会运动员的强大和日本人民对樱花的喜爱。

1972 Waldi　1976 Amik　1980 Misha　1984 Sam　1988 Hodori
1992 Cobi　1996 Izzy　2000 Olly Syd Millie　2004 Athena Phevos　2008 Fuwa
2012 Wenlock Mandeville　2016 Vinicius　2020 Miraitowa Someity

（四）奥运会主题曲

倾情演绎奥运会主题曲是历届奥运会开幕式中重要的组成篇章。奥运会主题曲是专门为奥运会特别创作的歌曲，以歌颂和平友谊、公平竞争、和谐发展等人类思想为主题，是奥运会的文化艺术标志①。顾拜旦曾说过：“同文学相比，音乐乃给体育运动更直接的支持。”冬奥会和夏季奥运会的主题曲，恰恰表明了音乐与体育的完美融合。同时，在全球化、网络化、信息化快速发展的今天，奥运会主题曲已超越了音乐的单一形式，成为融合音乐、经济、文化、政治的艺术表现形式和文化创作形式。

表 3－11　第 18～23 届冬奥会主题曲

届次	时间	举办城市	主题曲
18	1998	长野	WAになって踊ろう
19	2002	盐湖城	Light the Fire Within
20	2006	都灵	Because We Believe
21	2010	温哥华	I Believe
22	2014	索契	Anthem Of Olympic Game
23	2018	平昌	平昌的梦

夏季奥运会主题曲的演变主要经历了五个发展时期，第一次世界大战之前(1896—1914)，奥运会主题曲以歌唱宗教音乐和大合唱为主；第一次与第二次世界大战时期（1920—1936），奥运会主题曲仍以欧洲古典音乐、歌剧、宗教音乐为主；冷战前期（1947—1954），奥运会主题曲以军乐表演为主；冷战期(1955—1984)，奥运会主题曲的创作开始融入具有主办国人文特色的音乐元素，开始了奥运和音乐的结合；冷战后期（1985—1991），1988 年汉城奥运会主题曲为《手拉手》（*Hand In Hand*），堪称文化融合的模范作品，国际奥委会前主席萨马兰奇曾打算把这首歌定为奥运会的永久会歌，足见其经典与魅力；冷战结束后（1992 年至今），奥运会主题曲的创作向融合、创新、多元化的方向发展，完美演绎了奥运会、主办国、全球各参与国之间的美好关联和想象。1992 年巴塞罗那奥运会有两首主题曲，一首用在开幕式《巴塞罗那》（*Barcelona*），一首用在闭幕式《生命中的朋友》（*Friends For Life*），主题曲向人们表达了人们向命运挑战、永不屈服的民族精神和力量。2000 年悉尼奥运会主题曲《圣

① 周娜，李建英．永恒共融创新——现代夏季奥运会开幕式主题曲的分析与讨论［J］．体育科学，2011，31（7）：23－29.

火》（*The Flame*）以贴近民众的方式，唱出了运动员心中那股随圣火点燃的奥运激情。2008 年北京奥运会主题曲《我和你》（*You and Me*），则表达出了中国“各美其美，美人之美；美美与共，天下大同”的处世哲学与治国方略。2012 年伦敦奥运会主题曲 *Survival*，是在英国遭遇了严重的金融危机情形下创作的，英国当时正处于经济下滑、国民失业、民意不满、四面楚歌的状态中①，主题曲则传达出了主办国必胜的信念。2016 年里约作为南美首次奥运盛会，主题曲《众神降临里约》（*Gods of Olympus Visit Rio de Janeiro*）以弘扬本土文化为己任，融合了桑巴、放克、雷鬼等元素，选择十多个巴西本土歌手演唱，体现出浓郁的地域特色。2020 年东京奥运主题曲改编自 1964 年奥运会当时大受欢迎的歌曲，曲调和歌词搭配上蓝调、流行乐风格，编舞中还融入了棒球、冲浪等奥运特技动作，以及轮椅使用者的舞蹈以及手语，歌曲中以多元缤纷的曲风传递快乐与和平。

表 3－12　第 14～32 届夏季奥运会主题曲

届次	时间	举办城市	主题曲
14	1948	伦敦	Non Nobis Domine《不为自私而为主》
15	1952	赫尔辛基	Olympic Hymn《奥林匹克赞歌》
16	1956	墨尔本	Olympic Hymn《奥林匹克赞歌》
17	1960	罗马	The Sun Praise《太阳颂》
18	1964	东京	Sasha MaLaSi carols《萨马拉斯颂歌》
21	1976	蒙特利尔	Bienvenue à Montréal《欢迎来到蒙特利尔》
22	1980	莫斯科	Festival Prelude《节日序曲》
23	1984	洛杉矶	Reach Out《欢乐通宵》
24	1988	汉城（首尔）	Hand in Hand《手拉手》
25	1992	巴塞罗那	Barcelona《巴塞罗那》
26	1996	亚特兰大	Reach《登峰造极》
27	2000	悉尼	The Flame《圣火》
28	2004	雅典	Oceania《海洋》

① 耿业英，翟红华，郭文娟．历届奥运会主题曲的批评语篇分析［J］．长春工程学院学报（社会科学版），2013（3）：117－119.

续表

届次	时间	举办城市	主题曲
29	2008	北京	You and Me《我和你》
30	2012	伦敦	Survival《生存》
31	2016	里约	Gods of Olympus Visit Rio de Janeiro《众神降临里约》
32	2020	东京	《东京五轮音头 2020》

（五）开闭幕式

全球体育由于其组织规则，映射了国家、高水平体育赛事，例如奥运会，尽管宣传代表了中立和普世的理想化原则，但是通过开闭幕式呈现的国家创造的电视视觉艺术景观却真正被展示着/炫耀着①。跨国媒介、市场、移民改变了国家是如何被想象的内容构成，市民的体验，认同的形成，使全球体育成为政治机构争相引诱的对象。保罗·康纳顿认为，仪式就是“受规则支配的象征性活动，它使参加者注意他们认为有特殊意义的思想和感情对象”②。仪式就是一个“建构性权力话语”，它不仅可以制造权力，而且可以稳定权力的持久性，提高社会角色的权力和声望。“权力必须通过象征形式而得以表现，仪式实践是传播这些政治神话的主要方式。”③ 奥运会开幕式包括仪式和文艺表演两大部分。仪式在奥运会的创生与演进历史中占有重要的地位，奥运会本身就是一个盛大的仪式庆典，最初是源于宗教的祭祀活动，随着社会发展，尤其是传播媒介技术的发展，奥运会的媒介仪式框架有了越来越丰富的内涵。詹姆斯·凯瑞在《作为文化的传播》中认为：“传播的起源及最高境界，并不是指智力信息的传递，而是构建并维系一个有秩序、有意义，能够用来支配和容纳人类行为的文化世界。”④ 而奥运会则为人类世界秩序的建构和维系提供了一个独特的文化窗口。Stuart Hall 称奥运会开幕式为“国家叙事”，即一系列故事、形象、场

① FIELD R. For Kick and Country：the 2010 VIVA World Cup and Sport As a Site for Expressions of Alternate “national” Identities ［J］. National Identities，2014，16（4）：377－393.

② 王海州．合法性的争夺——政治记忆的多重刻写［M］．南京：江苏人民出版社，2008：172.

③ 郭于华．民间社会与仪式国家：一种权力实践的解释——陕北骥村的仪式与社会变迁研究［M］．北京：社会科学文献出版社，2000：343.

④ 俞丹倩．仪式观视域下国家形象的建构与塑造——以 BBC2012 年伦敦奥运会开幕式直播为例［J］．新闻世界，2013（10）：197－198.

景、情节、历史故事、国家象征、仪式，用以表达国家所经历的悲伤、成功以及灾难等所获得的共享经验[①]。国家认同不可避免地卷入代表、怀旧、神话和传统中，体育是一个非常好的集结了所有表达国家意义的符号，包括升国旗、奏国歌这些仪式性活动，在国家认同和建构中发挥着重要作用。确实，符号能够将参与的人们与他们国家之间的联系强化。从这个角度来看，体育运动中的国家符号对国家的成员来说表达了特殊的符号意义。

奥运会开幕式表演分为五个阶段[②]：第一，萌芽时期（1896—1912），开幕式表演主要以宗教仪式活动、合唱、乐队演奏为主，以体操为主要表演形式，简单团体操为辅。第二，初兴时期（1920—1936），以合唱、简单的民族舞蹈和军事化团体操为主要表演形式，团体操表演由平面拓展到立体空间，电子传媒技术的发展开始用于奥运会开幕式。第三，成熟时期（1948—1980），以大型团体操为主要表演形式，表演主题、内容、形式丰富多样，团体操编排及表演技术高超，美轮美奂。在与音乐的融合使用方面，现代管弦乐代替了军乐团演奏。第四，变化时期（1984—1996），开幕式突出向文艺表演的方向发展，弱化团体操。举办国的历史与文化开始被着重表现。电子媒介传播为世界展现了一个奥运会仪式空间共同体。第五，多元化整合时期（2000 年至今），开幕式文艺表演更具艺术性、科技性、故事性、文化性，实现了体育与艺术的高度融合，成为独特的奥林匹克文化传播景观。

1998 年日本长野冬奥会开幕式主要体现具有“国技”之称的相扑运动的表演，突出主办国的民族特色。2002 年美国盐湖城冬奥会开幕式以西部开发为主题，讲述美国西部经济发展的故事，开幕式上美国著名作曲家、歌坛当红歌星名人、著名音乐家倾情出演，突出了开幕式的文艺性。2006 年意大利都灵冬奥会开幕式表演以文艺复兴为主要元素，突出展现了意大利的文学艺术发展，以及作为汽车之都的城市生命象征和创新文化。2010 年加拿大温哥华冬奥会以枫叶为背景，展现了加拿大历史文化的传承与创新。2014 年俄罗斯索契冬奥会开幕式中主办国用 33 个字母诠释民族自豪感，重现了俄罗斯的历史。

夏季奥运会主要以北京奥运会、伦敦奥运会为个案，阐释奥运会开幕式中所蕴含的国家认同建构意义。

---

① TRAGANOU J. Ntional Narratives in the Opening and Closing Ceremonies of the Athens 2004 Olympic Games［J］. Journal of Sport and Social Issues，2010，34（2）：236－251.

② 肖红，肖光来．现代奥运会开幕式表演的历史变迁、机制和启示［J］．北京体育大学学报，2015（3）：28－34.

个案1：2008年北京奥运会开幕式具体安排及流程

第一，文艺表演前仪式部分（约14分钟）：欢迎仪式、展示奥运五环、中国国旗入场、升中华人民共和国国旗、奏中华人民共和国国歌。

第二，核心部分——文艺表演，名为“美丽的奥林匹克”，分为上、下两篇（约一个小时）：上篇名为“灿烂文明”，下篇名为“辉煌时代”。

第三，文艺表演后仪式部分（约两个半小时）：运动员入场、北京奥组委主席致辞、国际奥委会主席致辞、中国国家主席宣布奥运会开幕、奥林匹克会旗入场、奏奥运会会歌、升奥林匹克会旗、运动员代表宣誓、裁判员代表宣誓、放飞和平鸽、场内火炬传递及最终的点火仪式、欢庆焰火。

个案2：2012年伦敦奥运会开幕式具体安排及流程

第一，文艺表演前仪式部分：英国首位环法自行车赛冠军布拉德利·威金斯敲响巨钟，预示开幕式开始；英国女王伊丽莎白二世及丈夫菲利普亲王、国际奥委会主席罗格出场，奏英国国歌、升英国国旗①。

第二，核心部分——文艺表演，主题为“奇妙导语”，演出共分三章：农耕社会、工业革命和奔向未来。

第三，文艺表演后仪式部分：运动员入场、伦敦奥运会及残奥会组委会主席塞巴斯蒂安·科致辞、国际奥委会主席雅克·罗格致辞，英国女王伊丽莎白二世宣布伦敦奥运会开幕、“鸽子自行车”绕场，奥林匹克会旗入场、奏奥运会会歌、升奥林匹克会旗、运动员代表宣誓、裁判员代表宣誓、点燃伦敦奥运会主火炬。

上述两届奥运会开幕式的具体安排和流程为我们勾勒出了主办国国家认同建构的图景，主要从以下维度观察：第一，国家领导人的在场。奥运会开幕式主办国国家领导人出席、参赛国国家领导人出席、国际奥委会主席出席（伦敦奥运开幕式聚齐了120多位国家领导人，为史上之最，雅典奥运只有48位领导人出席、北京奥运则为82人），体现了奥运会在世界大家庭中的地位和作用。奥运会作为重大的赛事节庆活动，参赛国国家领导人的到场，既表达了对主办国的祝贺，同时又表达了其自身的国家诉求。奥运会这个盛大的节日，为前来观赛的各国领导人提供了非常难得的聚会空间，为他们进行深度的洽谈、磋商、沟通与合作提供了舞台，为他们在某些领域达成共识提供了地理空间。第二，

① 俞丹倩．仪式观视域下国家形象的建构与塑造——以BBC2012年伦敦奥运会开幕式直播为例［J］．新闻世界，2013（10）：197－198.

文艺表演，文艺表演展示并建构了主办国政治、经济、文化、科技多维度的国家形象。第三，仪式性活动，例如运动员入场仪式、宣誓仪式、点火仪式，这为拉近大众与奥运会间的距离提供了想象空间。参赛国运动员的入场将会引起世界各地观众的呐喊与狂欢；运动员、教练员、裁判员的庄严宣誓为国际社会的公平注入了力量；点燃主火炬神秘嘉宾的亮相，解构了一直藏在观众心中的谜底，升华了他们对杰出体育偶像人物的崇拜与认同，体现了民族自豪感。

在全球化的组织背景下，大型体育赛事的仪式化结构促进了民族主义和对国家的忠诚感[①]。开幕式和闭幕式中的许多特征化的形式，尤其是重点强调举办国家的文化，通常会与国家神话的建立相关，即国家叙事。2000 年悉尼奥运会开幕式包括澳大利亚本土居民的回溯，如征服土地的创业者，但是删减了沮丧的故事、殖民化和其他并不讨好国家历史的方面。这些仪式成为国家建设的一种形式，强化了国家来源的历史记忆，通过国家符号，降低了国内的矛盾冲突。正如 Hogan（2003）提出的："奥林匹克开幕式精准地表达了他们国家的商业化叙事，这个叙事不仅是国家认同的确认，同时也是举办国家的一个外延广告。"同时，开幕式也能够与国家叙事紧密结合，解释国家是如何形成神话的。开幕式设置的一些国家符号性内容也被植入大型体育赛事，每一个组成个体都代表了自己的仪式性内容，例如持国旗运动员入场、奏国歌。

（六）运动员颁奖仪式

奥运会会为每一个项目比赛的前三名举行颁奖仪式，会升国旗、奏国歌，获胜运动员会自豪地跟唱国歌，这些运动员代表了国家，从这个角度来说，大型体育赛事可以认为是仪式的融合，同时体育还展现了创造归属感的过程。Rowe（2003）指出："几乎很少能够有像体育一样能自愿地不受威迫地与国家意识紧密联系在一起。"通常政府会在地方、国家和国际层面通过体育表达国家和国家民族主义。例如，当体育比赛中奏国歌时，一种国家的情感被激发，这强化了参与者对国家的认同。在地方和国家层面，当国旗升起的时候和当地运动员代表国家队比赛的时候，国家的意识得到强化。同样，对于全球空间范围内和国家空间范围内的支持者而言，他们国家获得的任何一个成功通常都被理解为代表和反映了国家本身的地位。同时，重要的是这种形式的融入也带给他

---

① MARJORIBANKS T，FARQUHARSON K. Sport and Society in the Global Age［M］. New York：Palgrave Macmillan，2012.

们一些排外主义思想，确定特定人群的归属，其他人群则不被认同。例如 2016 年里约奥运会田径女子 5000 米决赛肯尼亚选手获得前两名，她们身披国旗绕场一周；女子羽毛球单打决赛，西班牙选手马林获得金牌之后亲吻地板，身披国旗向观众致意。这些都表达了她们对祖国的强烈情感和国家荣耀。

2010 年温哥华冬奥会就非常注重奥林匹克胜利仪式（Olympic Victory Ceremonies）。胜利仪式是专门让获胜运动员最大化地呈现在公众面前分享庆祝仪式的过程，既包括现场观众，也包括电视机前的观众，在开闭幕式期间，场馆中会举行为胜利者庆祝的仪式，奖牌颁发和娱乐活动均是在这个区域进行，背景带有充满活力的蓝色和绿色。抓住每一个机会庆祝是加拿大奥运会的主要目标。温哥华奥委会认识到胜利仪式中的献鲜花和颁发奖牌不仅是必需的基本元素，同时还要提供无法估价的机会激发更广泛的国家参与和庆祝运动员成功。温哥华奥委会认识到高质量的体育赛事产品提供会营造欢快的参与氛围，不仅是为运动员和官员，还包括现场观众和电视机前的观众。在集中体育产品方面，温哥华奥组委的目标是从开始到结束都要创造一种难忘的、参与的、教育的、激情的和有趣的体育赛事参赛体验。开赛前的两个半小时、赛后的一个小时，温哥华奥委会体育产品功能服务团队要确保每一个竞赛场馆、奥运村和奖牌广场都要强化体育赛事本身的角色和接下来的颁奖仪式。体育产品在每一个场馆都是独特的，都是根据项目和参与的观众设计的，这种体验持续在场馆内通过媒体广播、视频播放、音乐和记分板信息不断强化。在特定场馆，主办国会雇佣体育专业人士引领体验。例如在冰球场地，国家冰球联盟会聘用最好的职业解说，另外在自由式滑雪和单板滑雪场地，至少有五年以上单板赛事音乐经历的 DJ 团队才有机会进入面试。

通过强化仪式，将国家和地域文化植入仪式庆祝活动中，升国旗、奏国歌，提供了国家归属感和认同感的实现平台，同时强化仪式的宣传效果还有效传播了举办国在国内和国际民众中的价值认同。

二、奥运会主办国与参赛国间的认同建构

奥运会主办国除了与国际奥委会保持良好的合作与认同关系外，还需要和参赛国之间建构良好的合作认同关系。受国际政治环境和社会经济发展水平的影响，一些原本计划参加奥运会的国家可能会取消参赛行程。

在现代奥运会的历史上主办国与参赛国之间认同的建构主要体现在以下方面。

（一）参赛国家/地区数量标志着主办国的国际影响力

世界上共有 224 个国家和地区，其中国家为 193 个，地区为 31 个：亚洲（48 个国家）、欧洲（43 个国家/1 个地区）、非洲（53 个国家/6 个地区）、大洋洲（14 个国家/10 个地区）、美洲（35 个国家/14 个地区）。

从图 3－15 来看，历届冬奥会参与国家/地区数量呈现逐步增长的趋势。但细究其发展轨迹，主要分为三个阶段。第一个阶段是 1924—1932 年，参与国家/地区数量较少，为 16～25 个；第二个阶段是 1948—1980 年，参与国际/地区数量缓慢增长，维持在 28～38 个；第三个阶段是 1984—2018 年，其中 1984 年是一个拐点，参与国家/地区逐届增长，发展到 2018 年的 92 个参与国家/地区。

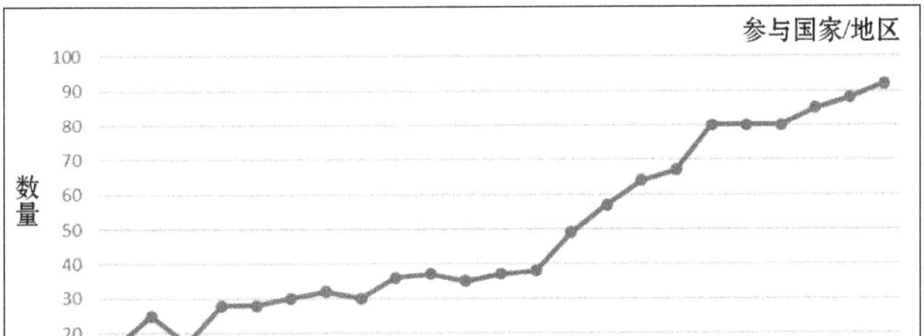

图 3－15　历届冬季奥运会参与国家/地区数量

从图 3－16 来看，历届夏季奥运会参与国家/地区数量呈现逐步增长的趋势。但细究其发展轨迹，主要分为三个阶段。第一个阶段是 1896—1972 年，参与国家/地区数量逐届增长，由第一届的 14 个参与国家/地区，发展到 1972 年的 121 个；第二个阶段是 1972—1980 年，参与国家/地区数量陡然下降，由 121 个减少为 1980 年的 80 个，这与当时冷战时期美苏两大阵营对抗直接相关；第三个阶段是 1980—2012 年，其中 1984—1996 年，参与国家/地区数量逐届快速增长，达到1996年的197个。之后的四届奥运会，参赛国数量缓慢增长，达到了2016年的207个参与国家/地区。

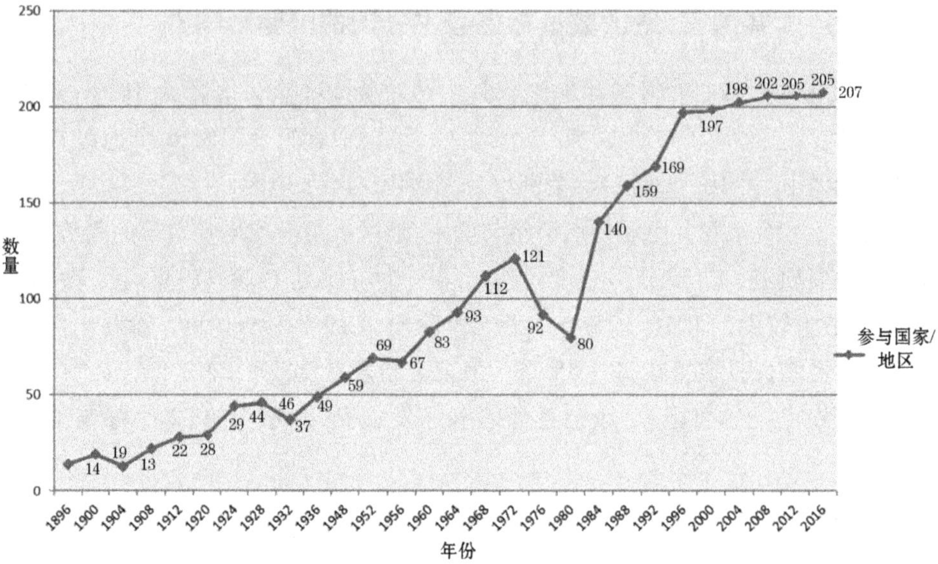

图3-16　历届夏季奥运会参与国家/地区数量

（二）政治分歧和区域矛盾是影响主办国与参与国家/地区之间认同建构的主要因素

在现代奥运会发展历史中，主办国与参与国家/地区之间的政治分歧、冲突与矛盾并未终止过，只不过进入21世纪之后，这种冲突与矛盾暂时得到了缓解而已。1904年美国圣易路斯奥运会，亚洲缺席。1908年伦敦奥运会，首次实现了五大洲均有代表出席，有力推动了奥林匹克运动的国际化进程，标志着奥委会建构的国际认同，很多国家开始认同奥运会。1928年阿姆斯特丹奥运会的裁判工作引起了参赛国的不满，美国、法国等参赛国纷纷向国际奥委会投诉。1920年比利时安特卫普奥运会，禁止德国、保加利亚、匈牙利、奥地利和土耳等第一次世界大战同盟国成员参加。1924年法国巴黎奥运会应邀参赛的国家从29个猛增至44个，德国仍被禁止参赛。1948年英国伦敦奥运会，是第二次世界大战结束后召开的，德国、日本被禁止参赛。1956年澳大利亚墨尔本奥运会，受美、苏两个超级大国的影响，国际局势动荡不安，本届奥运会也受到了严重影响。1972年德国慕尼黑奥运会，巴勒斯坦武装组织制造的慕尼黑惨案震惊了世界，引起了各国对奥运安保工作的重视。1980 年莫斯科奥运会是美苏冷战时期举行的，苏联入侵阿富汗引起了参赛国的抵制，美国、中国、加拿大等国家未派队参加比赛。1984 年洛杉矶奥运会，苏联、民主德国等 16 个国家和地区先后以各种借口宣布不参加本届奥运会。苏联以担心运动员在美国的安全无法得到保证为理由放弃参赛。虽经萨马兰奇等人多方游说，与政府领导人会谈，但终究未能改变苏联等国的决定。由此看出，20 世纪奥运会的发展一直受到国际政治格局的深刻影响，这种影响也持续深化着奥运会认同的建构。

2016 年里约奥运会，俄罗斯受兴奋剂风波的影响，先是俄罗斯田径队被全体禁赛，随后世界反兴奋剂机构（WADA）又认定俄罗斯体育部门主导了涉及多个项目的大规模兴奋剂欺诈。但国际奥委会最终议定，不接受任何俄罗斯运动员参加 2016 年里约奥运会，除非该运动员能够满足特定条件。这为俄罗斯运动员参加里约奥运会提供了操作空间。针对俄罗斯的处罚不可避免地涉及了政治因素，国际奥委会最后采取了一种相对妥协的策略，这也是避免政治干预体育的明智之举。

因此，从历史的视角来看，政治和奥林匹克运动有着各种联系，成为影响奥运会认同建构中最重要的因素。21 世纪，世界正处在大发展大变革时期，人类面临着挑战层出不穷、风险日益增加的严峻问题。世界多极化、经济全球化、社会信息化、文化多样化深入发展，全球治理体系和国际秩序变革加速推进。国家之间的关系在体育领域，尤其是奥运会、足球世界杯，仍然是国家声望、利益、认同建构的主要场域。

（三）奥运会为主办国与参赛国以及参赛国之间提供了外交平台

体育是社会的重要组成部分，与政治有着紧密的关系，尤其是外交。体育外交在近几年成为政治外交的一个重要构成部分，引起了强烈的关注。体育外交的实践可以追溯到 19 世纪，古代第一届奥林匹克运动会召开的时候，三个国王签署了《奥林匹克休战宣言》，同意在运动会期间停止战争，确保观众和运动员的安全，体育和外交的关系在这一时期就被确立了下来。奥林匹克休战既是体育和外交的一种体现，同时还体现了 20 世纪晚期和 21 世纪初期体育在外交中的重要意义，体育外交扮演着越来越重要的角色，并且作为理念、文化和公共观点的承载体在国际关系中受到了越来越多的重视。国际体育赛事为体育外交提供了非常有价值的机会，体育已经为建立公共外交关系架起了桥梁①。例如，有研究者指出，国际体育赛事创造了讨论、信息交换和共享经验的空间，而且体育赛事可以促进合作、增加理解、架通不同、打破定型。体育作为一个网络工作（球员、球迷、国际政府等）是外交和外交政策中的一个相关角色。Murray 指出体育外交是公共外交的一个子形式，体育有助于实现外交目标。

在体育外交的两面性中，Murray 通过对体育和外交理论与实践的讨论，提出了体育调查的好处，在传统外交的背景下，他指出，世界政治中国家统治可以通过和平的方式实现。体育不是万能的，但体育能够促进积极的价值，减少不和，促进交往和对话。因而，他集中评价公共外交，通过融入公共观点和非国家行为，例如国际体育网络，建立合作关系，利用体育塑造软权力获得社会资本。另外，Murray 还指出了体育外交与国家形象、国家认同和国家品牌之间的关系。本质上而言，赛事既包括竞争又包括合作，表现在如何相互尊重和共享经验上，通常，体育外交主要被用于解决冲突或者面对敌对国家，但是这里有另一种更广泛意义上的体育外交。体育外交作为公共外交的子形式，是有关理念、价值和情感的。这个框架与相关的方法通过发展与合作带来重要的社会资本，同时也通过各种网络构建或者重建认同。Freeman 总结出体育的软权力与体育实践和举办体育赛事建构国家认同或者国家品牌直接相关，从而促进国内民族融合和国际社会声望。因此，及时强化公共观点、社会价值和认同建构，可以帮助国家获得有效的公共外交机会。例如，冰球外交项目强化了美国和俄罗斯的友谊和联系。2010 年南非足球世界杯为举办国带来了世界范围内公共外交的机会。体育作为文化外交和国家综合实力展示的平台，1964 年东京奥运会、1988 年汉城奥运会、2008 年北京奥运会，促进了举办国政治、经济和文化的转型，蕴含着东亚在全球变革、区域优势和隐喻现代性方面的崛起，说明全球地缘政治和经济实力的轴心开始向亚洲转移②。2014 年 2 月，国家主席习近平出席第 22 届索契冬季奥运会开幕式并与普京总统会见，这不仅是俄中关系史上重要的事件，也是全球瞩目的事件，这表明俄中关系已经稳步发展到了一个

① DEOS A. Sport and Relational Public Diplomacy: the Case of New Zealand and Rugby World Cup 2011 [J]. Sport in Society, 2014, 17 (9): 1170 - 1186.

② MANGAN J A. COLLINS S, OK G. The Triple Asian Olympics - Asia Rising: The Pursuit of National Identity, International Recognition and Global Esteem [M]. Abingdon: Routledge, 2011.

更高的水平①。习近平会见普京时说："按照中国习俗，邻居办喜事，我当然要专程来当面向你贺喜。"这也折射着中国"与邻为善、以邻为伴"的周边外交思想，这是中国"奥运外交"的又一里程碑，也为今后俄中体育合作的发展注入了动力。新加坡《联合早报》引用学者的分析报道说，奥运会具备公共外交的性质，习近平出席索契冬奥会开幕式展现了他个人的外交风格和特点，从国际视野看体现了中国对奥林匹克事业的重视和高度支持，展示了中国对当今世界的开放态度以及积极与国际社会互动的自信。巴西著名智库瓦加斯基金会项目协调人罗尼指出："习主席出席索契冬奥会开幕式彰显了中俄全面战略协作伙伴关系的特殊性，进一步拉近了中俄两国的政治及经贸合作关系。中俄在一些国际和地区性问题，如叙利亚、伊核等问题上有着非常良好的互动和合作，为推动这些问题的解决作出了巨大贡献。"美国《全球策略信息》周刊华盛顿分社社长威廉·琼斯指出："习近平出席索契冬奥会开幕式意义重大：首先，奥运会是世界重大体育赛事，具有团结人心的力量；其次，习近平访问索契也是对中俄关系的重大促进。"

奥运会作为国际公共外交的平台，为各个参赛国提供了非常好的外交机会，主办国与参赛国以及参赛国之间通过体育外交网络，在强化认同、塑造形象和发展关系、促进利益平衡等方面产生了非常大的价值。体育外交能够影响认同和发展新的合作伙伴。体育外交不仅提供了表达和竞争的新场域，同时也是共享经验的场所，并且产生了积极的效果。

三、奥运会主办国内部的国家认同建构

奥运会自从创办之初就和主办国的社会发展紧密联系，并且与国家的发展唇齿相依、命运与共。梳理历届奥运会的历史，从中可以厘清奥运会主办国与国家认同的耦合关系。以奥运会为契机加强国内民众对国家的认同感、归属感和自豪感，是历届奥运会主办国都期望达到的目标。回顾历届奥运会，并进行归纳总结，得出主办国主要通过以下形式建构国家认同。

（一）主办国国家领导人全力支持奥运会，稳定国内政局

1896 年第一届雅典奥运会，恰逢希腊政府处于财政危机中，国内政局不

① 俄罗斯舆论高度评价习主席亲自出席冬奥会开幕式［EB/OL］.［2014 - 02 - 07］. http: // www. chinanews. com/gn/2014/02 - 07/5805485. shtml.

稳，内政事务首相频繁更换，人们对能否成功组织召开首届奥运会并不确定。但希腊王子康斯坦丁支持奥运会，他重建组委会并亲自出任主席，通过鼓励希腊公众捐款和富商投资修缮体育场，为成功召开第一届奥运会做了充分的准备。同时，他的努力和付出也受到了公众的高度评价和认可。1904 年的奥运会，芝加哥和圣路易斯为取得此届奥运会的主办权展开了激烈的竞争，但为了使世界博览会和奥运会同期举办，圣路易斯获得奥运会主办权。1912 年斯德哥尔摩奥运会，瑞典把奥运会作为关系国家荣辱的事来抓，开幕式上首次举行了隆重的仪式、精彩的歌舞表演，并从此形成传统。1936 年柏林奥运会，正值纳粹党上台执政，奥运会成为纳粹党有力的宣传武器。1948 年第 14 届伦敦奥运会，第二次世界大战重创了英国经济，但英国奥委会克服了战后筹办奥运会的困难，通过多方筹措，如期完成了奥运会准备工作。1952 年赫尔辛基奥运会，首次参赛的苏联对这届运动会非常重视，在部分项目中打破了美国的垄断地位，奥运会的舞台上开启了美、苏两个超级大国相互抗衡的时代。1964 年东京奥运会，开幕式上点燃主火炬的是广岛原子弹爆炸日出生的坂井义则，这具有特定的象征意义。1988 年汉城奥运会大大推进了韩国民主化进程，1987 年 6 月，百万人走上汉城（首尔）街头要求改宪，这也推动了国内改革，为韩国国际形象和国际地位的建构提供了契机。1992 年第 25 届夏季奥林匹克运动会是冷战结束后举办的奥运会，所有国际奥委会成员全部参赛，开启了奥林匹克大家庭团结、和谐的发展之路。2010 年加拿大温哥华冬奥会阐释了加拿大精神。2014 年俄罗斯政府通过索契冬奥会的辉煌叙事，激发了民众的爱国主义情感，重塑了俄罗斯精神，建构了强有力的新俄罗斯神话。2018 年平昌冬奥会为韩国政府实现进入世界中心国的目标提供了展示平台。

（二）主办国民众对奥运会的支持与认可

1920 年第 7 届比利时安特卫普奥运会，当地民众以实际行动修复战争创伤，积极投入奥运会体育场地设施建设，保证了奥运会如期举行。同时，1914 年巴黎奥林匹克代表大会通过的重要决议也在本届奥运会中得以贯彻执行，为主办国的认同建构提供了发展框架，对奥林匹克运动的发展具有深远的历史意义。这些决议包括确定了国际奥委会五环会旗、会徽；规定了法、英、德文（现为法、英文）为国际奥委会法定语言；第一次讨论了国际奥委会与各国家奥委会、国际单项体育组织的相互关系和协作问题。1924 年第 8 届巴黎奥运会，法国表现出了相当大的热情。为办好本届奥运会，筹委会全体成员均为热爱体育事业的人，他们还收到了来自法国各地市民寄来的各种各样的设计方案。但筹委会仍处于资金紧张、第一次世界大战以及1923年塞纳河决堤洪水袭击巴黎的困境，面对这些困难，巴黎筹委会顶住压力、多方筹措资金，建造了能容纳6万多人的“科龙布”运动场，以及简单的运动员寓所（奥运村的雏形）。1960年第17届罗马奥运会，筹委会举行了大规模的火炬接力活动，火炬途经意大利各地，成千上万的民众沿途欢庆，最后到达罗马，天主教教皇发表讲话。1984年洛杉矶奥运会，彼得－尤伯罗斯担任洛杉矶奥运会筹委会主席，他杰出的财政管理才华在筹备组织工作中得以充分施展。尤伯罗斯开创了民间承办奥运会的先例，建立了奥运会盈利模式，给奥林匹克运动的发展带来了生机。2008年北京奥运会得到13亿中国人民以及海外华人华侨、国际朋友们的大力支持和无私的帮助，火炬接力活动在全国31个省、市、自治区的105个城市和地区传递，有效地激发了国民的奥运热情，13亿中国人民用激情和行动证明北京奥运会不仅是一座光荣的纪念碑，更是中华民族新的起点。2010年温哥华冬奥会为民众创设了最佳的赛事体验环境，从开始到结束都让人们感受到难忘的、参与的、教育的、激情的和有趣的体育赛事参赛体验。2012年伦敦奥运会建立的以爱好者/球迷/体育迷为基础的参与结构，将国内公众看作是奥运筹备之旅的利益相关者之一。伦敦奥运会得到73%的民众支持，他们对奥运会的来临感到非常兴奋。2016年里约奥运会实施了全体育馆先锋队项目，带领年轻人到直播现场和比赛场地，通过现场体验真实的比赛，鼓励成千上万的年轻人成为赛事的一个组成部分。同时，奥林匹克直播先锋队在全球提供15个站点，确保每一个大洲至少有两个，尤其是为年轻观众带来一种独特的体验，架起赛事和他们沟通的桥梁。2016年里约奥运会，有67%的市民支持举办奥运会，里约80%的奥运预算都与改进城市基础设施有关，这让里约市民真切感受奥运会的福利①。

Gursoy与Kendall研究指出，2002年盐湖城冬奥会让当地居民获得了充分的自豪感和自尊感，同时指出2008年北京奥运会极大地提升了当地居民的国家自豪感，而且奥运会有效提升了中国国家形象和民族自豪感②。有学者对1988年卡尔加里冬奥会主办城市居民进行了调查研究，收集了1986年至1989年4

① “足球王国”进入奥运模式 民众支持感受奥运福利［EB/OL］.［2015－09－02］.http：//sports.sina.com.cn/o/2015－09－02/doc－ifxhkaeq8961681.shtml.

② GURSOY D，KENDALL K. Hosting Mega－events：Modeling Locals' Support［J］. Annals of Tourism Research，2006，33（4）：603－623.

年间美国和欧洲20个中心地带的居民对冬奥会给主办城市带来的综合影响进行的评价，结果表明冬奥会主办城市卡尔加里的国际认知度大幅度提升，国际形象持续得到加强。Mihalik 与 Cummings 等学者研究指出，1988 年卡尔加里冬奥会和 1996 年亚特兰大奥运会带给主办城市在国家自豪感和国际认知度方面的积极影响远远超过了赛事给主办城市经济带来的影响。2004 年雅典奥运会，观看体育赛事的人数达到了历届之最，全球电视观众超过 40 亿，销售了 3.8 亿张门票，广告收益达8.83 亿美元。2012 年伦敦奥运会，公众愿意支付奥运会的支出成本，奥运会带来的潜在的无形利益在增长①。这些研究数据均能够说明奥运会带给本地居民的重要影响，获得国内民众的认可，从而建构强有力的国家精神和国家归属感。

（三）主办国举办奥运会的战略愿景与国家精神的塑造

愿景是一届奥运会能否成功的重要基础，每一届杰出的奥运会都反映了独特的国家文化，同时也通过奥运会展示了举办国家的价值观和优越性。举办国将国家精神和国家意识有机地融入奥运会战略愿景，通过举办国奥组委执委会，将这种愿景深深地植入筹备和举办奥运会过程中的每一个环节、每一个工作人员、每一个国家民众以及每一个相关的工作团队之中，这种以日常生活实践为主的渗透方式，自然而然、润物无声地在人们心中塑造了国家的形象。

例如 2018 年平昌冬奥会的战略愿景是通过奥运会实现韩国政府进入世界中心国的目标。2014 年索契冬奥会，取名为“俄罗斯钻石”的战略愿景由三个维度、九个基本价值构成，目的是在筹备和举办冬奥会过程中传递创新、改变理念和庆祝俄罗斯精神的价值观。2010 年的温哥华冬奥会战略愿景是通过体育、文化、可持续发展的激情建构强大的加拿大精神。

（四）主办国奥组委组织管理体系与战略愿景的实现

蕴含国家精神建设的奥运战略愿景需要通过实施载体来实现，而奥运会组委会的管理体系，则为实现国家的奥运战略构想提供了平台。索契冬奥会成功最主要的核心因素在于其组委会管理体系，俄罗斯联邦体育文化和运动发展总统委员会是奥运会战略层面的最高管理者。委员会构成人员在大众体育、竞技

① WALTON H, LONGO A, DAWSON P. A Contingent Valuation of the 2012 London Olympic Games—A Regional Perspective［J］. Journal of Sports Economics, 2008 (9): 304 - 317.

体育，以及筹备冬奥会和冬残奥会中承担着重要的工作任务，确保为所有项目提供最大化的合作便利。同时，索契冬奥会组委会采用了项目驱动管理方法，通过系统化和正式化所有的管理活动，以确保高效率地完成所有筹备任务。温哥华冬奥组委的核心价值包括团队、信任、卓越、可持续性、创造性五个方面，这成为奥组委雇佣工作人员的主要标准，团队和文化是执行战略计划的核心要素，这些要素形成了温哥华奥委会团队的特征。那些符合这一价值的人员才能被招聘进入工作团队，以确保每一个人都能够高效执行各类战略任务和计划，从而确保战略愿景能够实现。

综上所述，奥组委组织管理体系对战略愿景的实现有着重要的作用，承载着有效传播国家意识、国家精神的艰巨任务。因而，这也是历届夏季奥运会和冬奥会举办国家在筹办时期倍加重视奥组委组织管理体系建设的重要原因。

（五）主办国通过文化奥林匹亚活动传播国家意识

文化奥林匹亚（Cultural Olympiad）是奥运会举办期间的一项重要文化活动，成为展示举办国地方、国家乃至世界文化的重要舞台。通过文化奥林匹亚活动，能够创设安德森提出的“想象的共同体”，观众能够从中获得积极的文化体验，从而强化国家归属感。

2014 年索契冬奥会期间，观众不仅可以欣赏到精彩的竞赛，文化奥林匹亚作为索契冬奥会文化活动的一部分，这里每天都有俄罗斯最好的舞蹈和音乐团队表演，还有知名的摇滚歌手和电影明星。同时，观众还可以欣赏到俄罗斯最著名的演员的演出。索契的博物馆和大部分音乐厅是免费的。赛区的各个体育馆，每天都会有由知名导演创建的流行音乐合唱团。2010 年温哥华冬奥会期间的文化奥林匹亚体现了加拿大各地区乃至世界上最具活力的文化艺术活动。文化奥林匹亚与 60 位艺术家和文化组织合作，组织了数百种文化活动，展示了加拿大文化的多样性、重要性和冒险精神，从而更好地定义加拿大艺术和文化图景。文化奥林匹亚使用网络技术将国家和世界连接起来，并通过数字编辑的网页平台延伸各种文化庆祝活动，有效地架起了加拿大和世界连接的桥梁。

2008 年北京奥运会提出人文奥运理念。人文奥运既是体育盛宴，也是文化盛宴。传播奥林匹克文化，促进多元文化交流是评价奥运会影响的最重要因素之一。北京人文奥运的价值体现在四个方面：促进源于西方文化的奥林匹克精神与五千年中国文明的交汇，促进东西体育哲学和其他领域的融合，加深世界人民之间的理解和友谊；展示中国历史遗产和北京创新、开放、包容的文化环境，提高世界对中国历史、文化及优美的自然风景的认知度；以运动员为中心的场馆建设和设施服务，促进人与自然和谐相处；有助于奥林匹克精神在中国的传播，中国青少年可以通过媒介、学校教育、火炬接力等形式学习奥林匹克文化。

（六）主办国通过奥运遗产获得国内民众认同

奥运会能够为主办城市带来丰富的文化遗产，所有有形的和无形的遗产对未来都是非常重要的，即具有重要的政治价值、经济价值、文化价值、艺术价值、科学价值。举办国通过这些遗产，增加当地居民的社会融入和社会可持续发展，实现国家对社会的有效管理。

2014 年索契冬奥会一个最丰富的奥林匹克遗产是建筑，包括多个场馆和设施。坐落于黑海边上的奥林匹克公园体现了技术创新理念，它包括五个冰场、奥林匹克体育馆，这些场馆将持续激发年轻人参与体育活动的动力及推进发展冬季运动项目，冰上场馆可以作为训练基地和举办娱乐赛事活动的场地；速滑馆可以用于举办展览、会议和体育赛事。把索契打造为国际知名旅游目的地也是索契奥运会留给当地居民的另一个重要奥运遗产。另外，索契冬奥组委实施了历届冬奥会中最具雄心的志愿者计划，通过全国 26 个志愿者中心培训志愿者，使得大批有专业技术的专家可以从事之后的大型体育赛事相关服务活动。2010 年温哥华冬奥会在促进赞助商、建筑商、招募、采购和社区支持方面，都强化了城市内社区融入概念，同时赛事还为那些不直接从赛事获取收益的人们创造机会和利益分享。冬奥会 13 个场馆和 2 个运动员村均是以社区长期使用为基础而进行设计的。同时温哥华冬奥组委与四个举办地签署了正式协议，为当地居民在赛事计划、传播和遗产等方面提供了前所未有的发展机会。

第四章
足球世界杯与国家认同

国际足联世界杯（FIFA World Cup）与奥运会并称为全球体育两大顶级赛事。足球世界杯作为可以与奥运会媲美的单项世界超级体育赛事，一直是西方学者研究的重点领域。

第一节　足球世界杯的发展

一、足球世界杯产生的历史

1904 年 5 月 21 日，国际足联首任主席法国人罗贝尔·盖兰提出了创建足球世界杯的设想。但受当时国际政治环境的影响及各国在政治上的分歧，这一设想并未实现。第一次世界大战后，国际足联主席于勒·雷米特重新拾起了这项被搁浅的计划，认为创办一项世界性的足球比赛与顾拜旦男爵创立的奥运会能够做到完全并行不悖。1925 年，雷米特获得了乌拉圭外交官布埃罗的支持，布埃罗对推动这项计划起到了关键的作用。1926 年 12 月 10 日，国际足联在巴黎召开工作会议，议定了相关草案，1927 年 6 月 5 日，在赫尔辛基召开的国际足联会议上，以 23 票赞成、5 票反对（北欧国家表示反对）、1 票弃权（德国）

通过了巴黎工作会议议案，比赛名称定为“世界足球冠军杯——雷米特杯”，每四年举办一届。

二、历届足球世界杯举办情况

世界杯每四年举办一次，任何国际足联会员国（地区）都可以派出代表队报名参加这项赛事。自1930年第1届足球世界杯至2018年，已举办了21届，具体举办情况见表4－1、图4－1。

表4－1　历届足球世界杯举办情况一览表

届次	时间	举办地
1	1930	乌拉圭
2	1934	意大利
3	1938	法国
4	1950	巴西
5	1954	瑞士
6	1958	瑞典
7	1962	智利
8	1966	英格兰
9	1970	墨西哥
10	1974	联邦德国
11	1978	阿根廷
12	1982	西班牙
13	1986	墨西哥
14	1990	意大利
15	1994	美国
16	1998	法国
17	2002	韩国、日本
18	2006	德国
19	2010	南非
20	2014	巴西
21	2018	俄罗斯

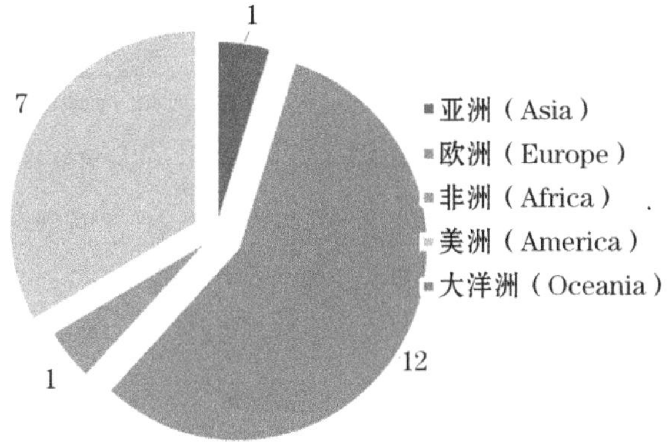

图 4－1　历届足球世界杯各大洲举办次数

（一）历届足球世界杯举办地

从 21 届足球世界杯的举办地来看，欧洲和美洲是举办次数最多的大洲，分别是 10 次和 7 次，亚洲和非洲分别举行过 1 次。2018 年足球世界杯在俄罗斯举办，这也是足球世界杯第一次在东欧国家举办，这是俄罗斯社会发展以及国家软权力建设的又一个重大机遇。

（二）历届足球世界杯排名前四国家分布

从历届足球世界杯的前四名国家来看，来自欧洲和美洲的参赛国进入足球世界杯前四名的次数最多，这也在一定程度上表明了欧美，尤其是南美国家在足球领域具有非常大的竞争优势。从图 4－2 足球世界杯冠军的统计结果来看，巴西是历届参赛国中夺得冠军次数最多的国家，共 5 次夺冠，其次是德国和意大利，各获得 4 次冠军，之后是阿根廷、乌拉圭和法国，各获得 2 次冠军，最后是英格兰、西班牙，各获得过 1 次冠军（表 4－2）。

表 4－2　历届足球世界杯排名前四成绩分布情况一览表

年份	举办国	第一名	第二名	第三名	第四名
1930	乌拉圭	乌拉圭	阿根廷	美国	南斯拉夫
1934	意大利	意大利	捷克斯洛伐克	德国	奥地利
1938	法国	意大利	匈牙利	巴西	瑞典

续表

年份	举办国	第一名	第二名	第三名	第四名
1950	巴西	乌拉圭	巴西	瑞典	西班牙
1954	瑞士	联邦德国	匈牙利	奥地利	乌拉圭
1958	瑞典	巴西	瑞典	法国	联邦德国
1962	智利	巴西	捷克斯洛伐克	智利	南斯拉夫
1966	英格兰	英格兰	联邦德国	葡萄牙	苏联
1970	墨西哥	巴西	意大利	联邦德国	乌拉圭
1974	联邦德国	联邦德国	荷兰	波兰	巴西
1978	阿根廷	阿根廷	荷兰	巴西	意大利
1982	西班牙	意大利	联邦德国	波兰	法国
1986	墨西哥	阿根廷	联邦德国	法国	比利时
1990	意大利	联邦德国	阿根廷	意大利	英格兰
1994	美国	巴西	意大利	瑞典	保加利亚
1998	法国	法国	巴西	克罗地亚	荷兰
2002	韩国、日本	巴西	德国	土耳其	韩国
2006	德国	意大利	法国	德国	葡萄牙
2010	南非	西班牙	荷兰	德国	乌拉圭
2014	巴西	德国	阿根廷	荷兰	巴西
2018	俄罗斯	法国	克罗地亚	比利时	英格兰

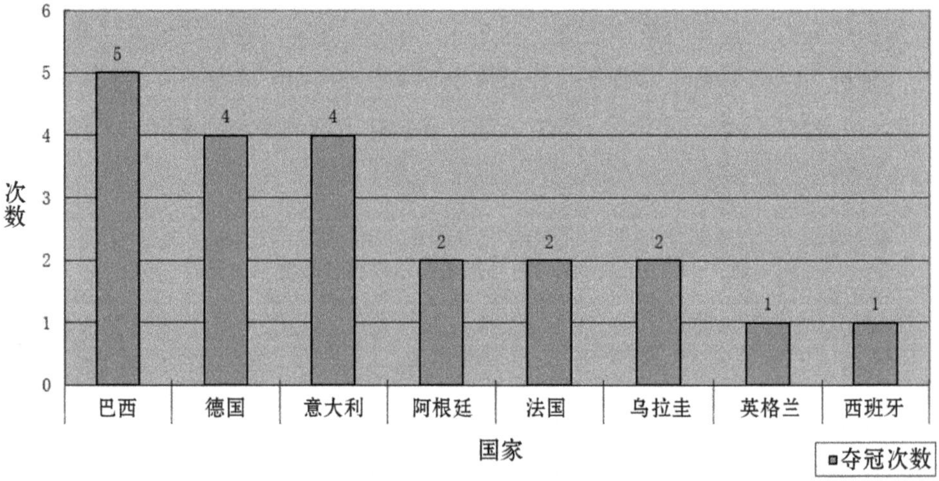

图 4-2 历届足球世界杯夺冠次数

三、中国参与足球世界杯情况

在历届足球世界杯中，中国只在2002年韩日世界杯入围了决赛圈。当时的主教练是米卢，领队是朱和元，教练组有沈祥福、金志扬、迟尚斌，运动员有江津、区楚良、安琦、范志毅、张恩华、李玮峰、吴承瑛、杜威、孙继海、杨璞、徐云龙、马明宇、李铁、祁宏、于根伟、邵佳一、李霄鹏、曲波、李明、高尧、肇俊哲、郝海东、张玉宁、宿茂臻、杨晨。中国队在比赛中分别以0比2输给哥斯达黎加队、0比4输给巴西队、0比3输给土耳其队，位列第31名。

虽然中国这次世界杯取得的成绩并不尽如人意，但这是中国队第一次冲出亚洲，进入世界杯，也标志着足球运动在这一时期达到一定的竞技水平，为国民树立了信心。

第二节　足球世界杯个案剖析

一、2010年南非足球世界杯

关于全球知名的大型体育赛事夏季奥运会和足球世界杯的讨论从没有中止过。从象征层面来看，它们为人类在体育领域表达一定的情感提供了一个机会。在国家层面上，它们被认为是面对世界竞争建立国家自豪感的有利资源。在商业层面，它们通过基础设施建设和旅游振兴当地经济。大型足球赛事是高度媒介化赛事，能够引起全球成千上万人的关注。2010年足球世界杯第一次在非洲举办，国内和国际的媒介关于赛事的修辞叙事能够将不同的国家在体育的旗帜下联结在一起，创造一个表达强烈爱国主义情感的平台①。

足球世界杯能够创设国家狂欢的叙事，促使人们从各自的不同中建构一个基于共享价值和意义的集体情感的共同世界，从而在赛事期间促进社会融合。从国际角度来讲，国家队代表国家参赛，球迷会支持各自国家的队伍。南非球

---

① CHARI T，MHIRIPIRI A N. African Football，Identity Politics and Global Media Narratives—The Legacy of the FIFA 2010 World Cup［M］. New York：Palgrave Macmillan，2014.

迷讲道：“足球世界杯让我为我的国家感到自豪”；“我穿着我的毛线衫表达我来自南非是多么自豪”；“我会一直自豪地穿着我的毛线衫，表达我的南非认同”。

2010 年南非世界杯后，南非人民对国家的情感增加，对南非文化的态度向积极方面转变，并且南非足球世界杯赛事能够激起特定人群的旅游行为，使南非的旅游业也有了一定的发展。但国家声望是政府长期不断谋划和积极管理的结果，声望的建立、改善或者获得是一个长期的过程，并不是短期内一个单一的大型体育赛事能够做到的①，南非的国家声望还需要一个具有领导力的政府持续不断地推进。

二、2002 年韩日世界杯

韩国在申办 2002 年世界杯时提到，举办足球世界杯在促进团结方面具有重要作用，足球是解决世界上长期冲突的重要工具，通过举办 2002 年韩日足球世界杯促进世界和平是韩国政府的主要目标。韩国 2002 年世界杯的口号是“为所有人的梦想——2002 韩国世界杯”，并承诺为韩国带来足球遗产，组委会申请捐赠 2.3 亿美元用于发展全球足球事业，即每一个国际足联的会员都能获得一百万美元。韩国申办注重促进全球和平与和谐以及全世界各民族团结，希望通过足球促进韩国和朝鲜的友谊。世界杯在全球开启了球迷的足球想象，激发了每一个孩子踢球的梦想，同时通过赛事团结世界各国。

2002 年韩日足球世界杯赛事过程中土耳其足球队的胜利，成为报纸专栏作家和评论员将体育赛事作为认同表达渠道的个案叙事。媒介叙事从国内和国际两个层面为剖析土耳其国家认同的独特形象提供了丰富的资源。“国家”被本尼迪·安德森描述为“想象的共同体”。在想象的过程中，我们需要一些物质工具载体，方言和印刷起到了非常重要的作用。但是，现代社会体育竞赛，尤其是足球比赛成为最有效的视觉助力工具。国际间的足球比赛强化了想象共同体中“我们”的情感，有助于国家成员内化并通过足球迷的形式表达独特的国家认同。正如 Eric Hobsbawm 观察的那样：“11 个人的球队使得成千上万的想象

---

① HOLTZHAUSEN D, FOLLERTON J. The 2010 FIFA World Cup and South Africa: A Study of Long - term effects and Moderators of Country Reputation [J]. Journal of Marketing Communications, 2015, 21 (3): 185 - 198.

共同体成员看起来那么真实。”① 11 个人代表的国际间的体育比赛被认为是“无处不在的隐喻”，传递了“同一个国家”的在场体验，固化了人们对国家归属感的集体记忆。那么，体育是如何被用作国家归属感形象的建构呢？土耳其记者分析讨论了体育赛事的价值，“11 个人”已不仅仅是代表一个单一的国家，而更是用于表达国家认同的边界。

体育建构和强化认同的作用也被一些学者进行了讨论。John Sugden 和 Alan Tomlinson 讨论了体育赛事，尤其是足球赛事，是作为“一种特定的建构和表达国家认同、流动性、民族主义的场所”。同样，Allen Sack 和 Zeljan Suster 指出体育通常能超越赛场的边界，成为能够反映和强化国家竞争和历史屈辱的场域。媒介通过传播运动场上国家运动员面对的“他者”，鲜明地表达了自己国家的视觉形象。Philip Schlesinger 讨论并认同体育是“一种持续的建构和再建构形式”，解释了媒体是如何在认同的形成和再形成过程中发挥重要作用的。体育赛事通过媒体被带入公众的视野，换句话说，媒介通过体育叙事建构，形塑了认同。体育竞赛，尤其是国际比赛，为媒介提供了表达和再定义国家认同和边界的“软”竞技场/竞技舞台。体育为媒体提供了建构想象的国家归属感的公共空间。土耳其的个案表明，可以通过强调内部和外部的边界来定义国家认同。正如 Stuart Hall 指出的：“只有通过与之相联系的他们，以及与之相连的不是什么，精确地表明缺乏什么，或称之为外部建构，即认同才能够被建构。”如果采用安德森的想象共同体的表达，我们必须尽可能地多维度、多视角讨论国家认同的想象。安德森认为国家是在一定限制空间内的想象。那么这些限制和约束是什么？又是如何影响建构的？媒介视域中的体育赛事，主要是国际足球竞赛，他们讨论的边界通常是国内和国际。在土耳其的个案中，各种媒介组织表达了不同的理想倾向来明确他们心目中的国家边界，正如 Schlesinger 断言的那样，国家文化不仅是简单的符号分享库，还可以定义比赛发生的地点……，也可以是国际和国内维度中以权力和统治社会为维度的我们和他者的再生产。

当然，有关国家认同的媒介分析需要将其置入一个大的社会、政治背景中，土耳其国家认同的建构是在通过社会不同团体、阶级、意识形态间深深的社会冲突、斗争和相互之间的认同建构边界的基础上进行的。媒体在这些公共领域的讨论中发挥了重要作用，而不仅仅是反映他们之间的争论。媒介也通过建立

① KOSEBAKABAN H. Turkish Media and Sport Coverage: Marking the Boundaries of National Identity [J]. Critique: Critical Middle Eastern Studies, 2004, 13 (1): 47 - 64.

民族主义和议题之间的联系，积极参与到认同建构、形塑认同和再建构的过程中。但是定义当代土耳其认同是比较令人困惑的，一个事实上的困惑就是自从1983年以来，基马尔主义政党认同适应土耳其社会文化环境的变迁，遵循了积极的政治经济自由化的过程。讽刺的是，土耳其体育的成功恰是这个过程的一个结果。

体育也有助于多民族国家认同的建构，例如比利时和西班牙。这些个案，强烈支持了国家队在民族主义宣传中的作用，然而，体育也能激发地区民族认同，例如克罗地亚这一个案。土耳其也是一个多民族国家，媒介利用土耳其国家队参加足球世界杯，以及国家认同理想化的意识边界强化了民族团结。媒体的叙事也反映了土耳其媒体定义和讨论的普通国家认同的限制。土耳其足球队从1962年成为欧洲足球协会会员之后，开始参加欧洲比赛。因此，在与欧洲任何一个机构没有任何关系的前提下，足球为土耳其提供了一种强大的心理上归属欧洲的想象认同。然而，直到20世纪90年代，很多强大的欧洲对手并不把土耳其放在眼里，尤其是欧洲各国的国家队，土耳其被认为是可以轻易搞定的对象。因此，体育反映了国家在欧洲社会经济中的地位。很多年来，只有摔跤运动能给土耳其运动员获得国际比赛奖牌的机会。即使摔跤被看作是土耳其的国家项目，也没有明显地打破这种强烈的自卑感和对抗他者的权力。20世纪90年代土耳其国家队在国际比赛上的成功是基于自由经济政策的结果，这些政策改变了土耳其的经济地位，允许土耳其国家队雇佣国际球员、教练员。也许最重要的是，经济政策打破了国家的疏离感，强化了土耳其社会的国家地位，新自由经济政策让国人觉察到他们所处的国家和世界，为他们开启了全球化的时代。

三、足球世界杯比赛中的爱国主义

体育与国家形象紧密相连。1934年意大利足球世界杯成为墨索里尼战略的重要部分，他认为体育是一种消遣和教化方式，一种健康的和军事化的准备，它非常重要的特征在于它的宣传功能，能够激发本土国家的民族主义情感，赢得外部荣耀。1988年6月21日，在汉堡举行的欧洲杯足球赛半决赛中，荷兰队2比1战胜法国队，虽然是个周二的晚上，但是60%的荷兰人都走出家门到大街上去庆祝。这是自1945年摆脱德国占领，获得自由解放以来最大规模的公众庆祝，人们对着电视说：“这感觉就像我们赢得了最后的战争。”在阿姆斯特丹莱顿广场，庆祝的人群把他们的自行车扔向天空呐喊道："我们的自行车又回来了"。（德国军队在占领期间没收了荷兰人的自行车）两年之后的1990年意大利足球世界杯，同样也引发了国民爱国情绪的宣泄。这一次，爱尔兰都柏林的热情更加高涨，这个国家将近15%的人口聚集在一起欢迎国家队从意大利归来。这是爱尔兰足球队第一次进入世界杯四分之一决赛。为了庆祝这一伟大的时刻，国家航空公司Aer Lingus临时命名带着队伍回国的飞机为"St Jack"号，用以表达对教练Jack Charlton的尊重和敬意。《爱尔兰时报》评论道："爱尔兰足球队，用其非凡的通晓多国语言的爱尔兰血统，给我们多文化爱尔兰人带来了新的自豪。"[①] 2006年足球世界杯，德国寻求建立一个"和善友爱的国家，改变他们诸如第二次世界大战、纳粹主义和骄傲而又阴暗的国际形象"。2010年南非足球世界杯主办国家把赛事作为"非洲展览"——表达了一种洲际统一、团结、和平的力量[②]。

2018年俄罗斯世界杯，克罗地亚这个拥有约410万人口的国家打进世界杯决赛，取得了令人瞩目的成就，赢得了全世界的认可和尊重[③]。克罗地亚驻华大使讲道："那一刻，整个国家沸腾了，建国近30年来我们在世界舞台上取得最辉煌的成就，世界杯荣耀已经成为克罗地亚最好的国家名片，千金不换。"[④]克罗地亚获得亚军后，克罗地亚总统基塔罗维奇和球队教练员、工作人员在暴雨中合影，在克罗地亚准备领银牌时法国作为冠军队伍用列队的方式向亚军致敬[⑤]。

俄罗斯世界杯后，法国足球队和克罗地亚足球队回国，都受到英雄式的朝拜。他们成为代表国家荣誉的符号，成为国民内心崇拜的英雄。那么，英雄在构建国家认同中发挥着怎样的作用？美国政治学家亨廷顿曾指出："国家利益来源于国家认同。我们必须先知道我们是谁，然后才能知道我们的利益是什么。"国家认同是构筑统治合法性的基础。历史记忆在国家认同中的作用主要是在历

---

① TONY W. sport and national identity［J］. Soccer & Society，2009，10（5）：518－531.

② BRANNAGAN P M，GIULIANDTTI R. Soft Power and Soft Disempowerment：Qatar，global sport and Football's 2022 World Cup finals［J］. Leisure Studies，2015，34（6）：703－719.

③ 克罗地亚足球成功背后的秘密［EB/OL］.［2018－07－21］. http：//sports. xinhuanet. com/c/2018－07/21/c_ 1123157291. htm.

④ 大使告诉你：克罗地亚足球为什么牛［EB/OL］.［2018－07－14］. http：//world. chinadaily. com. cn/2018－07/14/content_ 36575666. htm.

⑤ 震撼！克罗地亚全员暴雨中合影！女总统和普京更衣室问候＋法国列队致敬！［EB/OL］.［2018－07－16］. http：//sports. 163. com/18/0716/04/DMQFK238000598U2. html.

史和现实的紧密关系中，每个人与国家紧紧联系在一起。通过对历史的认知和把握，个体能够认识到自己在历史中、在国家中所处的地位和所扮演的角色，进而产生对民族、国家的责任感与使命感。英雄人物符号承载着一个国家的历史记忆，对这些特定人物符号的记忆，不断地确证、强化着群体成员的认同感。一个民族、一个国家在借助英雄人物来展现自身历史的荣光和伟大时，需要以一种正面的、催人向上的方式来描绘英雄①。“战争”在一定程度上提供了增强民族凝聚力和国家认同感所需要的历史记忆和神话（体育就是和平年代下国家与国家的战争）。英雄主义具有集体性特征，英雄常常表征国家理想；英雄承载国家意识，社会群体通过认同英雄，进而认同国家②。自从有了国家与政治之后，英雄便开始与国家联系在一起。作为国家范式而存在的英雄，与国家政治景观、国家意识形态与国家建设主题高度相关。民族英雄成为中国从帝国向民族国家转型的国家英雄范式，是英雄的政治范式的突出表现形态③。民族英雄是一种高度提纯的符号和象征，是整个国家历史和民族记忆的精华，民族英雄身上所表达的道德传统、政治原则的继承性和时代性为爱国主义提供了坚实的思想基础④。为了欢迎英雄们凯旋，克罗地亚国内做足了一切准备。首都萨格勒布全城交通当天免费，电视台全程直播国家队的庆典。从克罗地亚队的专机进入国内领空的那一刻，克罗地亚军方就派出米格－21战斗机护航，足见隆重程度⑤。世界杯冠军法国队返回首都巴黎时，“高卢雄鸡”乘坐敞篷大巴，从凯旋门出发，巡游香榭丽舍大道，“We are the Champions”响彻法国上空，法国总统马克龙携夫人一道举行官方招待会，欢迎夺得大力神杯的国家队载誉归国，并高度评价了每一名法国国脚在世界杯上的出色表现⑥。

---

① 赵琼，吴玉军．历史记忆与国家认同——基于美国国家认同教育中历史英雄人物符号的塑造问题分析［J］．思想教育研究，2017（7）：101－104.

② 侯微，赵文梁．战争电影中的英雄主义集体记忆与国家认同［J］．成都师范学院学报（综合版），2013（9）：73－76.

③ 宋道雷，周蜀秦．国家英雄：英雄存在的中国范式［J］．南京政治学院学报，2016（5）：26－31.

④ 戴韶华．历史记忆中的民族英雄与社会主义核心价值观建设［J］．渭南师范学院学报，2015（8）：41－46.

⑤ 最高礼遇！克罗地亚派出米格－21战斗机护送足球队回国［EB/OL］．［2018－07－19］．http://www.cqcb.com/headline/2018-07-19/970245_pc.html.

⑥ 欢迎英雄回家！50万人齐聚首都，迎接克罗地亚队回国［EB/OL］．［2018－07－17］．http://www.guancha.cn/sports/2018_07_17_464464.shtml.

第三节　足球世界杯国家认同建构方式

大型体育赛事吸引国际社会的关注，为主办国提供了建构文化和传统的机会。围绕赛事进行的系列文化和社会活动，使国外社会、电视观众和其他媒介使用者形成对主办国强烈的印象。足球世界杯作为仅次于奥运会的世界公认的超级体育赛事，成为塑造国家形象、提升举办城市凝聚力的主要载体。Ohmann等学者研究指出2006年德国足球世界杯提升了国际、国内的认同。Hong① 建议韩国政府自20世纪60年代起利用体育赛事建构国家认同。Heather J. Gibson② 研究指出，2010年足球世界杯在申办期间就伴随着政治目标，对外而言主要是重塑国家形象、国家品牌以及国际地位，对内主要是国家建设和社会转型。赛事期间，地方居民能够获得民族自豪感、幸福感，增强爱国主义和共同体意识，并且提升自我形象。足球世界杯与国家认同建构关系示意图如图4－3所示。

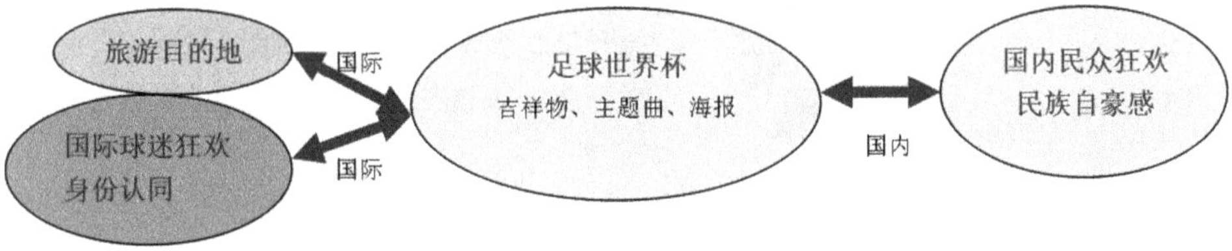

图4－3　足球世界杯与国家认同建构关系示意图

从足球与国家认同建构关系图中我们可以获知，足球世界杯在国际维度上可以塑造主办国旅游目的地的形象和激发国际球迷对足球文化的狂欢与热爱，从而构建身份认同。在国内维度上，主要是引发国内民众对足球文化的狂欢以及强化民族自豪感。对足球世界杯自身而言，主要通过吉祥物、主题曲、纪念币等具有文化符号意义的载体，在国际和国内维度实现足球文化的传播与传承。

---

① HONG E. Elite Sport and Nation－building in South Korea: South Korea as the Dark Horse in Global Elite Sport [J]. The International Journal of the History of Sport, 2011, 28 (7): 977－989.

② GIBSON H J. Gibson. Psychic Income and Social Capital Among Host Nation Residents: a Pre－post Analysis of the 2010 FIFA World Cup in South Africa [J]. Tourism Management, 2014 (44): 113－122.

一、足球世界杯的文化符号表征意义

足球世界杯身份认同的建构主要是通过一系列文化符号的标识进行刻画和描述的，其文化符号的标识主要有吉祥物、主题曲和海报等。

（一）足球世界杯吉祥物

吉祥物作为足球世界杯文化的重要组成部分，具有丰富的文化内涵，既体现了举办国的文化精华，又体现了深邃的球迷文化。从1966年英国足球世界杯诞生第一个吉祥物以来，吉祥物的设计便受到各个举办国的重视，成为举办国文化形象传播的主要符号（表4-3）。

表4-3　历届足球世界杯吉祥物寓意

时间	举办国家	吉祥物	寓意
1966	英格兰		“维利”的造型十分具有时代性，受到全英国人民的追捧，国旗图案的服饰成为整个英国最时尚的元素
1970	墨西哥		“华尼托”（Juanito）作为该届杯赛的吉祥物，主要体现了主办方对于世界杯创新举措和公平精神的理解
1974	联邦德国		“提普”（Tip）和“泰普”（Tap）是唯一一次以两个人物作为世界杯吉祥物，寓示联邦德国团结合作
1978	阿根廷		“高切托”（Gauchito）活泼轻快的表情，寓示百废待兴中的阿根廷期待蓬勃发展的愿望

续表

时间	举办国家	吉祥物	寓意
1982	西班牙		“纳兰吉托”（Naranjito）是西班牙人引以为豪的特产，而将水果拟人化的形象也更可爱，更易被各国球迷熟知
1986	墨西哥		“皮克”（Pique）凸显出墨西哥的民族特色和丰富的特产
1990	意大利		“奇奥”（Ciao－st）将足球和积木有机结合在一起，设计出了一个极具动感的人形，其中足球为头部，积木为四肢和躯体，再辅以意大利国旗的绿、白、红三色，十分富有创意
1994	美国		“射手”（Striker）是一只小狗，它身穿有着美国国旗颜色的红白球衣、蓝球裤和红白间条球袜，脚踩一只足球，表示美国人喜爱宠物
1998	法国		“福蒂克斯”（Footix）象征勇敢的高卢雄鸡，其名字寓意为足球像太阳一样照耀大地。在福蒂克斯的“庇护”下，法国人最终在家门口拿到了世界杯冠军，创造了历史
2002	韩国、日本		“Atmo”精灵，蓝色的精灵叫“尼克”（Nik）、黄色的精灵叫“阿托”（Ato）、紫色的精灵叫“卡兹”（Kaz）。象征着融洽、团结和合作
2006	德国		“GoleoVI”是第一个会说话、唱歌和跳舞的“活”的吉祥物，给人们带来无限惊喜

续表

时间	举办国家	吉祥物	寓意
2010	南非		“扎库米”（Zakumi）代表了快乐、自信、勇敢，寓示足球可以突破语言障碍，吸引全世界人们的参与
2014	巴西		“犰狳”（读音：qiú yú），又称“铠鼠”，寓示桑巴国度充满足球激情
2018	俄罗斯		“扎比瓦卡”代表了迷人、自信、开朗的形象；寓示公平竞赛、尊重队友和对手，以及技巧丰富、目的明确

从历届足球世界杯吉祥物设计来看，它们主要有以下四个方面的特征：一是以举办国动物为原型设计卡通形象，代表有1966年的维利、1994年的射手、1998年的福蒂克斯、2006年的GoleoVI、2010年的扎库米、2014年的犰狳、2018年的扎比瓦卡。二是以人物为原型设计卡通吉祥物，代表有1970年的华尼托、1974的提普和泰普、1978年的高切托。三是以水果蔬菜为原型设计卡通吉祥物，代表有1982年的纳兰吉托、1986年的皮克。四是以太空精灵为原型设计卡通吉祥物，代表有1990年的奇奥、2002年的Atmo精灵。

无论是以动物、人物为原型设计的吉祥物，还是以水果、太空精灵为原型设计的吉祥物，均体现了主办国国家形象的塑造，将举办国国旗的颜色和标志融入卡通形象设计之中，既向国际社会传递了举办国的文化特色、特色物产，又向本国民众传递了丰富的爱国元素。

（二）足球世界杯主题曲

“音乐是由其文化中人们的价值观、态度及信念所共同形成的结果，是一种人类行为过程。”[①] 音乐同语言一样也是用于“表征世界”或者“为世界编码”

① 胡斌．文化认同——音乐人类学研究的重要理论视角［J］．音乐艺术，2010（3）：70－75.

的一种形式，音乐及其实践也是一种对世界的“表现”与“再现”，某种音乐还能进一步满足政治需要，导致文化——政治上的认同①。音乐在各种文化因素中最能标识族群性。我们能够从音乐中体验到某种社会价值观以及社会结构的变迁。置身于音乐的场域能够引起在场人的情感共鸣，能够创设一个基于共同语言、血缘、政治经济利益和文化精神的“想象的社群空间”。音乐的旋律和歌词流露出的情感为人们提供了自我与社群集体生活相互融入、荣辱与共的空间背景，引发了人们心灵深处的情感共鸣。

足球世界杯主题曲亦即这样一种音乐形式，恢宏的比赛现场、万余名场内场外的球迷，他们内心深处的心灵情感体验被音乐的激情点燃，引起人们持久的心理共鸣。正如前国际足联主席布拉特讲到的“全宇宙只有两种语言，一个是足球，另外一个是音乐”②。全世界的两种语言（足球 + 音乐）结合在一起，被运用在全球最盛大的足球世界杯赛场上，其影响力和震撼力无与伦比。

表 4 –4　第 13 ~21 届足球世界杯主题曲

届次	时间	举办国家	主题曲
13	1986	墨西哥	A Special Kind of Hero《别样的英雄》
14	1990	意大利	To Be Number One《意大利之夏》
15	1994	美国	Gloryland《荣耀之地》
16	1998	法国	Do You Mind If I Play《我踢球你介意吗》 La Copa De La Vida《生命之杯》
17	2002	韩国、日本	《风暴》《足球圣歌》 Let’s Get Together Now《让我们走到一起》
18	2006	德国	Hips Don’t Lie《我们生命中的时光》
19	2010	南非	Waka Waka《非洲时刻》
20	2014	巴西	We Are One《我们是一家》
21	2018	俄罗斯	Live It Up《放飞自我》

① 胡斌．现代认同与文化表征中的古琴——以上海古琴文化变迁为个案的音乐人类学研究［D］．上海：上海音乐学院，2009.

② 浦义俊．足球世界杯主题曲的历史流变及其启示［J］．体育文化导刊，2011（3）：143 – 146.

足球世界杯主题曲的发展主要经历了三个阶段，第一个阶段是初创时期，主要以1986年墨西哥足球世界杯主题曲《别样的英雄》为代表，该首主题曲表达了驰骋沙场、奋勇战斗的英雄气概与形象，虽然此首歌曲并未得到官方认证，但仍然留下了马拉多纳英雄主义个人赞歌的烙印。第二个阶段是发展成熟时期，主要以第16～19届足球世界杯主题曲为代表。1990年意大利世界杯主题曲《意大利之夏》塑造了“友谊、拼搏、理想、激情”等足球运动情结。1994年美国足球世界杯主题曲《荣耀之地》风格另类，足球元素的融入并不是很好。1998年法国世界杯主题曲《生命之杯》塑造了主题曲经典，这首歌曲被全世界的人们喜爱并接受，成为很多足球节目用来烘托气氛的首选曲目。第三个阶段是全球化多元发展时期，主要以21世纪之后举办的足球世界杯的主题曲为代表，这一时期，足球世界杯的举办地开始走出欧美，走向亚洲、非洲等地，主题曲的创作体现了多元地域文化的特征。

（三）足球世界杯海报

海报，在英文中对应的单词是“poster”，是信息发布、交流的媒介①。在中国，海报一词来源于旧时上海，用来传达剧目信息、招徕顾客前来观看的张贴物被称作海报。海报作为一种视觉图像，具有符号传播的价值特征。在霍布斯鲍姆看来，系统和仪式的确立至少有三个功能：一是建立无论自然还是人为社团的社会凝聚力，并使其组织成员的关系符号化；二是建立体制、地位或权力关系，并使之合法化；三是提倡社会化、信仰灌输、价值体系和传统行为方式。足球世界杯海报则可以被看作是主办国为了通过举办足球世界杯增强社会凝聚力，而设计的具有鲜明主题的宣传海报，目的是使民众产生视觉说服。这种说服符合美国著名社会心理学家罗杰·布朗（Roger William Brown）提出的观点，即说服是通过设计操纵符号以促使别人产生某种行为②。足球世界杯海报设计的功能是通过图像视觉传播的形式，吸引国际国内的受众关注足球、参与足球、享受足球，向他们传递足球的运动精神，展现举办国的地域文化，获得商业价值。

---

① 费文明．新中国宣传画创作研究［D］．南京：南京艺术学院，2012.

② 付玉竹．新中国宣传画中农民图像的形塑与功用：1949—1976［D］．上海：上海大学，2015.

西方的“足球哲学”包含信念（beliefs）、价值（values）、态度（attitudes）、想法（ideas）、原则（principles）五方面的哲学意义①。从历届足球世界杯海报来看，它们均有上述哲学意义，归纳起来其设计主要有以下特征：一是以足球比赛中的运动为主要特征，这种设计简单，主题突出，能够让观众对海报主题一目了然。二是以足球和世界（地球）的关系为主要特征，重点表现足球与世界的联系，1962 年智利足球世界杯的海报设计明显突出了这一特征，主要表达足球在世界关系构建中的重要作用。三是以足球场地比赛为情境，配以大力神杯，主要突出情境化的场景，这种设计为受众传播了进场观看比赛的情绪效果，1990 年意大利足球世界杯、1998 年法国足球世界杯和 2002 年韩日足球世界杯为典型代表。四是以举办国地域版图为主要特征，突出了举办国的地域文化特征，国旗被巧妙地设计其中。1986 年、1994 年和 2014 年世界杯为典型代表。

1930年乌拉圭世界杯

1934年意大利世界杯

1938年法国世界杯

1950年巴西世界杯

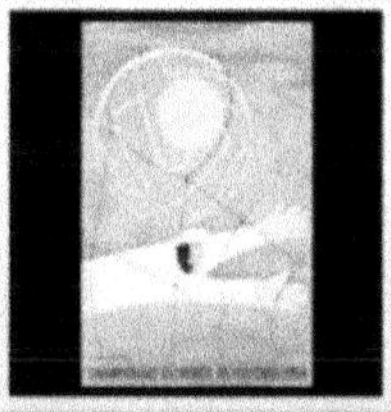

1954年瑞士世界杯

1958年联邦瑞典世界杯

1962年智利世界杯

1966年英格兰世界杯

1970年墨西哥世界杯

1974年德国世界杯

1978年阿根廷世界杯

1982年西班牙世界杯

① 赵强．世界杯足球会徽与海报平面设计研究［D］．苏州：苏州大学，2007.

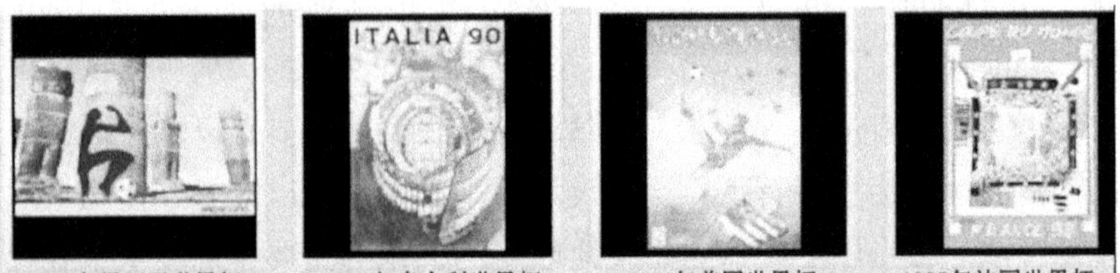

1986年墨西哥世界杯　1990年意大利世界杯　1994年美国世界杯　1998年法国世界杯

2002年韩日世界杯　2006年德国世界杯　2010年南非世界杯　2014年巴西世界杯　2018年俄罗斯世界杯

二、足球世界杯与国际旅游目的地塑造

Roche 指出大型体育赛事为当代社会提供了洞察社会结构、变迁和制度的关键视角，大型体育赛事从时间上和空间上能够为城市形象整体包装和文化建设提供发展的机会，在国际层面上促进当地消费、吸引旅游者，以及为举办国政治和经济带来利益①。重大事件作为国际城市旅游资源的重要组成部分，越来越受到世界各国的高度重视②。正如 Getz 指出的“重大事件强大的号召力可以在短时期内促进事件发生地的口碑获得‘爆炸式’的提升”，能够使事件主办社区和目的地产生较高的旅游和媒体覆盖率、赢得良好名声或产生经济影响③。足球世界杯作为当今世界上规模最大、水平最高、影响力最大、拥有观众人数最多的专项体育赛事，也是世界各国争夺此项赛事举办权的主要原因。足球世界杯作为一项重大事件，成为举办国在国际社会上传播旅游形象的有力工具。

① GAFFBEY C. Mega - events and Socio - spatial Dynamics in Rio de Janeiro, 1919 - 2016 [J]. Journal of Latin American Geography, 2010, 9 (1): 7 - 29.

② 王朝辉，何欢，夏巧云，等. 重大事件对举办地旅游形象的影响——2010 上海世博会为例[J]. 地理研究，2013 (6): 1155 - 1164.

③ 于海波，吴必虎，卿前龙. 重大事件对旅游目的地影响研究——以奥运会对北京的影响为例 [J]. 中国园林，2008 (11): 22 - 25.

游客对目的地的形象认知在一定程度上会影响其未来行为。虽然大型体育赛事具有一次性、短期性的特征，但它们会给提升主办城市的旅游人数增长、国际地位的认知及改善主办国的生活质量带来长期稳定的影响。在足球世界杯举办期间，世界各地游客因为足球的魅力来到东道国，他们能够实地感受东道国的文化，能够零距离触摸足球文化的精髓[①]。2010 年南非足球世界杯，对开普敦居民增进团结、发展国家旅游具有明显的促进作用。Zouain[②] 收集了 2014 年巴西世界杯 6 月 12 日至 7 月 14 日 12 个比赛城市 2678 名国内居民、872 名国外居民的问卷调查数据，主要是了解被调查对象在足球世界杯赛事期间的旅游特征、居民个人消费行为以及赛事正负两方面的影响，结果显示，举办足球世界杯能够激发本国居民和国外居民进行以观赛为主要目的的旅行活动。而举办赛事城市的位置、高昂的旅费、赛事门票购买的难度、公共交通等问题是影响国外居民能否参与观赛的主要因素，过度的公共花费和财政支出是影响本国居民赛事满意度的主要因素。足球世界杯带给韩国社会诸多影响，2002 年足球世界杯期间，230000 位足球迷来到韩国并带来了人均 2242 美元的消费支出，直接影响是产品消费支出 13.51 亿美元，收入 3.07 美元，增加 31349 个就业岗位，为政府带来 7100 万美元的税收收入，以及 7.13 亿美元的价值增值[③]。三星经济研究机构指出，韩国战胜包括意大利、西班牙、葡萄牙、波兰在内的强大的欧洲队，能够给韩国经济带来深远的影响，增强竞争实力和提高品牌形象。2002 年韩日足球世界杯对韩国文化变迁、自然资源开放利用以及文化发展方面带来的效益要更高。2006 年德国世界杯期间大约有 6 万澳大利亚人来到德国，其中多数是没有球票的球迷，他们看重的是一种旅行[④]。南非通过世界杯对城市进行了良好的宣传，让世人对南非对非洲这块神秘的土地充满了想象，充满了期待。以我国为例，旅行社的工作人员指出，2010 年暑期到非洲旅游的人数大幅度增加，去非洲旅游的时间也相应延长到国庆黄金周；另据中国杭州海外旅游有限公司出境旅游中心的经理介绍，南非世界杯结束后南非的行程异常火爆，

---

① 骆正林. 足球世界杯的舆论场域与文化传播 [J]. 北京体育大学学报，2013 (11)：44 – 49.

② LOHMANN P B, VIRKKI K B, DE LAURENTIS CARDOSO G, et al. Analysis of Tourists' Perception During 2014 World Cup in Brazil [J]. Procedia Economics and Finance, 2015 (23): 118 – 122.

③ KIM H J, GURSOY D, LEE S – B. The Impact of the 2002 World Cup on South Korea: Comparisons of Pre – and Post – games [J]. Tourism Management, 2006 (27): 86 – 96.

④ 杨世东. 世界杯足球文化的形成及与主办国文化的互动研究 [D]. 南京：南京师范大学，2011.

报名旅游的人数比之前增加了很多①。B. Knott，A. Fyall，I. Jones② 研究认为，大型赛事为国家品牌形象塑造提供了重要的契机，游客、市民、国际商务成员能够促进国家品牌形象的建设。其中传统媒体和新媒体以及当地市民是影响国家品牌形象认同的两个核心要素。同时，赛事也为市民创造了共享经验的机会，有效增强了公民的国家自豪感和公共意识，有助于国家品牌认同的提升。赛后两年举办城市利益相关者获得的国家品牌形象达到最佳。

三、足球世界杯是球迷的狂欢盛典

狂欢节是一种全民性、大众性的生活常态“倒置”，新文明的发展，会使文化出现倒置。达成同等共识所占用的时间和资源将越来越少，而使人们自由个性得以发挥的节日越来越多，最终人类社会将进入一个以节日为主的时代。如诗人拜伦所言：“快乐者必将取胜。”③

狂欢是充满了生命冲动和创造力量的本源，是理性精神的缔造者。在人类精神历程的求索之途中，狂欢活动客观地存在着，狂欢精神客观地存在着。而对狂欢理论进行深刻而全面的剖析，巴赫金是这一理论的集大成者，其研究的主要内容包括狂欢节、狂欢式、狂欢化④。巴赫金在对西方文化史上的狂欢节传统的追述中，发现了来自民间的节庆活动狂欢节，继而，特别强调人们在狂欢节中所经历的各种狂欢式体验，由这种体验所形成的狂欢式世界观使得人更接近人，并与宇宙融合。狂欢节是一种民间的节日庆典活动。节庆活动（任何节庆活动）都是人类文化极其重要的第一性形式，能够从中发掘出深刻的世界观价值和生存论意义⑤。美国学者伯高·帕特里奇在《狂欢史：从古希腊到二十世纪》中提出了狂欢节之于政治的“安全阀理论”，他认为，狂欢是一种释放，能激起人们对淡然的自我克制的重新追求，它能使过于紧张的人类重新恢

① 杨世东．世界杯足球文化的形成及与主办国文化的互动研究［D］．南京：南京师范大学，2011.

② KNOTT B，FYALL A，JONES I. The Nation Branding Opportunities Provided by a Sport Mega－event：South Africa and the 2010 FIFA World Cup［J］. Journal of Destination Marketing & Management，2015（4）：46－56.

③ 姜奇平．新文明论概略［M］．北京：商务印书馆，2012：256.

④ 宋春香．狂欢的宗教之维——巴赫金狂欢理论研究［D］．北京：中国人民大学，2008.

⑤ 王莉．巴赫金狂欢化理论在俄国［J］．大连民族学院学报，2002（1）：51－55.

复平衡，释放压力，以达到维持现有社会秩序的目的[①]。在既定的狂欢节情境中，全民均可参与其中，每个人都能从狂欢的气息中找寻到属于自己的专属空间，从而释放激情，投入欢快、热烈、狂放的情绪体验中去，引发高涨的集体情绪。在这种情绪共鸣中，所有参与狂欢的人形成了强大的集体认同感和集体荣誉感。

人们在参与狂欢的过程中，能够暂时超脱社会文化的束缚与限制，充分体验生命的自由与快乐的精神[②]。这种精神即被理解为狂欢精神，其自身包括了理性和非理性的成分。随着人类社会摆脱蒙昧，走向文明，狂欢精神中的理性成分逐渐增加，进而推动社会的文明进程。在特定的文化认知环境里，“非理性也是理性”[③]。狂欢精神中理性意识的增长对促进人类社会自身的不断优化、维护社会文明的秩序与权威，具有重要的世界观意义和价值。也正是因为此，足球世界杯才能使世界各国如此之多的人们加入其中，感受狂欢的魅力和独特的价值体验。足球的狂欢可以使观众从运动员百折不挠的进攻、失败后的痛心疾首、胜利后的疯狂拥抱等场景转换中，体验人类原始的生命意识、人本意识和自由观念，能够暂时摆脱工业化、信息化社会的压力，让疲倦、孤寂、困惑的心灵获得片刻的释放和抚慰[④]。

足球世界杯被认为是仅次于奥运会的世界第二大体育节庆活动，为人类的狂欢提供了时空媒介。世界杯传播的最高境界是构建并维系一个有激情、有意义、无歧视、无战争，能够容纳人类狂欢行为的世界杯文化世界[⑤]。在这个文化世界中，媒介传播将球员、球迷、观众联结为一个想象的共同体，通过镜头巧妙地转换、回放等传播技术向每一位参与者传递激情、狂欢、自由、平等、团结、合作、竞争、悬念等真情实感，把亿万观众联结成一个为世界杯而狂欢的共同体。

---

① 伯高·帕特里奇．狂欢史：从古希腊到二十世纪［M］．刘心勇，杨东霞，译．上海：上海人民出版社，1992：2.

② 苏晖．论人类文明发展中狂欢精神与理性的辩证关系［J］．华中师范大学学报（人文社会科学版），2006（5）：121－125.

③ 赫伯特·马尔库塞．审美之维［M］．李小兵，译．南宁：广西师范大学出版社，2001：82.

④ 骆正林．足球世界杯的舆论场域与文化传播［J］．北京体育大学学报，2013（11）：44－49.

⑤ 陈立勇．仪式观视域下的世界杯传播［D］．沈阳：辽宁大学，2011.

毫不扭捏地宣布，我爱世界杯①

中央电视台中文国际频道的主持人徐莉在《毫不扭捏地宣布，我爱世界杯》一文中提道："我的世界杯之旅开始于央视对世界杯的第一次转播，应该是1990年的意大利之夏。也许是开幕式上那场浪漫新奇的时装秀，撩拨了我对古老传奇的意大利的浓厚兴趣，抑或是看台上千万球迷的痴心癫狂，引发我对足球比赛的强烈好奇，总之，那年的夏天，我是守在电视机前陪着世界杯一起度过的，并体会到了世界杯作为社会生活的一个独特载体所呈现出的独特魅力。"因为世界杯，几万人在同一时空怀着庄严与神圣同唱国歌，那是怎样的震撼。没有哪种体育比赛会在赛前展示如此强烈的国家概念，让为国效力成为场上战士最原始的精神动力。政治家可以卸下所有的包装，展露一个普通人的真实性情。在1998年法国世界杯赛场上，法国总统希拉克挥舞球队的围巾连蹦带跳，载歌载舞，那种浑然的忘我构成政治舞台上不可复制的世界杯传奇；在2006年德国世界杯时，历来刻板的德国总理默克尔却像少女一样雀跃欢呼，把一个政治家彻底还原成了普通世界杯球迷。虽然世界杯比的是一场球，呈现的却是不同国家的文化与民族特性。

2002年世界杯，塞内加尔战胜上届世界杯冠军法国，历史上这个法国殖民地举国狂欢，堪称一次国家独立精神的复活②。Hyun Jeong Kim，Dogan Gursoy，Soo－Bum Lee③通过对2002年韩日足球世界杯研究，指出在足球世界杯比赛期间，尤其是有韩国队比赛的轮次，2200万韩国人聚集在中央大街上观看韩国队比赛，这种呐喊助威折射了民众对国家的热爱。每一个主办城市在赛事期间都会安排本国的特色文化活动，满足国内和国际球迷的需要。韩国足球世界杯组委会在10个比赛城市组织了系列文化活动，例如足球世界杯广场，这为国内外球迷提供了聚会场所，举办多种不同形式的文化庆祝活动。韩日足球世界杯期间，韩国球迷助威组织"红魔拉拉队"，给世界留下了的深刻印象。

韩国红魔啦啦队

"红魔"最初是在1995年由PC通信的足球爱好者团体组织而形成的，1997年通过会员集体会议最终确立"红魔"（RED DEVIL）的名称。1998年从法国世界杯开始这个规模组织应援活动就陆续开展起来，逐渐成长为一个俱乐部性质的球迷助威团体。2002年据韩国KBS电视台统计，当时全韩国身穿红魔球衣的人数达到了800万，红魔铺天盖地的气势，让每一个前去韩国观看世界杯的球迷都感到深深的震撼。2002韩日年世界杯后，时任总统金大中对红魔给予了这样的评价："红魔其实成了

① 徐俐．毫不扭捏地宣布，我爱世界杯［J］．世界知识，2010（13）：66.

② 刘桂海．足球世界杯的政治生命力［J］．人民论坛，2010（12）：34－36.

③ KIM H J，GURSOY D，LEE S－B. The Impact of the 2002 World Cup on South Korea：Comparisons of Pre－and Post－games［J］．Tourism Management，2006（27）：86－96.

一种文化现象，不仅仅代表韩国足球，也代表韩国的民族精神。通过世界杯，它为韩国的社会进步和民族团结做出了重大贡献。”韩国足协前主席郑梦准赠予的一座水晶奖杯上写道：“希望红魔成为韩国足球的一张名片，走向世界。”红魔助威的方式主要包括热舞、呐喊和欢歌。第一，热舞。红魔们看球，从头到尾都是站着，伴随着节奏喊口号，同时向前伸出双手，每只手只伸出大拇指和食指，这是韩国红魔的招牌式动作。手里摇着国旗或红头巾，伴随着节奏一边欢唱，一边跳着、扭动着，这是红魔们的另一个招牌式的动作。满场都是太极旗在翻飞，满眼都是红色的律动。第二，呐喊。红魔们喊得最多的几个字是“大韩民国”。伴随着鼓点，伴随着场上的比赛节奏，形势吃紧时，他们喊“大韩民国”，鼓励将士为国奋战；对方进攻时，所有红魔高举双手，向前重重落下，嘴里同时喊一声：“唔!”，那是想以声音阻吓对方的进攻。第三，欢歌。当红魔歌唱起来时，会让人忘记这里是个竞技场。他们巧妙地用歌声表达着自己的情绪。他们常在序幕开启之时唱起《欢乐颂》，来祈祷胜利。当韩国队场上形势吃紧时，场上总是传出那首闻名的《阿里郎》，歌声迅速鼓动着台上的每一个角落，群情振奋，也迅速感染着场上的将士们。

2006 年当意大利队获得世界杯冠军后，无论是意大利球员还是现场的球迷都进入忘我的境界，他们像朝圣一样亲吻“大力神”杯①。Mark V. Jones② 在 2010 年足球世界杯期间访问了 59 名（47 男，12 女）英国球迷、32 名（19 男，13 女）西班牙球迷，结果表明，在足球世界杯期间，英国球迷和西班牙球迷都会因为他们各自的球队胜利和失败而表现出非常有意义的情绪变化。Heather J. Gibson③ 通过对 2010 年南非足球世界杯举办前后给举办国居民带来的精神收益和社会资本进行分析，结果认为，精神收益可以有效观测与赛事相关的自豪感和幸福感，社会资本代表了社会凝聚力。研究收集了赛前 3 个月 5 个主办城市 1749 名地方居民、赛后 8 个月 2020 名地方居民的数据，结果显示，从赛前到赛后，主办城市居民的精神收益非常明显，尤其是男性和南非黑人获得的精神收益最高。

---

① 骆正林．足球世界杯的舆论场域与文化传播［J］．北京体育大学学报，2013（11）：44－49.

② JONES M，COFFEE P，SHEFFIELD D，et al. Just a Game? Changes in English and Spanish Soccer Fans' Emotions in the 2010 World Cup［J］. Psychology of Sport and Exercise，2012（13）：162－169.

③ GIBSON H J. Psychic Income and Social Capital Among Host Nation Residents：a Pre－post Analysis of the 2010 FIFA World Cup in South Africa［J］. Tourism Management，2014（44）：113－122.

绿茵，王者保利文化年世界杯狂欢季①

“绿茵，王者，6月激情保利——2010年保利文化年世界杯暨电影节狂欢季”活动，围绕世界杯展开系列文化推广活动。在参与过程中，选手们在身上画上自己的国旗，获得奖杯是时亲吻奖杯，胜利时分男人哭得“泪飞顿作倾盆大雨”，女人哭得“梨花一枝春带雨”，球迷们通宵狂欢，走上街头练成一片。

足球世界杯与国家历史、国家地位紧密相连。

足球与德国历史②③

足球反映了二战后的德国历史。“现在德国的最高影响力被分成了两半，一半归君特·内策尔（1972年足球先生），另一半归总统。”1954年瑞士世界杯上，联邦德国队在伯尔尼万克多夫体育场举行的决赛中，战胜了强悍的匈牙利队，赢得世界杯冠军，史称“伯尔尼奇迹”。它对整个德意志民族产生了巨大影响，世界杯赛场上所体现出的“德国精神”一定程度上为德国的“经济奇迹”做出了贡献，而足球场上的胜利也成为战后“德国复兴”的标志之一。小说家托马斯·曼曾经说过，如果要在德国化的欧洲和欧洲化的德国之间选择的话，足球选择了后者。

世界杯不仅是世界足球的庆典，同时也是人类文化与文明的盛典。每逢世界杯，各种肤色的人们欢聚在一起，享受这场空前的文化盛宴。世界杯期间密集的信息传播、华丽的视觉景观、放大的核心价值，营造出神圣、崇敬的氛围，使人们集体陷入一场精神盛宴和乌托邦的幻想之中④。

南非世界杯⑤

世界杯选择南非“最充足的理由就是政治需要”。这种需要体现在非洲建立足球家园，让足球的统治力渗透到非洲的每个角落，通过世界杯给这个历史上饱受凌辱、多灾多难的国家以认同感和归属感，建构国家、民族的认同。巴西是世界公认的“足球王国”，足球已经融入巴西人的生活，并创造出丰富多彩且极具活力的足球文化，其文化影响力远远大于政治、经济。英国作为现代足球的发源地，经过100多年的发展，足球已经浸透到英国社会的各个角落，足球在英国与其说是体育运动，不如说是一种体育文化。意大利则是一个将足球的狂野和时尚完美结合在一起的国度，足球成了“文化与人生的舞台”。在这些国家里，足球已经远远超越了单纯的体育运动项目范畴，而是一种涉及政治、经济、文化、哲学以及生活方式的社会文化现象。

---

① 邓伟．巴赫金“狂欢化”理论下的体育诠释［J］．小说评论，2012（3）：258－260.
② 刘桂海．足球世界杯的政治生命力［J］．人民论坛，2010（12）：34－36.
③ 马欢．德国足球史与国家史［J］．新经济，2014（3）：25.
④ 骆正林．足球世界杯的舆论场域与文化传播［J］．北京体育大学学报，2013（11）：44－49.
⑤ 岑潇．世界杯的足球文化与足球文明［J］．文史春秋，2010（7）：1.

四、足球与国家建设的历史传统

足球跟教育、大众媒介一样，是人类历史上一个伟大的文化单元，通过全世界塑造和巩固了国家认同①。19 世纪末 20 世纪初足球在欧洲、拉丁美洲等国际社会传播，许多国家通过足球确定了国家边界和形成了文化认同。现代化的进程（工业化、城市化、大范围移民）打破了旧有的社会体系和原有社区之间的文化联系。现代社会需要用新的途径团结完全不同的人们，构筑“想象的共同体”。共享的语言、教育和大众媒介成为现代社会传播现代国家的概念的重要文化工具。每一个国家都创造了一个官方历史，纪念与敌对势力抗争而产生的英雄人物。更深意义上来讲，流行文化为国家建设提供了美学和理想化元素的丰富资源。体育赛事，尤其是足球比赛，成为最重要的助推器。来自国家不同地区的足球队在国内是竞争对手，但是在国际赛场上，队伍代表了现代国家，队员穿着印有国旗的衣服，赛前奏唱国歌，大众媒介技术使得国家每一个角落的人们都能够通过观看电视或者收听收音机分享这一时刻。从全球政治的视角来看，足球图景的现代化有两个阶段，第一是霸权支配从英国转移到欧洲，第二是在 FIFA 内成长起来的现代足球新世界。

英格兰也许是最复杂的利用足球促进国家认同建设的国家，英国足球是以工人阶级为中心而形成足球流行文化。正如我们看到的，英国对这项运动的长期的规则和实践，促使其保持主人翁地位。

苏格兰国家认同是与足球和国家独立于英格兰的过程绑定在一起的。在传统发展时期足球表现出强烈的、男子气概的、工人阶级的文化，民族和宗教的分离一直在爱尔兰问题中酝酿。苏格兰和英格兰之间的足球比赛被认为是具有独立功能的苏格兰国家机器。苏格兰的现代性、足球经济严重受英国的影响。苏格兰 20 世纪 70 年代开始的晚期现代化被看作是深化了与英格兰足球竞争的表现——原油的发现、政治上民族主义的爆发，和 90 分钟爱国者的文化批评。从后现代的环境来看，苏格兰足球和社会广泛聚焦于新的欧洲和全球历史视野，有助于苏格兰政府的建立。苏格兰继续支持英格兰的每一个对手，甚至是德国，作为一个认同建构技术上的反应。

与英联邦的矛盾不同。德国足球缺乏史前神话，足球协会被低收入者主导

① GIULIANOTTI R. football, a Sociology of the Global Game [M]. Cambridge: Polity Press, 1999.

着，直到20世纪30年代。许多俱乐部被新的白领工作者主宰着，例如秘书、销售助理和工程师，他们的组织塑造了独有的学生联谊会和值得尊重的社会。德国足球中世纪早期的现代化中，这种支配性的霸权被工人阶级挑战。从后现代语境中观察德国的统一，只要国家队一直获胜，足球爱好者就会站在支持国家的一面。球迷的行为反映了国家民族主义的建构过程，这可能是基于制度的融合。

在南美，阿根廷足球用来形塑国家传统和国家认同。1931年阿根廷足球比赛进入职业化阶段，足球成为国家神话的符号象征。足球是1945—1955年庇隆统治时期最重要的民粹主义工具，然而，20世纪50年代至60年代早期现代化时期，国家队的失败导致阿根廷经济政治边缘化。阿根廷国家队在1958年世界杯决赛中6比1输给捷克斯洛伐克队，严重挫伤了国内人民的精神。在20世纪70年代的晚期现代化中，军事斗争、政治隔离摧毁了国家地位，随后20世纪80年代阿根廷危机出现了显而易见的两种对立发展模式。一方面是传统主义，传承拉丁风格打法，强调诚实和图景（spectacle），另一方面是现代实用主义打法，主要是欧洲的技术和组织形式。如今阿根廷足球和社会进入后现代时期，政治上的新保守主义和财政政策鼓励电视积极促进国内比赛债务问题的解决。

在乌拉圭，足球成为国家认同建构的高效工具。初期乌拉圭和阿根廷的足球都是被英国精英和地方职业人控制，同一时期，大批移民从欧洲移入乌拉圭首都蒙得维的亚，几乎没有文化符号将新的乌拉圭人以一个国家的形式团结在一起，但是足球很快弥补了这个真空。乌拉圭早期现代化的国家队，是通过赢得1924年、1928年奥林匹克金牌而逐步建立起来的，1930年举办世界杯，1932年国内足球开始了职业化联赛。乌拉圭在1950年进入现代化时期，当年乌拉圭2比1战胜巴西赢得世界杯冠军。乌拉圭这样一个人口不多的国家建设了大批现代足球场。

《足球与克罗地亚民族主义，战争的序曲》① 认为足球成为国家之间的战争。1969年中美洲萨尔瓦多和洪都拉斯之间的足球比赛，可以看作是打破两国沉默的主要事件，这一比赛被媒体描述为两国之间的“足球战争”，两国长期以来在国土边界上的争论、洪都拉斯对萨尔瓦多经济优势地位的憎根、洪都拉斯土地改革政策威胁到了居住在这里的萨尔瓦多居民等，均通过两国之间的足

① SACK A L, SUSTER Z. Soccer and Croatian nationalism: A Prelude to War [J]. Journal of Sport & Social Issues, 2000 (3): 305 - 320.

球比赛体现了出来。1969 年 6 月，洪都拉斯和萨尔瓦多的足球比赛，胜出者将直接进入 1970 年的墨西哥足球世界杯。很多由于洪都拉斯土地改革政策被迫离开洪都拉斯的萨尔瓦多人集聚在国土边界上，毫不惊奇的是，两国之间的政治紧张在赛前的几个月就已经剑拔弩张了。其中一场比赛在萨尔瓦多举行，整场比赛充斥着暴力。媒体报道说，几个洪都拉斯球迷被杀害，大量球迷受伤，汽车被毁，洪都拉斯球迷被踢打，几个女性被强奸。之后的一周，反萨尔瓦多极端主义者在洪都拉斯举行了知名的“Mancha Brava”大规模游行活动，要求驱逐居住在洪都拉斯的萨尔瓦多难民回到他们的家乡。6 月 25 日，萨尔瓦多政府发表声明指责洪都拉斯的行为。7 月 14 日，萨尔瓦多军队入侵洪都拉斯，开始了 5 天的战争，千万人死伤，十万萨尔瓦多人无家可归。足球并不能直接导致这场战争，却是洪都拉斯和萨尔瓦多矛盾冲突的导火索。正如学者 Sugden and Tomlison 提到的：“体育，尤其是足球，已被证实是表达国家认同的独特场域，是国家民族主义的动员方式。”足球为千万球迷提供了集体认同、情感归属、价值认同和神话创造的文化认同机会。它允许球迷在公开场合宣布他支持谁、反对谁。这远远超出了体育的边界和范围。也正是由于此，体育常常被看作是政治统治的有效工具，而安德森 1983 年将一个国家定义为“想象的共同体”，这非常有助于解释体育和民族主义的关系。

第五章 国际职业体育赛事与国家认同

本研究还关注到以美国超级碗、国际四大职业高尔夫球赛事和国际四大网球公开赛为代表的职业体育赛事，虽然这些职业体育赛事无法与奥运会、足球世界杯这两个超级体育赛事相提并论，但是从体育赛事结构体系以及赛事的职业化、商业化、品牌化、国际影响力、媒介化等角度来分析，这些职业体育赛事却有着其自身显著的特征。首先，这些职业体育赛事项目在国家体育发展系统中占有重要的地位；其次，对于四年一届的奥运会和足球世界杯而言，并不是所有国家都能够获取其赛事举办权；最后，对于国家体育发展而言，一年一度的职业体育赛事更有利于促进本国职业体育的可持续发展。因此，在选择体育赛事时，笔者并没有完全把研究视域仅局限于奥运会、足球世界杯等超大型体育赛事，而是也考虑到职业体育赛事，它们代表着国际职业体育赛事发展的主流和方向，剖析它们的发展历程和认同建构特征，更有利于把握国际职业体育发展趋势，从而为处于深化改革阶段中的中国职业体育发展之路提供值得借鉴的经验。

第一节　职业体育赛事发展概况

一、美国超级碗

超级碗（Super Bowl）是美国国家橄榄球联盟的年度冠军赛，获胜者获得国家橄榄球联盟年度最好球队头衔。这个比赛一般在每年一月最后一个星期天或者二月第一个星期天举行，每一年的举办地点在美国不同的城市。

1920 年美国职业橄榄球联盟（American professional football league）成立，1922 年更名为国家职业橄榄球联盟（National Football League，NFL）。在早期，人们觉得职业橄榄球比赛不如大学橄榄球比赛精彩，许多早期的职业橄榄球运动员都有工作。很多人选择或者喜欢到他们所在地的高中或者大学观看橄榄球比赛。1960 年，美国橄榄球联盟（American Football League，AFL）创建了它们自己的电视台并转播比赛，1966 年美国橄榄球联盟同意和国家橄榄球联盟合并，名字定为国家橄榄球联盟（NFL）。联盟分为两个区域：美国橄榄球联合会（American Football Conference）和国家橄榄球联合会（National Football Conference）。1967 年第一届超级碗锦标赛就在两个联合会的冠军球队之间进行。1969 年第一次使用超级碗这一名字。

超级碗奖杯的名字是文斯·隆巴迪杯（Vince Lombardi Trophy）。隆巴迪是绿湾包装工队（Green Bay Packers）的教练，他曾带领球队获得首届和第二届超级碗的冠军。他 1970 年死于癌症，同年，为纪念隆巴迪卓越的执教成就，超级碗奖杯以他的名字命名。

超级碗的届别是以罗马数字标记的，自 1967 年至 2020 年已经举办了 54 届，发展为全美最受关注的体育赛事。在超级碗发展的 50 年的历程中，形成了以下赛事传统和特征。

（一）具有鲜明的赛事品牌符号标识

超级碗徽标（LOGO）代表了赛事强大的品牌价值，非常有助于赛事认同的建立。超级碗徽标是国家橄榄球联盟品牌的重要组成部分，为联盟创造了相当可观的品牌收益。

（二）创造了巨大的赛事商业经济体

橄榄球队从门票销售、特许食品、饮料和纪念品，商业许可费用，电视转播权中获得收益。同时主场球队还从销售的食品、饮料和体育馆停车费中获取利益。2013 年 NFL 的收益超过 90 亿美元，在美国四大职业联赛中排名第一；第二是棒球联盟，77 亿美元；第三是篮球联盟，43 亿美元；第四是国家冰球联盟，30 亿美元①。

（三）演化为一个大赛事

超级碗已经不仅仅是一个橄榄球赛事，它还给球迷带来了非常好的观赛体验。赛事徽标由罗马数字组成，非常醒目，球迷能够一眼识别出来。赛事奖杯也在比赛现场展览给观赛者，同时观众还能有国家橄榄球联盟（NFL）体验、超级碗大道体验、停车场野餐聚会的机会。除了上述价值增值的体验外，国家橄榄球联盟（NFL）还增加了其他相关的具有吸引力的游戏活动。比如赛前几天开设的具有互动性质的橄榄球主题公园，一直持续开放到比赛日，包括游戏、针对孩子的橄榄球诊断测试、与球员自拍像、许可售卖品等。成人票价 25 美元，小孩 20 美元。2012 年超级碗村（Super Bowl Village）还会有音乐会、游戏和免费娱乐活动。2013 年将超级碗村改名为超级碗大道（Super Bowl Boulevard），并在新奥尔良使用。

（四）中场秀

超级碗是美国国家美式足球联盟的冠军赛，它还有一个更响亮的称号——美国春晚。除了比赛十分精彩之外，还有震撼的中场秀（表 5 - 1）。超级碗中场秀（The Halftime Show）由早年的队列行进展示，演变为一个巨大的摇滚音乐会，令人惊奇的是，演员并不从演出中获得报酬。国家橄榄球联盟（NFL）为演出支付 60 万美元的费用，但是中场秀通常会花费几百万美元，例如助唱、音乐师等的费用，演员会作为赞助商负担额外的支出。

---

① FLATT L. Economics of the Super Bowl［M］. New York：Crabtree Publishing Company，2013.

表 5 – 1　超级碗中场秀表演嘉宾一览表

时间	嘉宾	表演内容
1991	惠特尼 – 休斯敦	开幕式国歌 *The Star – Spangled Banner*，现场球迷手举国旗欢呼
1993	迈克尔·杰克逊	90 秒一动不动，经典的太空舞步，洛杉矶的 3500 名儿童演唱了歌曲 *We Are the World*，舞台中央升起地球。九万多名观众一起欢呼，观众席出现手拉着手的小朋友图案
2002	U2	演唱 *MLK* 时，舞台上的屏幕滚动播放着“9·11”遇难者的名字，舞台中央闪着心形图案，给人民一个温暖的安慰
2004	珍妮·杰克逊、贾斯汀·汀布莱克	珍妮·杰克逊露乳事件在美国引起了轩然大波，负责节目转播的哥伦比亚广播公司被处以 55 万美元的罚款。而珍妮和贾斯汀也被要求，如果不向观众道歉，将不被允许参加当年的格莱美
2007	Prince	*Let's Go Crazy*，*Best of You*，唤起了美国观众 20 世纪 80 年代的摇滚记忆。特别经典的是，在唱到 *Purple Rain* 高潮的时候，真的下起了大雨。被美国公告牌杂志评为十佳表演的榜首
2011	黑眼豆豆	*I Gotta Feeling*，*Boom Boom Pow*
2012	麦当娜	*Music*，*Vogue*，*Sexy and I Know It*
2013	碧昂斯	*Halo*，*Love On Top*
2014	布鲁诺·马尔斯	有史以来登上超级碗最年轻的歌手
2016	Lady Gaga	开幕式演唱国歌
2017	卢克 – 布莱恩，Lady Gaga	国歌演唱嘉宾邀请了著名乡村音乐艺人、“白牙叔”卢克 – 布莱恩献唱，中场献唱嘉宾则是 Lady Gaga
2018	贾斯汀·汀布莱克	Pink 演唱美国国歌
2019	Maroon 5	魔力红这个被誉为新灵魂摇滚的乐队站上超级碗中场秀的舞台，用另类摇滚打造了一个震撼的世界
2020	詹妮弗 – 洛佩兹、夏奇拉	*She Wolf*，*On The Floor*，*Waka Waka* 等经典歌曲

注：根据官网资料整理而成。

（五）采用主办城市申办制度

国家橄榄球联盟（NFL）会提前四年决定主办城市。32 支国家橄榄球联盟球队老板作为投票委员会代表，在申办城市陈述报告结束后进行投票，竞争非常激烈，目的是选择最好的城市举办超级碗比赛。国家橄榄球联盟对申办超级碗比赛城市的要求有：主办城市需要有充足资源，例如体育馆座位数量超过 7 万个，体育馆周边 1 小时范围内至少有 24500 个旅店房间，两个额外的 200 万平方米的赛事广场，在超级碗赛事期间举办球迷参与的系列活动。同时，主办城市还要提供超级碗大道（一个玩游戏、品尝食物和举办自由音乐会的区域）和 NFL 体验区（展示橄榄球技术和举行专门的活动）。此外，举办城市或者所在地区还需要拥有一支国家橄榄球联盟的球队。基于上述申办条件，并不是所有的城市都能满足这些要求，所以市场上称超级碗为寡头垄断，只有少数城市能够参与。申办技巧是申办成功的重要保证，例如申办城市印第安纳波利斯在申办过程中，选择了 32 个 8 年级的孩子，每个孩子配有一位监护人，给 32 支国家橄榄球球队老板送上申办书，正是因为这种创造性的申办技巧，波利斯顺利获得了超级碗的举办权。新奥尔良圣徒队副总经理讲道："超级碗赛事能够为举办城市社区提供数周前所未有的媒介覆盖，社区的人们会整年讨论这一赛事，当然，毫无疑问，也会给举办城市带来数百亿的经济收入。"

美式橄榄球自 1965 年跃升为美国第一运动，该运动核心在于项目文化与国家文化深度融合，即橄榄球运动文化与广大观众最有文化共鸣的话题——爱国主义联合。在超级碗的赛前和中场秀中，均进行空军表演，"Ameirican Thanks"给予国家英雄荣誉，这一刻，在比赛场地，橄榄球比赛、国家英雄有机融为一体，成为观众表达爱国主义的绝佳场所。例如 2002 年 FOX 在超级碗赛前节目中，打出了"Heros，Hope and Homeland"口号，通过这种富有文化共鸣的口号，鼓励刚刚经历"9·11"事件的美国人民对国家要充满希望，要团结起来，为了祖国，向英雄致敬。一部电影、一场比赛、一首歌曲可能改变人的人生观、世界观。这种威力只有传媒和教育两个领域独有。任何传媒或内容产业要持续积极发展，其内核必须与人类社会积极向好的方面发展的需求相结合，也就是必须持续释放以正能量为内核的内容。美国橄榄球运动时刻将自己与民族、国家文化绑定在一起，以英雄主义、普世价值、爱国主义为内核，追求国家层面的需求，引起广大球迷对这项运动的共鸣。

二、职业高尔夫球赛事

对于高尔夫球职业球手而言，当前最有影响力的四大国际赛事分别是美国公开赛、英国公开赛、PGA 锦标赛、美国大师赛。

（一）美国公开赛（U. S. Open）

美国高尔夫球公开赛（United States Open Championship）简称美国公开赛，由美国高尔夫协会（USGA）主办，是高尔夫球四大满贯赛事之一，该赛于每年的 6 月中旬举办，赛事总奖金是 1200 万美元，其中冠军奖金是 216 万美元。从赛事总奖金看，美国公开赛位列四大赛第一位；从赛事冠军奖金来看，美国公开赛也是位列四大赛第一位。美国公开赛主要经历了以下发展阶段。

1. 开创时期（1894—1918 年）

1895 年 10 月 4 日，第一届美国公开赛在 Newport 9 洞高尔夫乡村俱乐部举行，有 10 个职业球员和 1 个业余球手参加了 1 天 4 轮共 36 洞的比赛。美国公开赛开创后的前 10 年，并未引起人们的关注。1900 年后，知名英国球手参赛，才使得赛事逐渐被重视。

这一时期，美国正处于从农业社会向城市工业社会迈进的时期，美国社会的结构和价值观进入了一个新的发展时期。进入美国的欧洲移民给美国城市注入了不同风俗习惯、语言。

20 世纪初的美国高尔夫仍然保留着苏格兰高尔夫的文化传统，诸如查尔斯·布莱尔·麦克唐纳（Charles Blair Macdonald）、瓦尔特·特拉维斯（Walter Travis）、Chick Evans 成为这一时期著名球手。但是美国并没有自己的高尔夫球英雄人物，直到 1913 年的美国公开赛上，名不见经传的弗朗西斯·奥梅特（Francis Ouimet）击败了英国的高尔夫明星哈利·瓦登（Harry Vardon）和泰德·雷（Ted Ray），他的成功极大地引起了民众的关注，为美国高尔夫时代的来临奠定了坚实的基础。

2. 黄金时期（1919—1930 年）

第一次世界大战结束后，美国社会进入了新的发展时代。20 世纪 20 年代，美国社会在消费和财富方面获得了前所未有的增长。自动化、电子化的出现与广泛应用，以及电影事业的发展使得美国进入了一个新的发展时代。查尔斯·

林德伯格（Charles Lindbergh）、查理·卓别林（Charles Chaplin）、鲁道夫·瓦伦蒂诺（Rudolph Valentino）成为美国青年一代的偶像。与此同时，体育领域的英雄人物形象要比其他行业更突出。例如棒球传奇明星贝比·鲁斯（Babe Ruth）、网球明星比尔·蒂尔登（Bill Tilden）、重量级拳击运动员杰克·邓普西（Jack Dempsey）、橄榄球明星莱德·格兰吉（Red Grange），这些优秀的体育明星以他们高超的运动技艺和富有魅力的个性赢得了观众的认可。但是很少有人能够达到甚至是超越鲍伯·琼斯（Bob Jones）在体育技能、人格魅力方面的国家关注度。高尔夫运动员 Gene Sarazen、Walter Hagen、Glenna Collett 在大众媒介的传播下，也越来越多地出现在赛事中。

3. 第二次世界大战期间的萧条时期（1931—1945 年）

1929 年美国股市市场的崩盘导致了美国的经济大萧条，接连数日的股价大跌和抛售也使得大萧条时期出现美国国家信任危机。这种状况一直持续到罗斯福总统实施了新政之后，国家经济才开始缓慢爬升。第二次世界大战之后美国才成为世界强国。1930 年鲍伯·琼斯（Bob Jones）退休后发起了高尔夫竞赛，填补了空白。但自从他退休后，高尔夫竞赛参与者出现了明显的变化。20 世纪 20 年代，职业高尔夫球手 Walter Hagen 获得冠军，且赢得了很高的社会声誉。同时，女性参加高尔夫竞赛的人数出现了前所未有的增加，尤其是在职业高尔夫水平的赛事中，高尔夫球员诸如帕蒂·伯格（Patty Berg）、拜伦·尼尔森（Byron Nelson）、贝贝·迪德里克森·扎哈丽娅斯（Babe Didrikson Zaharias）、萨姆·史立德（Sam Snead）在战后高尔夫公开赛中崭露头角。

4. 复苏时期（1946—1959 年）

1945 年 9 月第二次世界大战结束，盟军获得胜利，美国也越来越强盛。美国新总统杜鲁门，一个来自密苏里州的健谈的总统，实施了与罗斯福完全不同的政策，修订了军人安置法案，国家重建并在未来和平中获得发展希望。随着内战结束，职业体育第一时间获得了重返舞台的机会，棒球明星 Ted Williams 和 Bob Feller、拳击手 Joe Louis、高尔夫球员帕蒂·伯格以及其他优秀运动员重返赛场继续他们的运动员职业生涯。然而，最伟大的复苏当属本·霍根（Ben Hogan），他在经历车祸之后还获得了 1950 年美国公开赛冠军，贝贝·迪德里克森·扎哈丽娅斯（Babe Didrikson Zaharias）患结肠癌后又重返 1954 年女子公开赛赛场。他们的勇气、信心和力量鼓舞着民众，他们也成为新一代美国人的英雄偶像。

5. 超级帝国时期（1960—1989 年）

20 世纪 60 年代冷战时期，世界被分为美苏两大阵营，这种社会矛盾影响并渗入了美国政府和社会的方方面面，影响着美国对外、对内的政策，以及军事政策与文化传播，引起了公众深深的恐惧、不安。两个超级帝国的霸权政治也渗入了体育领域，圣弗朗西斯巨人队对洛杉矶奇球队、洛杉矶湖人队对波士顿凯尔特人队、穆罕默德・阿里对乔・弗雷泽。在高尔夫领域，一位是高尔夫球之王阿诺・帕玛（Arnold Palmer），另一位是黄金熊创始人杰克・尼克劳斯（Jack Nicklaus），他们白热化的竞争遍及高尔夫球场、会议室，他们的竞争决定了高尔夫全新时代的发展水平。

6. 全球化时期（1990 年至今）

1989 年柏林墙的倒塌成为美苏结束冷战的标志，苏维埃社会主义政权的解体使得西方更加寻求民主社会的发展。美国成为世界超级帝国的中心，伴随着欧洲的统一，世界也发生了变革，数字革命、商业全球化使得国家、企业和个人之间的联系越来越紧密。全球化时代的来临影响着世界体育的发展，尤其是美国职业体育联盟。各国球手加入国家冰球联盟、国家棒球联盟，美国职棒大联盟成员数量的增长带来了竞赛质量和竞赛新模式的改变。高尔夫比赛吸引了众多国际球手，这既给美国本土高尔夫球手带来新的挑战，同时又推动了赛事的改革与发展。

（二）英国公开赛

英国公开赛始于 1860 年，是高尔夫四大满贯中历史最悠久、最古老的赛事，前 12 届公开赛固定在 Prestwick 海滨球场举行，之后移师到圣安德鲁斯（St. Andrews）老球场。英国公开赛由英国圣安德鲁斯皇家古典高尔夫俱乐部（Royal and Ancient Golf Club）主办，每年 7 月的第三个周末举办。2017 年是第 146 届英国公开赛，赛事总奖金为 1025 万美元，其中冠军奖金是 184.5 万美元。从赛事总奖金来看，英国公开赛位列四大赛第四位；从赛事冠军奖金来看，英国公开赛也是位列四大赛第四位。

英国公开赛早期的冠军奖品是一根名叫“应战皮带”（Challenge Belt）的腰带[①]。从 1872 年开始，英国公开赛的奖品又增加了一块银质的“金牌”。19

① 150 年风雨兼程记录英国高尔夫球公开赛历史［EB/OL］．［2010－10－21］．http：//sports.sina. com. cn/golf/2010－10－21/16245262016. shtml.

世纪 80 年代，奖牌样式经过数次改动，也没有形成一个固定的外形构造。直到 1893 年奖牌的外形变为圆形，才形成了确定的奖牌造型。这之后，其大小和外形就再没有更改过。

现在英国公开赛轮值举办球场有 9 个，均是林克斯风格球场。4 个位于苏格兰（卡诺斯蒂高尔夫球场、圣安德鲁斯老球场、皇家特轮高尔夫俱乐部和坦伯利球场），4 个在英格兰（皇家莱瑟姆 - 圣安妮高尔夫俱乐部、皇家利物浦高尔夫俱乐部、皇家伯克戴尔高尔夫俱乐部和皇家圣乔治高尔夫俱乐部），1 个在北爱尔兰（皇家波特拉什高尔夫俱乐部）。

（三）PGA 锦标赛

PGA 锦标赛（PGA Championship）创立于 1916 年，在四大满贯赛中奖金总额位列第二①。PGA 锦标赛是四大满贯的压轴赛事，于每年的 8 月份举办。1916—1957 年采取比洞赛的竞赛方式，1958 年至今为四轮 72 洞比杆赛的竞赛方式。

PGA 锦标赛赛事总奖金为 1050 万美元，其中冠军奖金是 189 万美元。从赛事总奖金来看，PGA 锦标赛位列四大赛第三位；从赛事冠军奖金来看，PGA 锦标赛位列四大赛第三位。PGA 锦标赛以其丰厚的总奖金和冠军奖金以及最高水平的参赛选手，吸引着全世界所有职业球手、业余爱好者和媒体的关注。

（四）美国大师赛

美国大师赛（The Masters）是世界男子职业高尔夫四大赛之一，创办于 1934 年。自创办至今仅 1943—1945 年三年间未举办比赛。美国大师赛于每年的 4 月份举行（每年四月的第一个完整周），且是唯一固定在美国奥古斯塔国家高尔夫球场举行的大赛。美国大师赛总奖金 1100 万美元，其中冠军奖金是 198 万美元。从赛事总奖金看，美国大师赛位列四大赛第二位；从冠军奖金来看，美国大师赛也是位列四大赛第二位。

三、职业网球赛事

对于网球职业选手而言，最有影响力的网球四大满贯赛事是英国温布尔登

① PGA 锦标赛从 2500 美元开始［EB/OL］.［2005 - 08 - 11］. http：//sports. sina. com. cn/s/2005 - 08 - 11/0940635426s. shtml. .

网球公开赛、美国网球公开赛、法国网球公开赛、澳大利亚网球公开赛。

（一）温布尔登网球公开赛

温布尔登网球锦标赛（Wimbledon Championships，或简称“温网”）创办于1877年，是网球运动中历史最悠久和国际社会声望及影响力最高的赛事，也是网球四大满贯中唯一的草地比赛。温网举办地在英国伦敦郊区的温布尔登，比赛通常安排在澳大利亚网球公开赛和法国网球公开赛之后，美国网球公开赛之前，是每年度网球大满贯的第3项赛事。比赛在每年的6月至7月间进行。

全英俱乐部是一个私人门球俱乐部，成立于1868年。1875年，由Major Walter Clopton Wingfield设计的草地网球游戏被允许加入俱乐部活动。1877年春天，该俱乐部改名为全英草地网球和门球俱乐部，并举行了第一个草地网球锦标赛——温网。至今已有140余年历史的温布尔登公开赛在四大满贯中历史最悠久，这也让温网特别有厚重感。不过与其他网球赛事相比，温网的特色非常明显，主要体现在以下方面。

1. 有传统代表色，并有着装要求

温网要求球员穿着白色网球服以表示对英国王室的尊重，这是四大满贯赛中唯一对球员着装颜色有规定的赛事。此外，女选手在整个赛事中，其姓之前被冠以“小姐”或“夫人”（如主裁判宣报比分时），而男选手则直呼其姓①。

比赛对于观众的要求则是男性观众不能穿短裤，女性不能戴帽子。

2. 温网的种子排位比较有特色

和其他三项大满贯不一样，温网可以不完全按照世界排名来定种子排位，因为这项赛事是由一个私人俱乐部在经营。从2001年开始，温网的种子排位由一个委员会决定。他们将参考这些球员过去几年的草地表现，再根据其世界排名的高低排出种子位置。

这个特殊的计算方式是：以温网开始前一周的世界排名积分作为基础，另外再加上过去12个月的所有草地赛事的积分，以及在此前的12个月中最好的草地赛事积分的75%。每个赛季的草地赛事数量有限，因此这个方式能照顾到那些擅长在草地作战的球员。温网这个种子排位计算公式同时也提高了女王杯、纽波特、海尔托亨博思等草地赛事的重要性。因为这些赛事中的每一场胜利，

---

① 温布尔登网球公开赛简介［EB/OL］.［2010－03－10］. http：//blog. sina. com. cn/s/blog_65c96f900100hn97. html.

都可能帮助球员在全英俱乐部获得更好的种子排位。

3. 零广告

温网场地除了几大主要赞助商外，其外观几乎和一百多年前的温布尔登一模一样。这在一定程度上表明了英国人对网球传统的尊重和理解，这或许正是温网的魅力所在。

（二）美国网球公开赛

美国网球公开赛（U. S. Open）简称“美网”，是四大满贯赛事之中最后进行的赛事，比赛时间通常为每年的 8 月底至 9 月上旬。美国网球公开赛包括男子单打、女子单打、男子双打、女子双打和男女混合双打五项，赛事期间也贯穿青少年组的比赛。

美国网球公开赛第一届比赛（仅男子比赛）于 1881 年 8 月在 Rhode Island 的 Newport Casino 举办，赛事名称为“U. S. National Singles Championship”，比赛对参赛者有明确要求，只有入会的美国国家草地网球协会（United States National Lawn Tennis Association）会员的俱乐部能获准参加比赛，而且只有男子单打，从那时起纽波特作为网球中心连续举办了 34 年的网球赛。1968 年美网正式被列为四大公开赛之一。1978 年，比赛场地移至现今位于 Flushing Meadows 的球场（USTA 国家网球中心）。美网的独特性体现在以下几个方面。

1. 职业网球商业化程度高

美国社会是高度商业化的社会，职业网球商业化程度也很高，总奖金是四大公开赛中最高的，奖金总额高达 600 多万美元。美国公开赛大部分球场均设有照明设备，这为电视转播、推动网球商业化提供了保证。美国网球公开赛因其高额奖金，吸引着世界各地的高手参加。

2. 创办美网系列赛

为了鼓励球员参赛，美网组委会在 2004 年创办了美网系列赛，由 ATP 赛事和 WTA 赛事组成。

（三）法国网球公开赛

法国网球公开赛（French Open）简称“法网”，是每年继澳大利亚网球公开赛之后第二个进行比赛的大满贯赛事。法网的举办地在巴黎罗兰·加洛斯球场，比赛时间通常为每年的 5 月或 6 月。法国网球公开赛创办于 1891 年，赛事创办之初称作“法国网球锦标赛”（French Championships），只允许法国的网球俱乐部成员参加，是唯一一个在红土球场上进行的大满贯比赛。1925 年，法网成为一项国际性赛事并首次对全世界的网球选手开放。

法国网球公开赛已经有 120 多年的历史了，其主要特色为红土赛场。红土场是慢速球场，球会弹得很高，而且旋转很强。在红土上比赛还要求选手有很好的体能，因为得每一分都很难，板数很多。

（四）澳大利亚网球公开赛

澳大利亚网球公开赛（Australian Open）简称“澳网”，是网球四大满贯赛事中相对比较年轻的一个赛事。澳网是四大满贯赛事中最早进行比赛的一项赛事，比赛时间通常为每年一月份的最后两周。比赛地点为澳大利亚墨尔本体育公园的硬地网球场。

澳大利亚网球公开赛创办于 1905 年，最初的比赛名称为“澳大利亚锦标赛”（Australasian Championships），比赛创办至今已经有 110 多年的历史。1924 年，国际草地网球协会（ITLF）正式确认澳大利亚网球锦标赛为大满贯赛事。在 1968 年网球运动进入职业化发展道路之后，澳大利亚网球锦标赛就被国际网球协会列为了四大公开赛之一①。1969 年，澳网正式迈入公开赛时代，比赛名称也被正式更改为澳大利亚网球公开赛（Australian Open）。

第二节　国际职业体育赛事国家认同的建构方式

超级碗、职业高尔夫球赛事、职业网球赛事对国家认同的塑造途径和方式与奥运会、足球世界杯相比，具有明显的项目文化特性，对于这些项目文化特性的认识和了解有助于我们更好地认识职业体育赛事与国家认同之间的互动关系，为正在进行的中国体育职业化改革提供些许思路或借鉴。从三个职业体育赛事成长的历史轨迹中，我们可以洞悉其项目文化传承与国家发展之间密不可分的联系。

① 澳大利亚网球公开赛［EB/OL］. http：//www. 360doc. com/content/14/0126/16/4801113_ 348130712. shtml.

图5－1　超级碗、职业高尔夫球赛事、职业网球赛事与国家认同建构关系示意图

从超级碗、职业高尔夫球赛事、职业网球赛事认同关系的建构中，我们可以看到，首先，作为世界公认的大满贯赛事，有着固定的举办国、举办城市乃至举办赛场，从这一点看，赛事本身就已经暗含了国家认同，赢得世界各地职业球手的认可。其次，无论是从总奖金设置，还是从提升球员自身知名度而言，作为高度职业化和商业化的大满贯赛事，就像一个巨大的磁场，吸引着世界各地的球员，成为他们执着追逐的梦想舞台。同时，项目博物馆和名人堂的建设，也成为项目文化传承与认同建构的主要载体。再次，职业高尔夫球赛事和网球赛事通过赛事历史文化传统的传承来凝聚国内民众，固化赛事与国家叙事、国家发展之间的紧密关系。最后，这些职业体育赛事均形成了稳固的球迷“一代又一代”（Generation Upon Generation）的传承机制。

一、固定的赛事举办地强化着国家形象与认同

从上述国际职业体育赛事的发展特征来看，这些职业体育赛事均有着相对稳定的举办地点，即有着固定的举办国、举办城市乃至举办赛场，这是与奥运会和足球世界杯赛事最明显的区别之一。

体育是一个国家和城市的名片，是新的国家和城市的“形象建设者”（Image Builders）。很多国家和城市都通过举办体育赛事提升国家形象和城市形象。例如职业高尔夫赛事中的美国公开赛、英国公开赛、PGA 锦标赛、美国名人赛，职业网球赛事中的英国温布尔登网球公开赛、美国网球公开赛、法国网球公开赛、澳大利亚网球公开赛，单从赛事名称中就能感知“国家”在场，同时也成为赛事举办国家或者城市的符号标识，这种符号标识通过媒介的传播，直接强

化了观众对赛事举办国和举办城市的认知，激起国内民众的国家自豪感。另外，固定的赛事举办地能够为国家和城市建设带来持久的发展动力。举办国和城市可以利用体育赛事进行长期的国家和城市规划建设，增强国家和城市品牌建设，打造旅游目的地，吸引游客。同时，这些赛事还能为举办地的经济发展注入经久不衰的动力，促进就业和居民经济收入，增进社会融入，凝聚社区情感，形成稳定的社区认同，从而促进国家认同的建设。

二、高度职业化、商业化的媒介赛事提升举办地国际认知度

21 世纪是见证体育赛事对经济产生巨大影响的时代。全球商品化和媒介化带来了体育赛事尤其是顶级职业体育赛事的黄金发展期。运动员的全球流动带来了高水平比赛以及促进赛事旅游目的地建设，吸引着全球观众的目光。例如职业高尔夫球赛事以及网球赛事，高额的赛事奖金吸引着世界各国的顶尖选手，同时也成为各国球迷关注的重大体育事件。顶级选手间的比赛为赛事举办地、赛事组织者的商业化运作提供了巨大的利润空间。运动员、举办地和赛事组织者以及国际项目协会之间形成了一个赛事产品生态循环圈，它们共同推动赛事的运作与发展，促进了赛事的国际化、专业化和商业化发展，提升了赛事的国际认知度。

在全球体育市场中，足球、美式橄榄球、棒球、方程式赛车、篮球、冰球、网球、高尔夫球等项目成为体育市场发展的主力军，引领着全球体育市场的发展方向（表 5 -2）。美国的四大职业体育联盟均在全球体育市场中占有一席之地，美式橄榄球占比最高，仅次于足球。

表 5 -2　全球体育市场一览表　　（单位:%）

项目	足球	美式橄榄球	棒球	方程式赛车	篮球	冰球	网球	高尔夫	其他
占比	43	13	12	7	6	4	4	3	8

数据来源：Lizann Flatt. Economics of the super bowl. Crabtree Publishing Company，2013。

通过收集美国超级碗比赛的相关数据，由表 5 -3 至表 5 -5，可以更清晰地了解到美式橄榄球赛事的超级魅力。从每年一度的超级碗比赛观众人数、电视转播权费用以及球迷消费支出等数据来看，超级碗比赛在美国体育商业帝国中

颇具代表性，是一个高度职业化、商业化、国际化的赛事平台，其影响力已经从美国扩展至全球，从而成为表达与建构美国梦的最佳场域。

表5－3　美国超级碗比赛观众人数一览表　（单位：万人）

年份	2000	2001	2002	2003	2004	2005	2006	2007	2008	2009	2010	2011	2012
参与人数	72635	71921	72922	67603	71525	78125	68206	74512	71101	70774	74774	91060	68658

表5－4　美国职业橄榄球联盟电视转播权

合同期	电视转播权机构	总费用/年度价值
2014—2022	FOX，NBC，CBS， +ESPN/ABC	MYM28billion/MYM3. 1billion +MYM2billion
2006—2013	ESPN，NBC	MYM10. 2billion/MYM1. 7billion
2006—2011	CBS，FOX	MYM8billion/MYM1. 3billion
1998—2005	CBS，FOX，ABC，ESPN	MYM17. 6billion/MYM2. 2billion
1994—1997	NBC，FOX，ABC，ESPN/TNT	MYM4. 3billion/MYM1. 1billion

注：数据来源于美国肯特州立大学 Dr. Theresa Walton－Fisette 教授的《体育与媒介》课程讲义，2017 年9 月26 日。

表5－5　2012 年超级碗比赛观众（非当地居民）花费占比一览表　（单位:%）

项目	旅馆	购物	食品和饮料	租车	娱乐	其他地面交通	其他
占比	24	24	20	11	10	6	8

数据来源：Lizann Flatt. Economics of the super bowl. Crabtree Publishing Company，2013。

四大高尔夫球公开赛和四大网球公开赛作为高度职业化和商业化的国际单项职业赛事，其赛事总奖金和冠军奖金连年增长，吸引着全球顶级球员的参与，也吸引着世界上大量球迷的关注，具有高度商业价值，广告赞助、媒体转播、门票和特许商品销售是四大职业赛事的主要收入来源，其中媒体转播占比最高（表5－6～表5－9）。

表 5－6　四大高尔夫球公开赛总奖金　　（单位：万美元）

赛事名称	总奖金	冠军奖金
美国大师赛	1100	198
美国公开赛	1200	216
英国公开赛	1025	184.5
PGA 锦标赛	1050	189

注：本表数据来源于各公开赛官方网站。

表 5－7　四大网球公开赛总奖金一览表　　（单位：万美元）

奖金	2011	2012	2013	2014	2015	2016	2017	2018	2019
澳网	2500	2680	3000	3100	3250	3575	3653	3592	3951
法网	2500	2670	2950	3300	3695	4400	4303	4825	4848
温网	1930	2600	2970	3300	3500	3700	4070	4657	4921
美网	2370	2550	3430	3830	4300	4630	5400	5300	5700

数据来源：杨文礼．四大网球公开赛的共生效应研究［J］．南京体育学院学报，2017（1）：58－62。

表 5－8　四大网球公开赛男女单打冠军奖金一览表　（单位：万美元）

奖金	2011	2012	2013	2014	2015	2016	2017	2018	2019
澳网	220	230	235	265	310	385	241	261	291
法网	130	142	165	188	205	220	272	270	261
温网	145	150	210	230	245	260	285	308	304
美网	180	190	260	300	330	400	370	380	385

数据来源：杨文礼．四大网球公开赛的共生效应研究［J］．南京体育学院学报，2017（1）：58－62。

表 5－9　2015 年四大网球公开赛总收入　　（单位：亿美元）

项目	总收入
澳网	1.88
法网	2.19
温网	2.05
美网	2.91

数据来源：央视网，2017 年 9 月 10 日。

四大高尔夫球公开赛和四大网球公开赛还建立了合作共赢、互惠共生的发展关系。从赛事总奖金和冠军奖金设置来看，四大公开赛的总奖金有着一定的差别，表现为相互竞争与促进关系。从赛事场地类型来看，四大网球公开赛的场地由不同性质的四种场地构成，场地类型的多样性既增加了比赛的激烈程度，也满足了球迷的体验需求。从赛事时空的共生效应来看，四大网球公开赛的举办时间分别为澳网 1 月底 2 月初、法网 5 月底 6 月初、温网 6 月底 7 月初、美网 8 月底 9 月初。四大高尔夫球公开赛的举办时间分别为美国大师赛 4 月份、美国公开赛 6 月份、英国公开赛 7 月份、美国 PGA 锦标赛 8 月份。赛事的时空分布特征充分保证了全球顶级球员有足够的时间调整体力和精力，保证了每一个公开赛的精彩和卓越，从而塑造赛事的文化传统和国际社会认同。

三、超级体育偶像传播着项目的核心价值

当代社会日益增长的以媒介为中心的文化，为体育提供了更加富有活力和生动的参与体验感受。体育明星是社会生产的构成部分，是媒介视野中的理想目标。将明星体育成绩和个人人格结合起来，可以引起普通民众的共鸣。大型体育赛事则是重要的剧场，通常采用分离或者离开、比赛胜利、回归融入社会三种方式表达英雄叙事。英雄是神话叙事的核心特征，代表着某一意识形态的建构场域。媒介以比赛中的故事叙事这一独特叙事脚本，塑造了一个又一个赛场上的超级体育英雄，成为一代又一代球迷心中永久的传奇。

超级体育英雄形象是一个社会产品，是制度结构安排的结果，是生产实践，代表着生产和消费关系。国际职业体育赛事是塑造超级体育英雄的舞台，从 2017—2019 年福布斯运动员收入 TOP10 排行榜中，我们可以感受到体育明星所

具有的超级影响力（表5-10）。

表5-10　2017—2019年福布斯运动员收入排行榜　（单位：美元）

排名	2019年			2018年			2017年		
	姓名	项目	收入	姓名	项目	收入	姓名	项目	收入
1	梅西	足球	1.27亿	梅威瑟	拳击	2.85亿	C罗	足球	9300万
2	C罗	足球	1.09亿	梅西	足球	1.11亿	詹姆斯	篮球	8620万
3	内马尔	足球	1.05亿	C罗	足球	1.08亿	梅西	足球	8000万
4	苏尔·阿瓦雷兹	拳击	9400万	康纳麦格雷戈	MMA	9900万	费德勒	网球	6400万
5	罗杰·费德勒	网球	9340万	内马尔	足球	9000万	杜兰特	篮球	6060万
6	拉塞尔·威尔逊	NFL	8950万	詹姆斯	篮球	8550万	安德鲁·拉克	橄榄球	5000万
7	阿隆·罗杰斯	NFL	8930万	费德勒	网球	7720万	罗里·麦克罗伊	高尔夫	5000万
8	詹姆斯	NBA	8900万	斯蒂芬·库里	篮球	7690万	斯蒂芬·库里	篮球	4730万
9	斯蒂芬·库里	NBA	7980万	马特莱恩	橄榄球	6730万	詹姆斯·哈登	篮球	4660万
10	杜兰特	NBA	6540万	马修斯塔福德	橄榄球	5950万	刘易斯·汉密尔顿	赛车	4600万

超级体育明星会引起民众的狂欢。当运动员获得大满贯赛事的冠军，举起并亲吻奖杯的那一刻，无数球迷都会为之感到自豪和骄傲，这一刻，全世界的球迷都被凝聚在一起，处于想象的共同体之中。泰格·伍兹取得大满贯冠军之后，得到了无数的赞扬，当时的总统克林顿亲自打电话祝贺，美国的杂志、报纸、新闻对这个年轻冠军的报道铺天盖地①。伍兹成为多民族国家的象征，成为稳固“连续叙事”的根本，被看作是美国人民的“新儿子”，代表着想象中未来与当下的美国社会，由此，伍兹也成为美国企业和市民眼中的新模式②。

① STARN O. The Passion of Tiger Woods—An Anthropologist Reports on Golf, Race, And Celebrity Scandal［M］. London: Duke University Press, 2011.

② ANDREWS D L, JACKSON S J. Sport Stars: The Cultural Politics of Sporting Celebrity［M］. New York: Routledge, 2001.

李娜法网夺冠①

2011 年，李娜创纪录的在法网夺冠后，登上国内各大媒体报道的头版头条。继央视《新闻联播》创纪录的用三分钟的篇幅来报道李娜夺冠的消息外，央视另外一个收视率靠前的名牌新闻栏目《焦点访谈》也不约而同的制作了李娜夺冠的专题节目《“娜”是奇迹》，主持人在开场白中这样说道：李娜这个名字带给了中国带给了世界太多惊喜，在法国网球公开赛女单决赛的赛场上李娜战胜了上届冠军斯齐亚沃尼，改写了世界网坛的历史，成为第一个捧起大满贯赛事单打冠军的亚洲选手。延续了一百多年的大满贯赛场第一次被一个中国人改写了，大满贯赛场上第一次奏响了中国国歌。世界三大通讯社美联社、路透社、法新社以及美国《纽约时报》、雅虎体育、英国《卫报》等世界知名媒体对李娜夺冠做出的积极评价。美联社报道说“中国人终于捧得期待已久的大满贯单打冠军奖杯。”路透社报道说“李娜用胜利将亚洲写在大满贯的地图上。”法新社报道说“历史的创造者李娜为中国夺下法网。”美国《纽约时报》报道说“李娜在下周的世界排名中将达到第四的高度，预计有数以千计的观众通过电视转播来观看比赛，而李娜这个已经家喻户晓的名字，将可能为未来带来一场新的革命。”雅虎体育称这是“突破性的一天”。英国《卫报》报道说“让重大变革来临，本周六李娜在法网创造了历史，她成了一个赢得大满贯单打冠军的中国选手。”

李娜澳网夺冠②

2014 年 1 月 25 日，李娜终于在第三次进入澳大利亚网球公开赛决赛时赢得冠军。她夺冠的消息不仅登上了《新闻联播》，也登上了《人民日报》头版。《光明日报》《解放军报》纷纷在头版刊登李娜澳网夺冠喜讯。全国各地多家报纸，也在头版大幅登载李娜捧起澳网奖杯的照片，为“中国娜”喝彩欢呼。《人民日报》报道说：“第三次进入澳大利亚网球公开赛女单决赛的中国球手李娜，2:0 战胜斯洛伐克选手齐布尔科娃，成为 41 年来首位超过 30 岁的澳网女单冠军，同时也成为首位获得澳网单打冠军的亚洲球手。这是李娜继 2011 年获得法网女单桂冠后第二次获得大满贯冠军。

超级体育英雄往往成为一个国家乃至国际社会球迷崇拜的偶像，他们代表着项目的文化，传播着项目的核心价值。体育明星的英雄崇拜成为一种常态，球迷对球星有着极大的兴趣，尤其是非运动方面的，比如说性格特征、社会行为特点等。2017 年澳大利亚网球公开赛男单决赛，纳达尔与费德勒两大天王对决，为世界球迷奉献了一场精彩绝伦的超级比赛。赛后费德勒讲道：“网球比赛中没有平局，但如果有平局的话我会在今晚和拉法共享。”③ 他的这番话感动了

① 《焦点访谈》：梦想成真　李娜改变世界网球历史［EB/OL］.［2011－06－06］. http://sports.163.com/11/0606/23/75TF64R200051CDG.html.

② 李娜夺冠登《人民日报》头版 横扫媒体头版头条［EB/OL］.［2014－01－26］. http://sports.ifeng.com/zonghe/special/2014aowang/zhongguo/detail_2014_01/26/33376114_0.shtml.

③ 惺惺相惜！费德勒：我愿与纳达尔共享奖杯［EB/OL］.［2017－01－29］. http://sports.qq.com/a/20170129/012260.htm.

全世界的球迷，诠释着网球运动的文化精髓，拉近了球迷和网球运动的距离，固化着球迷对网球运动的认同。

四、项目名人堂、博物馆成为神话叙事的认同殿堂

项目名人堂和博物馆的神话叙事（storytelling）反映了一个国家或者城市体育和休闲追求的文化社会学意义，是一个集聚教育、历史、文化、旅游功能的公共文化空间。它不仅仅建构过去，更利用高度符号化、识别化的体育符号唤起参观者积极的体育认同情感，实现对现在和将来生活的建构。

项目名人堂和博物馆重构了体育历史，利用高度符号化、识别化的体育符号或体育认同唤起参观者的积极国家情感，成为教育、怀念和乐于分享的公共消费场所。这些地点不仅仅是回顾历史，而是建构了体育遗产、传统、传奇、纪念、神话和记忆。项目名人堂和博物馆的艺术品（例如奖杯、服饰、用品、规则等）能够激起参观者的特殊反应，并使他们产生“情感关联”“情感表达”。不仅仅是因为名人堂的历史意义，而且名人堂能够通过展品自身的价值表征能力，激起参观者内心深处的情感共鸣和集体记忆或共同情感，进而呈现出一种特别的功能。

名人堂是一个冠军永存的地方，是一个欣赏的地方，一个值得认真品析的地方①，是一个展示胜利的场所，试图通过连接过去与现在，保存和执行过去非常值得骄傲和记住的事件，是最好的复制技术、梦想、浪漫和情绪的场所。名人堂是体育活动的传经堂，追求塑造国家体育传统的个人英雄主义传奇和浪漫色彩。名人堂通过各种历史文献展现文化记忆、国家记忆，为参观者提供了一个情绪表达的平台——纪念过去，尊重个人荣耀，获得独特的文化体验。例如美国名人堂中展示了美国国家英雄，教育功能极强，目标对象是青少年。在学校，历史成为必修课，学习美国历史成为重点。美国历史的杰出特征在于建构和明确广为流传的“美国化”运动，通过美国化运动提升国家民族主义。创建名人堂，不仅仅可以提升民族自豪感和爱国主义，同时也体现了梦想和期望，通过艺术、教育和城市美化，教育美国人民。在美国名人堂爱国主义的展览背景下，美国人把运动项目视为历史文化符号，代表了国家文化的自豪感。Mac-

① KOHE G Z. Civic Representations of Sport History: the New Zealand Sports Hall of Fame［J］. Sport in Society, 2010, 13 (10): 1498 - 1515.

Crackeen 指出，名人堂除了具有教育功能以外，还要为爱国纪念仪式服务①。名人堂不仅仅是纪念过去，它还能够激发人们对运动项目的兴趣，增加体育人口。

因此，每一位入选名人堂的运动员都代表着自己以及国家的无限荣耀，使民众获得骄傲与自豪感。世界高尔夫名人堂位于美国佛罗里达州圣奥古斯丁的“世界高尔夫村”内，是美国职业高尔夫球员协会巡回赛机构（PGA Tour）建设的一个特殊的纪念馆，用来表彰纪念那些对世界高尔夫运动发展有着杰出贡献的人士，激励世界各地的高尔夫球手和爱好者。世界高尔夫名人堂展示了在高尔夫领域发展中作出贡献的人物和事件，具有非凡的意义②。国际网球名人堂（International Tennis Hall of Fame）位于美国罗得岛州纽波特，于 1954 年由美国人詹姆斯·范艾伦创立，主要表彰那些在网球运动中取得过卓越成绩或者为网球运动的发展作出过巨大贡献的人。1986 年获得国际网球联合会承认，是一座非营利的网球名人纪念馆和世界最大的网球博物馆。美式橄榄球名人堂（PRO FOOTBALL HALL OF FAME）位于美国俄亥俄州坎顿市。这里是一个历史、文化、商业紧密融合的地方，记录了美式橄榄球产生、发展以及职业化、商业化发展的历程，展厅设计与项目文化紧密结合，处处体现着责任（commitment）、诚实（integrity）、勇气（courage）、尊重（respect）、卓越（excellence）的项目核心价值。同时，1999 年位于坎顿的橄榄球名人堂发行球迷名人签证，这是为了奖励那些使橄榄球商业成为可能和忠诚于联盟的消费者顾客。每一年都有 32 个人获得球迷名人堂的荣誉，每一个荣誉球迷代表一支橄榄球队（国家橄榄球联盟 32 支球队），入选的每一位球迷都要求写下 50 字以内的阐述：我为什么能够代表我的球队及球迷出现在名人堂里。这一做法将球迷和球队以及项目发展紧密联系起来，创设了想象的共同体，成为实现个人梦、美国梦的重要场域。

五、赛事历史传统打造着独特的认同价值

职业体育赛事，无论是职业高尔夫球四大满贯还是职业网球四大满贯，它们都有 100 多年的发展历史。高尔夫球和网球各自的四大赛事历经百余年的发

① FRISS E J. From University Heights to Cooperstown：Halls of Fame and American Memory［J］. Journal of Archival Organization，2005，3（4）：87－104.

② 世界高尔夫名人堂——高尔夫历史的见证［EB/OL］.［2010－06－29］. http：//blog. sina. com. cn/s/blog_ 62e 019080100jirh. html.

展，经受工业革命，第一、二次世界大战，一些国家内战，信息革命，全球化与现代化的挑战与洗礼，每一赛事都在传承与创新中寻找前进的动力，调适着与国家、国际社会耦合发展的轨道。

英国公开赛始终传承着苏格兰绅士贵族的传统，有着阶级区分的标志。美国公开赛在创立之初就流淌着苏格兰高尔夫文化血统，伴随着美国社会进入了新的发展时代，美国公开赛的发展也经历了黄金时期、萧条时期、复苏时期、超级帝国时期，达到了现在的全球化时期。

温布尔登网球公开赛在网球四大满贯中历史最悠久，温网的文化传统传承得非常好：第一，有传统代表色，并有着装要求。第二，温网的种子排位比较有特色。第三，零广告。让置身其中的球迷能够体验到一百多年前在温布尔登看球的场景，在英国人看来，真正的网球不需要掺杂任何的装饰。

法国网球公开赛主要特色体现在红土赛场上，也正是因为其球场特色，它也成为四大满贯赛事中网球明星最不易征服的场地，也成为诸多球星心中永远的“痛”。

六、一代又一代的球迷认同

笔者在美国访学的一年时间里，利用与美国本地人生活在一起的便利研究条件，采用深度访谈法，通过日常生活观察和日常谈话以及访谈记录，总结出了美国球迷“一代又一代”（Generation Upon Generation）的认同传承机制。

Chris，男，律师，66 岁。他回忆道：“小时候，父亲下班回来，就带上我们一起去球场观看比赛。我结婚后，有了两个女儿，一个儿子，我也经常带着我的孩子们去球场看球，女儿也一起去，只不过她可能不如儿子对球赛更感兴趣。1940—1955 年，我们基本上是代代居住在一个地区的同一个社区。每到体育比赛日，我们一大家人就都聚到爷爷奶奶家，一起看球。但后来随着经济发展，人们开始选择到外地工作，比如去 10 ~ 20 千米以外的地方上班，我小时候随着父母搬离了爷爷奶奶的社区，到了 10 千米远的地方，每周或者每两周见到爷爷奶奶一次。比如我的女儿，一个在西雅图，一个在克利夫兰，儿子在得克萨斯州工作，而我在阿克伦。我很喜欢一本书，名字叫《我们的部落》（*Our Tribe*），这是一个体育记者撰写的父子之间的棒球故事，这本书之所以打动我，是因为书中描写的故事和我自己的亲身经历一样，唤起了我的共同情感。这名记者进一步解释说，这本书的题目之所以用‘tribe’（部落），是有助于理解一个大的社区，从而理解为何一个人钟情于一个球队。他告诉我，从历史上来讲，小学主要讲的是国家历史，从社区角度来讲，主要靠体育将他们凝结在一起。他下午要到阿克伦附近的酒吧参加一个球迷活动，要穿上一件黄色 T 恤，这样进入酒吧后才能和大家交谈，如果不穿 T 恤衫，只穿平常衣服的话，给人感觉会怪怪的，可能不太容易融入这个团体。他还讲到，美国政府支持棒球、橄榄球、篮球、冰球等团队体育运动，是因为军事目的，如国家的军事建设。他的女朋友平常对体育比赛并不是很感兴趣，但是 2016 年 NBA 篮球总决赛克利夫兰骑士队在詹姆斯的带领下夺得总冠军时，他和女朋友在城中的广场上观看大屏幕转播，当骑士队获胜的那一刻，女朋友也疯狂地跟着现场的球迷一起庆祝。”

Wilson，男，60 岁。在 Chris 的介绍下，我认识了球迷 Wilson，他讲道：“我们家里有兄弟姐妹 8 人，父亲在部队当兵时获得了乒乓球锦标赛冠军，爷爷在 19 世纪 90 年代从爱尔兰移民到美国，爷爷喜欢棒球，这是他们那一代移民寻求认同的一种方式。我们全家都是积极的体育参与者，我本人打网球，每周 3 次，一直坚持骑自行车上班 20 多年，我还打垒球（softball），受父亲的影响，也打乒乓球，爱看奥运会乒乓球比赛，我的姐姐爱足球，还有一个妹妹在中国的大学当老师。我的儿子在马萨诸塞州教课，爱好击剑，女儿是花样滑冰爱好者。我们全家人还是橄榄球、棒球、篮球的忠实球迷，我们一家人会聚在一起观看克利夫兰棒球队的比赛和篮球队的比赛。我们拥有世界上最优秀的篮球明星詹姆斯，我们都为他自豪。”他写了一篇文章，题目为“tribal identity”，他解释之所以选择这个词，是因为美国是一个移民国家，文化多样化，群体多样化，为了更加准确地表达他们当地人对球队的认同，所以用“tribal”这个词，用以区别于其他人群的认同。

Corner，男，30 岁，律师，生活在匹兹堡，是匹兹堡钢人队（Pittsburgh Steelers）的铁杆球迷。认识 Corner，是因为我跟他的母亲 Heidi 非常熟悉，Heidi 告诉我，她儿子上初中时非常喜爱打篮球，而且运动技术也非常好，但是因为发育晚，身高长得慢。在教练挑选队员进入校队训练的时候，会优先选择高和技能方面比较好的男生，这样，以 Corner 为代表的发育较迟的男孩子的竞争优势则不明显，虽然球技很好，但也不能继续参加学校的训练，她为此感到非常生气。她说体育对孩子的成长非常有帮助，参与体育运动是每一个孩子的权利，不能因为孩子发育较晚，就失去继续参与体育训练的资格。从她自身而言，她说应该改革美国的初高中体育训练系统，应该给每一个孩子继续参与体育锻炼的机会。发育迟的孩子也能有机会继续参加训练，这样就不会把任何一个具有天分的孩子埋没。Corner 给我展示了他收集的体育明星卡片和体育画报，满满的几大箱子卡片，整齐地存放在阁楼上，这些卡片涵盖了多个运动项目的体育明星，还有橄榄球画报。他告诉我很多卡片和画报都是他父亲收集的，他只是在此基础上又收集了一小部分。

日常生活中的球迷呈现了他们的球队认同，他们每个人都有自己生活所在地的球队，每个人都支持着自己的球队。在这个过程中，家庭，尤其是父亲给孩子带来的影响，在一代又一代的球队认同中发挥着重要的作用。同时还有辅助的学校和社区健全的体育教育和俱乐部体系，使得家庭—学校—社区形成了稳定的球迷文化认同建构机制。家庭是基础，是核心，是形塑孩子认同的起始点，学校和社区是正式的外部环境，为家庭形成的球迷认同起了固化的作用，从而形成了非常稳定的球迷文化。

此外，赛事本身也为球迷认同创设了想象的空间和舞台。美国超级碗已经不仅仅是一个橄榄球赛事，它会给球迷带来非常具有吸引力的观赛体验。赛事徽标由罗马数字组成，非常醒目，让球迷一眼就能够识别它。比赛现场，观众可以欣赏到超级碗奖杯，同时还能有 NFL 体验、超级碗大道体验和进行 NFL 停车场野餐聚会。除了上述价值增值的体验外，NFL 还增加了其他相关的具有吸引力的游戏活动。比如赛前几天开设的具有互动性质的橄榄球主题活动，一直会到比赛日，包括游戏、针对孩子的橄榄球诊断测试、与球员合影、许可售卖品。超级碗比赛中场秀已经演变为一个巨大的摇滚音乐会，满足了无数球迷的观赛需求。

超级碗冠军胜利游行是历年的传统，也是球队和球迷互动的重要仪式。一支球队的回归能让整座城市彻底沸腾，变成全民狂欢。2017 年第 51 届美国超级碗冠军新英格兰爱国者队于 2 月 7 日回到家乡波士顿，爱国者全队坐在夺冠后庆祝用的传统鸭子船车上，整座城市都在疯狂地庆祝他们的英雄们载誉而归。球员们享受着这一刻，属于冠军的荣耀音乐响起，属于爱国者传统的蓝白彩带漫天飞舞，所有人都忘记了此刻波士顿刺骨的严寒，在每一条街道上呐喊，庆祝这美妙的一刻。在 Dorchester 长大的 Jeffrey 现居住在亚特兰大，为了参加这次游行开了 18 个小时的车赶往波士顿，他说：“在那里，我是爱国者队唯一的代表。”这份庆祝将所有陌生的面孔连接在一起，素未谋面的人们拥抱着欢呼、击掌。经历过这样热烈激情的游行，这将会是球迷对这座城市最美好的回忆、最难割舍的情怀，从而产生深刻的记忆和持久的球队认同。

第六章 亚运会与国家认同

第一节　亚运会的发展

一、亚运会的举办情况

亚洲运动会每四年举办一届，与奥运会有着相间的时间间隔。其前身是远东运动会。亚洲运动会主要包括亚洲夏季运动会、亚洲冬季运动会、亚洲青年运动会、亚洲残疾人运动会。自 1951 年第一届亚运会举办，至 2018 年共举办 18 届（表 6－1）。

表 6－1　历届亚运会举办情况一览表

届次	赛事名称	举办国家	举办城市	举办时间
1	1951 年新德里亚运会	印度	新德里	1951 年 3 月 4 日—1951 年 3 月 11 日
2	1954 年马尼拉亚运会	菲律宾	马尼拉	1954 年 5 月 1 日—1954 年 5 月 9 日
3	1958 年东京亚运会	日本	东京	1958 年 5 月 24 日—1958 年 6 月 1 日
4	1962 年雅加达亚运会	印度尼西亚	雅加达	1962 年 8 月 24 日—1962 年 9 月 2 日
5	1966 年曼谷亚运会	泰国	曼谷	1966 年 12 月 9 日—1966 年 12 月 20 日
6	1970 年曼谷亚运会	泰国	曼谷	1970 年 8 月 24 日—1970 年 9 月 4 日
7	1974 年德黑兰亚运会	伊朗	德黑兰	1974 年 9 月 10 日—1974 年 9 月 16 日
8	1978 年曼谷亚运会	泰国	曼谷	1978 年 12 月 9 日—1978 年 12 月 20 日
9	1982 年新德里亚运会	印度	新德里	1982 年 11 月 19 日—1982 年 12 月 4 日
10	1986 年汉城亚运会	韩国	汉城（首尔）	1986 年 9 月 20 日—1986 年 10 月 5 日
11	1990 年北京亚运会	中国	北京	1990 年 9 月 22 日—1990 年 10 月 7 日
12	1994 年广岛亚运会	日本	广岛	1994 年 10 月 2 日—1994 年 10 月 16 日
13	1998 年曼谷亚运会	泰国	曼谷	1998 年 12 月 6 日—1998 年 12 月 20 日
14	2002 年釜山亚运会	韩国	釜山	2002 年 9 月 29 日—2002 年 10 月 14 日

续表

届数	赛事名称	举办国家	举办城市	举办时间
15	2006 年多哈亚运会	卡塔尔	多哈	2006 年 12 月 1 日—2006 年 12 月 15 日
16	2010 年广州亚运会	中国	广州	2010 年 11 月 12 日—2010 年 11 月 27 日
17	2014 年仁川亚运会	韩国	仁川	2014 年 9 月 19 日—2014 年 10 月 4 日
18	2018 年雅加达亚运会	印度尼西亚	雅加达	2018 年 8 月 18 日—2018 年 9 月 2 日
19	2022 年杭州亚运会	中国	杭州	2022 年 9 月 10 日—2022 年 9 月 25 日

二、中国代表团参加亚运会

中国代表团自 1974 年参加第 7 届德黑兰亚运会以来，至今共参加了 11 届亚运会，并于 1990 年在北京和 2010 年在广州主办了两届亚运会（表 6 –2）。

表 6 –2　中国代表团历届亚运会获奖情况一览表

届次	举办时间	举办地	排名	金牌	银牌	铜牌	总计
7	1974	德黑兰	3	32	45	27	104
8	1978	伊斯兰堡	2	51	54	45	150
9	1982	新德里	1	61	51	41	153
10	1986	汉城（首尔）	1	94	82	46	222
11	1990	北京	1	183	107	51	341
12	1994	广岛	1	137	92	60	289
13	1998	曼谷	1	129	77	68	274
14	2002	釜山	1	150	84	74	308
15	2006	多哈	1	165	88	63	316

续表

届次	举办时间	举办地	排名	金牌	银牌	铜牌	总计
16	2010	广州	1	199	119	98	416
17	2014	仁川	1	151	108	83	342
18	2018	雅加达	1	132	92	65	289

自1982年以来，中国体育代表团一直居亚运会奖牌榜榜首，这也展示了中国竞技体育在亚洲的霸主地位。

第二节　亚运会个案剖析

一、北京亚运会：提高了中国的国际信誉和声望

20世纪80年代，为了推动中国走向国际社会，举办大型体育赛事成为中国政府的一个最优选择策略。申办亚运会成为当时中国政府的一个强烈愿望。同时，亚洲许多国家也对中国寄予厚望，但亚奥理事会对申办国有一个要求，就是如果申办成功，就必须保证亚奥理事会所有成员都能派代表团参加。1983年8月23日，北京正式提出申办1990年第11届亚运会，为了确保申办成功，在对韩关系上，中国也调整了外交策略，凡由国际组织委托韩国举办的国际多边活动，包括国际会议、国际比赛，中国均派人参加。同样，中国也同意韩国派人参加在中国举行的国际多边活动①。申办亚运会的进程中长期互不承认、互不来往的中韩两国关系出现松动。1986年汉城亚运会和1988年汉城奥运会，中国代表团的参赛，以及赛场内外和韩国各界人士的积极交流互动，为中韩政治关系的良好发展奠定了民意基础。作为对中国支持1986年韩国亚运会的回报，韩国拒绝追随西方国家参与对中国的制裁，并派出700人的庞大代表团到北京参加第11届亚运会，不仅帮助中国克服了困难，也推动双方在1992年正

① 中韩关系始解冻于1983年8月北京申办亚运会［EB/OL］.［2007－07－09］. http://www.china.com.cn/culture/txt/2007－07/09/content_8497627.htm.

式建交①。

1990 年 9 月 22 日—10 月 7 日，第 11 届亚运会在中国北京举行。这是中华人民共和国成立以来首次举办的综合性的国际体育大赛，37 个亚奥理事会成员国家和地区参加。中国派出的 636 名运动员参加了全部 27 个项目和 2 个表演项目的比赛。1990 年北京亚运会也首次实践了“一国两制”的政治构想，另外，中国台北时隔 12 年作为中国一个地区的代表队重返亚运大家庭。在竞技场上，运动员也创造了一连串优异的竞技成绩。中国代表团的金牌和奖牌总数均居第一，竞技场上中国运动员展现出的运动风采，向世界展示了中国的精神风貌，也激发了国人的民族自信心和民族自豪感。

亚运会吉祥物为中国的大熊猫，取名“盼盼”，寓意盼望和平、友谊，盼望迎来优异成绩。火炬传递被称为“亚运之光”。出席亚运会开幕式的不仅有亚洲各国家和地区体育代表团，还包括亚洲多个国家领导人和知名人士。开幕式展示了亚洲人民的团结、友谊、进步，大型团体操表演《相聚在北京》以其磅礴的气势和壮观的场面，向现场七万多名中外观众展示了中华民族悠久灿烂的文化和中国人民的崭新精神面貌。亚运会主题歌《燃烧吧，火炬》表达了相亲相爱的亚洲情谊，宣传曲《亚洲雄风》也广为传唱。

亚运会也为展示绚丽多彩的东方文化提供了平台，山西临汾的威风锣鼓在亚运会期间参与了展演，向世界传播了中国民间艺术的魅力，让世界人民欣赏并领略到了中国民间的、传统的、民族的震撼人心的艺术表演。1990 年北京亚运会，不仅在全国上下进行了一次体育知识和运动精神的大普及，同时也是大型体育赛事志愿者制度的首次试验，为后来举办奥运会积累了有益经验。亚运会的成功举办，极大地激励了中国政府和中国人民，成为增强中华民族自信的有力工具，增强了中国政府申办 2000 年北京奥运会的决心和信心。

体育赛场是一个没有硝烟的战场，在亚运赛场之外，还存在另一个角斗战场，角力的双方是中国和并不友善的国际环境。由于西方国家对中国的真实情况了解不多，种种偏见、误解和有意的曲解甚至恶意的攻击都是真实存在的。当时，欧美主流媒体关于中国的报道，多数都是负面的。在这样的情况下，中国十分需要发挥体育作为民间外交主要平台的作用，以举办亚运会为契机打开局面，改善周边外交环境。从参加国际大赛到举办国际大赛，中国对外希望借此扩大开放，在国际上重新树立大国形象，对内则希望以体育场馆设施建设为

① 闫炜．新中国体育外交简要回顾［J］．党史博采（理论版），2016（7）：9.

抓手加快城市建设，提高物质文明和精神文明水平。在“团结、友谊、进步”的亚运会精神旗帜下，人们在亚运会上通过交流得到的互相理解，已超越了金牌，超越了体育本身。亚运会的成功，不仅使亚洲各国各地区的人民、运动员之间增进了了解和友谊，也让世界开始认识中国、了解中国，使更多的人了解了一个自强不息、拼搏进取、勤劳智慧的中华民族，实现了亚奥理事会成员在北京的大团圆。亚运会也让中国人民有机会承担国际义务，贡献中国力量。

二、广州亚运会：彰显中国的转型与国际责任

2010 年广州亚运会是在中国成为世界第二大经济体、改革开放 30 多年之后迎来的一次国际性盛会，也是 2008 年北京奥运会后，中国境内首次承办的一项大型综合性体育赛事，还是我国从体育大国迈向体育强国的进程中举办的一届区域性国际大赛。在这样的国际、国内环境下，广州亚运会的举办无论是在组织形式、参赛规模，还是在办赛理念上，均呈现出了新的特征。

（一）中国派出历史规模最大的体育代表团参赛

第 16 届亚洲运动会于 2010 年 11 月 12—27 日在中国广州进行，共设 42 个比赛项目，中国代表团由 1454 人组成，其中运动员 977 人，参加 41 个大项、447 个小项的比赛。中国代表团获得 199 金、119 银和 98 铜的傲人成绩，以 416 枚的总奖牌数高居奖牌榜首位，金、银、铜牌数量均创中国代表团成绩的历史新高，连续 8 届蝉联奖牌榜第一。

（二）“激情盛会，和谐亚洲”的办赛理念突出了时代主题

2010 年广州亚运会的办赛理念是“激情盛会，和谐亚洲”。“激情盛会”表现了广州人民热情欢迎全亚洲的运动健儿，也表现了体育运动的激情与活力。“和谐亚洲”体现了亚运会把中国与亚洲各国、各地区紧密联系在一起，把中国人民与全亚洲人民紧密地团结在一起，增进了亚洲人民的友谊，营造出和谐亚洲的氛围。

（三）亚奥理事会成员全部参赛，再次实现亚洲大团圆

2010 年广州亚运会亚奥理事会 45 个国家和地区的 9704 名运动员参加比赛。广州亚运会开幕式上 45 艘巡游彩船载着阿富汗、巴林等 45 个国家和地区的代

表团依次亮相。在“海上丝绸之路”的起点广州，亚洲体育大家庭以绵延千年的航行方式再度实现大团圆。

（四）国家总理出席开幕式，加强了亚洲和国际体育组织的合作

时任国务院总理温家宝出席了广州亚运会开幕式，并接见了出席亚运会开幕式的巴基斯坦总统扎尔达里和泰国总理阿披实，国际体育组织官员亚奥理事会主席艾哈迈德·萨巴赫和国际奥委会主席罗格。在会见扎尔达里时，温家宝强调了中巴之间深厚的传统友谊和共同的战略利益。在会见阿披实时，温家宝强调了中国政府同泰国的传统友谊和战略性合作关系，以及中国与东盟进一步加强团结合作，共同应对本地区面临的复杂挑战，推动中国与东盟战略伙伴关系和东亚合作不断取得进展。在会见国际组织官员时，温家宝强调广州亚运会之后，中国还将举办青奥会和世界大学生运动会，中国政府将继续加强同亚奥理事会和国际奥委会等国际体育组织的合作，为增进亚洲各国人民之间的友谊，促进世界和平与发展作出新的贡献①。

（五）亚运会加快了对外开放格局的形成

广州亚运会是北京奥运会之后我国举办的又一大型体育赛事，标志着我国进一步加速形成全方位、多层次、宽领域的对外开放格局，亚运会也为我国积极主动融入国际社会创造了有利条件。广州是我国对外开放的最早的几个城市之一，亚运会为广州这个大港口的更好发展提供了有效的方式。

第三节　亚运会国家认同建构方式

一、亚运会会徽的符号表达彰显举办国和亚洲人民的认同

从历届亚运会会徽的表征意义来看，亚运会会徽主要体现了以下文化内涵：

---

① 温家宝会见出席亚运会开幕式的国际体育组织官员［EB/OL］.［2010－11－12］.http：//www.gov.cn/ldhd/2010－11/12/content_1744428.htm.

一是展示亚洲在世界的地位和形象；二是表达了在亚奥理事会光芒的照耀下，亚洲人民团结起来共同进步；三是体现了主办国的文化特色；四是表达了奥林匹克之光照耀亚洲，亚洲体育与世界体育共荣共生的唇齿相依的关系；五是传递出亚洲人民和平相处、亲如一家的理念以及超越国境的团结力量。

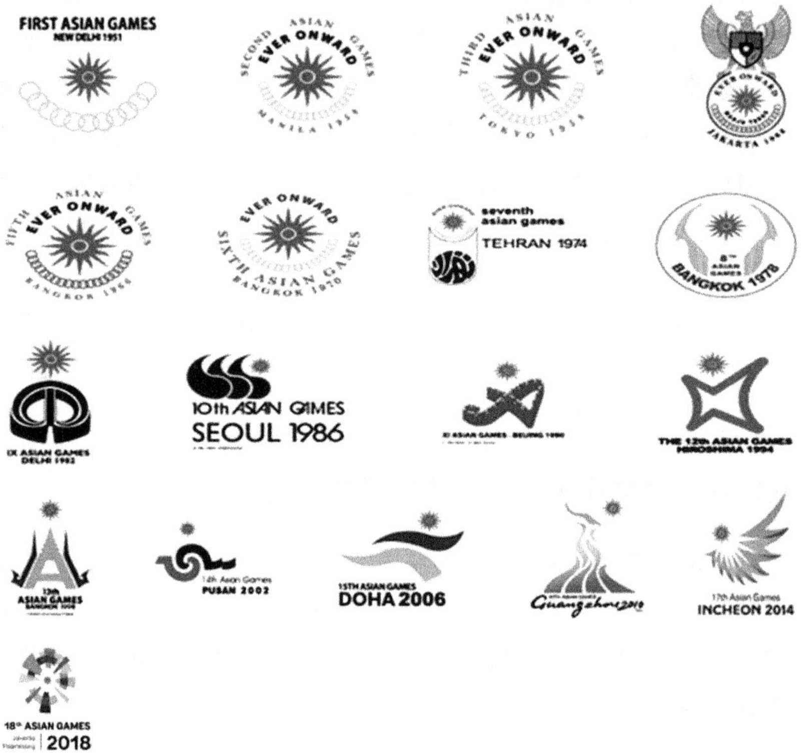

二、亚运会吉祥物体现举办国和亚洲的形象认同

吉祥物作为历届运动会的重要标志，是亚运会形象品牌的重要载体，体现了举办国、主办城市的历史底蕴、精神风貌和文化魅力，是向世界展示举办国乃至亚洲文化和历史的最直接方式。吉祥物的设计是历届亚运会筹备工作中具有里程碑意义的大事，对传播亚运会的形象及亚运会的理念、推动亚运会筹办、凝聚举办国和亚洲人民的情感产生了积极和深远的影响。亚运会自第 9 届开始设计吉祥物。

第9届亚运会吉祥物
——阿波

第10届亚运会吉祥物
——多里

第11届亚运会吉祥物
——盼盼

第12届亚运会吉祥物
——普普和库库

第13届亚运会吉祥物
——猜裕

第14届亚运会吉祥物
——DURIA

第15届亚运会吉祥物
——奥利

第16届亚运会吉祥物
——乐羊羊

第17届亚运会吉祥物
——风、舞、光

第18届亚运会吉祥物
——KAKA、ATUNG和BHINBHIN

第七章
国内体育赛事与国家认同

第一节　全运会

一、1949 年之前的全运会赛事

19 世纪的工业革命使社会思想和生活方式有了根本性的变化。到了 19 世纪六七十年代，大工业生产导致工种越来越向专业化方向发展，人的身体成为机器的附件，致使身体发展走向畸形化。工业化社会中人们开始寻求一种理想的健康生活方式。于是，体育成为一种迫切的社会需要。英国受文化传统和“绅士体育”的影响，以及海外贸易的需要，兴起了能激发强烈情感的户外体育和竞技运动。19 世纪 50 年代，在英国甚为流行的现代竞技运动漂洋过海，传播到加拿大和美国。19 世纪后半叶，世界市场的形成使得社会的生产和消费呈现出国际化的发展趋势。同时，体育的生产和消费也开始超越国界，走上国际化的发展道路。兴起于欧洲的西方现代体育，通过涌向各地的殖民者（主要是通过传教士、商人），传播到世界各地。例如 1851 年伦敦第一届世界国际象棋锦标赛、1858 年澳大利亚的国际游泳锦标赛、1871 年布德的国际射箭比赛、

1889 年阿姆斯特丹的世界速滑冠军赛等。这些早期的国际体育比赛，由于没有公认的权威组织和统一的比赛规则，比赛秩序比较混乱，比赛水平也比较低。在“非正式”的国际比赛中，一些国际性体育组织陆续诞生①。国际体操、划船、滑冰、保龄球、自行车等项目的国际组织于 19 世纪末相继出现，这些单项国际组织统一了各项目的竞赛规则，摆脱了运动竞赛中的地方传统，促使项目发展走上了真正的国际化之路。

现代奥林匹克运动正是于 19 世纪末期，在法国教育家皮埃尔·顾拜旦的推动下诞生的。1894 年 6 月 23 日召开的“国际体育运动代表大会”批准了顾拜旦起草的第一部《奥林匹克章程》，章程规定了每隔 4 年在某个国家的大城市举行奥运会，并确定了 1896 年在雅典召开第一届现代奥林匹克运动会。

近代西方体育传入中国大约始于 19 世纪 60 年代，首先传入的是体操，然后是田径、球类、游泳等运动项目及其竞赛②。最先接受兵式体操和普通体操的是洋务新军，其主要目的是练兵，对“体育”的概念、目的、内容等尚无了解。19 世纪 70 年代，一部分地主阶级和知识分子发起了资产阶级改良主义思潮，主张学习西学，他们主张积极引进西方近代体育。1900 年八国联军入侵，中国再一次面临被瓜分的危机。为了缓和国内阶级矛盾，清王朝提出了“忠君、尊孔、尚公、尚武、尚实”的教育宗旨，具有尚武精神的兵式体操得到了前所未有的重视，而田径等项目则未受到足够的重视，同时对中国传统武术也有所忽视。

随着帝国主义加紧推行文化侵略，一些近代运动项目，例如田径、篮球、足球等通过教会系统首先传入中国。上海圣约翰教会学校在 1890 年就举办了以田径为主的运动会，这也是中国办得最早的一次田径运动会。到 1900 年以后，教会学校组织的校际运动会比赛主要以田径和球类项目为主。1905 年上海基督教青年会组织了一次规模比较大的田径运动会，上海所有大中院校都被邀请参加，有 5000 名公众观摩了这次盛会③。

---

① 任海．体育院校通用教材：奥林匹克运动［M］．北京：人民体育出版社，2005：44.
② 谷世权．中国体育史［M］．北京：北京体育大学出版社，1997：182.
③ 郎净．近代体育在上海（1840—1937）［M］．上海：上海社会科学院出版社，2006：30.

万国运动会①

1905年5月，上海基督教青年会举办的“万国运动会”，有许多外国选手参加，观众超过5000人。马约翰参加一英里跑赛。比赛开始时，他为国争光心切，跑在前头，消耗体力过多，反被日本选手超出，领先的是4个日本人，他们一字排开占据了整个跑道，以阻挡其他选手超过他们，日本观众也疯狂喊叫助阵。到了最后一圈，马约翰加快速度，发力冲刺，在中国观众的加油声中，马约翰冲过日本人的阻挡，以领先50码的优势夺得冠军，另外一名中国选手获亚军。在场的观众齐声喊“约翰，中国；中国，约翰，”并把他高高抬起，绕场一周，真是激动人心！运动会给观众带来了强烈的震撼，通过这种大规模的仪式，民族和爱国情感被激发了。

1910年召开了“全国学校区分队第一次体育同盟会”，辛亥革命后追认为第一届全国运动会②。1910年到1920年，我国体育运动竞赛体制初步形成，1910年是一个重要转折，在这之后，全国运动会成了重要的国内大型体育竞技赛事，而竞技体育也以全运会为基石，转向国际赛事。这一时期中国的赛事体系主要包括各省市运动会、全运会、远东运动会以及其他国际体育赛事。由此看出，全运会成为连接国内国际体育赛事的主要桥梁，在中国社会现代化的进程中，凸显出了特殊的赛事意义和价值。各省市运动会主要是以区为单位举行的大型运动会。民国时期举行了18届华北运动会、6届华中运动会，华东区举办了“东方八大学运动会”。全运会在中华人民共和国成立前举办过7届，至2017年共举办了13届。远东运动会由菲律宾、中国和日本发起，从1913年至1934年共举办了10届，1920年国际奥委会正式承认该项赛事。

1949年之前，共举行了7届全运会，其举办情况见表7－1。

第一、二届全运会由外国基督教青年会主持，甚至裁判、秘书、干事等职务也主要由外国人担任③。在全运会上不仅要讲英语，运动会的秩序册也用英文，连参加运动会的中国人，在用到体育运动术语时，也讲英文。这两届全运会，政府当局对其漠不关心，社会影响不是很大。第三届全运会，直系军阀肖耀南为了捞取政治资本，表示支持体育运动，这标志着政府当局开始参与全运会，并利用全运会进行政治秩序的建构。在1919年五四运动的影响下，体育战线也开展了反帝反封建爱国运动，开始了收回体育主权的斗争。西方文化的强权介入与企图控制和垄断中国体育事业的目的遭到了国内爱国人士强烈的反抗。

① 郎净．近代体育在上海（1840—1937）［M］．上海：上海社会科学院出版社，2006：30.
② 谷世权．中国体育史［M］．北京：北京体育大学出版社，1997：182.
③ 张建会，钟秉枢．1910—1948年全运会制度的历史考察［J］．体育学刊，2010（8）：17－21.

1924 年 8 月，酝酿一年之久的要建立中国人自己的全国性体育组织的梦想实现。“中华教育改进社”在南京召开会议，正式成立“中华全国体育协进会”（简称全国体协），由此，全运会的组织管理工作由全国体协负责。全运会制度本土化是一个动态发展的历史实践过程，1930—1948 年的四届全运会都是由中华全国体育协进会主办的。国民政府时期，中华全国体育协进会组织主办的四届全运会进行了系统性、全面性的改革，使全运会真正成为当时国内体育竞赛领域的盛大赛事。

表 7 -1　1910—1948 年历届全运会举办情况一览表①

届次	时间	地点	参加地区或单位	比赛项目	运动员人数
1	1910	南京	华北、武汉、吴宁、上海、华南五区	田径、足球、网球和篮球	140
2	1914	北京	东、西、南、北四个区	田径、篮球、足球、排球、网球和棒球	96
3	1924	武昌	华东、华北、华南、华中四区	田径、游泳、足球、篮球、排球、棒球、网球	340
4	1930	杭州	全国 22 个单位	田径、全能、游泳、足球、篮球、排球、棒球、网球；女子参加田径、篮球、排球、网球四个项目的比赛	1630
5	1933	南京	全国 30 个单位	田赛、径赛、全能、足球、篮球、排球、网球、棒球、游泳、国术；女子参加田径、篮球、排球、网球、垒球、游泳和国术七个项目的比赛	2248
6	1935	上海	全国 38 个单位	田赛、径赛、全能、足球、篮球、排球、网球、棒球、游泳、国术；女子参加田径、篮球、排球、网球、垒球、游泳和国术七个项目的比赛	2700

① 张建会，钟秉枢. 1910—1948 年全运会制度的历史考察［J］. 体育学刊，2010（8）：17 -21.

续表

届次	时间	地点	参加地区或单位	比赛项目	运动员人数
7	1948	上海	全国58个单位	田径、游泳、举重、拳击、摔跤、足球、篮球、网球、排球、垒球、乒乓球单打；女子设田径、篮球、游泳、网球、排球、垒球、乒乓球单打	2233

二、1949年之后的全运会赛事

1949年至2017年，共举行了14届全运会，其举办情况见表7－2。

表7－2　1949—2017年历届全运会举办情况一览表

届次	时间	地点	参加单位	比赛项目
1	1959	北京	29个代表团，10658名运动员	36项
2	1965	北京	30个代表团，5922名运动员	22项
3	1975	北京	31个代表团，12497名运动员	28项
4	1979	北京	30个代表团	34项
5	1983	上海	32个代表团，8900多名运动员	25项
6	1987	广东	38个代表团，7500多名运动员	44项
7	1993	北京	46个代表团，8000多名运动员	43项
8	1997	上海	47个代表团	28个大项，319个小项
9	2001	广东	45个代表团，8608名运动员	30个大项，345个小项
10	2005	江苏	46个代表团，9985名运动员	32个大项，357个小项
11	2009	山东	47个代表团	33个大项，362个小项
12	2013	辽宁	38个体育代表团，9770名运动员	31个大项，350个小项
13	2017	天津	38个体育代表团，10217名运动员	33个大项，417个小项 19个群众体育项目，543个奖项

1949年之后，我国共举办了13届全运会，通过查看每届竞赛成绩的前六名，可以看出各地市代表队的竞技实力。广东代表队共进入前六名13次，其中9次进入前三名；上海代表队进入前六名12次，其中6次进入前三名；解放军代表队共进入前六名10次，其中7次进入前三名；北京代表队进入前六名9次，其中4次进入前三名；辽宁代表队进入前六名8次，其中6次进入前三名；山东代表队进入前六名8次，其中4次进入前三名；江苏代表队进入前六名6次，其中2次进入前三名；河北代表队进入前六名3次；吉林、黑龙江、浙江代表队分别进入前六名2次；四川、湖北、河南代表队分别进入前六名1次（表7-3）。

表7-3 1949—2017年历届全运会排行榜前六名一览表

届次	时间	地点	第一名	第二名	第三名	第四名	第五名	第六名
1	1959	北京	解放军	上海	北京	广东	山东	河北
2	1965	北京	解放军	上海	北京	广东	山东	河北
3	1975	北京	广东	北京	解放军	上海	吉林	黑龙江
4	1979	北京	解放军	北京	广东	黑龙江	上海	吉林
5	1983	上海	广东	上海	辽宁	北京	解放军	江苏
6	1987	广东	广东	上海	辽宁	北京	山东	四川
7	1993	北京	辽宁	广东	上海	北京	湖北	河南
8	1997	上海	上海	辽宁	山东	广东	解放军	江苏
9	2001	广东	广东	辽宁	解放军	上海	江苏	北京
10	2005	江苏	江苏	广东	解放军	山东	北京	辽宁
11	2009	山东	山东	解放军	江苏	辽宁	广东	上海
12	2013	辽宁	山东	辽宁	广东	上海	解放军	浙江
13	2017	天津	山东	浙江	广东	江苏	上海	河北

从中华人民共和国成立后举办的13届全运会竞赛成绩前六名来看，广东、上海、解放军、辽宁、北京、山东、江苏的竞技实力排在第一集团，在全国竞技体育事业的发展中一直占有竞争优势地位。

三、全国冬运会

冬运会是和全运会并行的大型综合性体育赛事，自中华人民共和国成立到2020年已经举行了14届，其中第2届停办（表7-4、表7-5）。

表7-4　历届全国冬季运动会举办情况一览表

届次	时间	地点	项目	参赛单位
1	1959	哈尔滨、吉林市	5个分项、40个小项	11
2	停办			
3	1976	哈尔滨尚志县	5个分项、67个小项	14
4	1979	乌鲁木齐、北京	5个分项、60个小项	15
5	1983	哈尔滨尚志县	7个分项、49个小项	12
6	1987	吉林市	8个分项、46个小项	15
7	1990 1991	哈尔滨 亚布力镇	8个分项、57个单项和1个表演项目	35
8	1995	吉林市	9个分项	33
9	1999	长春	9个分项	30
10	2003	哈尔滨	10个分项、74个小项	38
11	2008	齐齐哈尔	5个大项、11个分项、90个小项	32
12	2012	吉林	5个大项、12个分项、105个小项	44
13	2016	新疆	5个大项、11个分项、97个小项	52
14	2020	内蒙古	7个大项、15个分项、109个小项	35

表7-5　历届全国冬季运动会项目设置情况一览表

届次	时间	地点	分项设置
1	1959	哈尔滨	速度滑冰、花样滑冰、冰球、高山滑雪、越野滑雪（40小项）
3	1976	哈尔滨	速度滑冰、高山滑雪、越野滑雪、花样滑冰、冰球（67小项）
4	1979	乌鲁木齐	速度滑冰、高山滑雪、越野滑雪、花样滑冰、冰球（60小项）

续表

届次	时间	地点	分项设置
5	1983	哈尔滨	速度滑冰、高山滑雪、越野滑雪、花样滑冰、冰球、短道滑冰、冬季两项（49 小项）
6	1987	吉林	速度滑冰、短道滑冰、花样滑冰、冰球、高山滑雪、越野滑雪、冬季两项、跳台滑雪（46 小项）
7	1991	哈尔滨	速度滑冰、短道滑冰、花样滑冰、冰球、高山滑雪、越野滑雪、冬季两项、跳台滑雪（57 小项）
8	1995	吉林	速度滑冰、短道速度滑冰、花样滑冰、冰球、越野滑雪、高山滑雪、跳台滑雪、自由式滑雪、冬季两项（58 小项）
9	1999	长春	速度滑冰、短道速度滑冰、花样滑冰、冰球、越野滑雪、高山滑雪、跳台滑雪、自由式滑雪和冬季两项（63 小项）
10	2003	哈尔滨	速度滑冰、短道速度滑冰、花样滑冰、冰球、高山滑雪、越野滑雪、跳台滑雪、自由式滑雪、冬季两项、冰壶（74 小项）
11	2008	齐齐哈尔	速度滑冰、短道速度滑冰、花样滑冰、高山滑雪、越野滑雪、跳台滑雪、单板滑雪、自由式滑雪、冰球、冰壶、冬季两项（90 小项）
12	2012	吉林	速度滑冰、短道速度滑冰、花样滑冰、高山滑雪、越野滑雪、跳台滑雪、自由式滑雪、单板滑雪、北欧两项、冬季两项、冰球、冰壶（105 小项）
13	2016	新疆	速度滑冰、短道速度滑冰、花样滑冰、高山滑雪、越野滑雪、跳台滑雪、自由式滑雪、单板滑雪、冬季两项、冰球、冰壶（97 小项）
14	2020	内蒙古	滑冰（速度滑冰、短道速度滑冰、花样滑冰）、滑雪（高山滑雪、自由式滑雪、单板滑雪、跳台滑雪、越野滑雪、北欧两项）、冬季两项、冰壶、冰球、雪车（雪车、钢架雪车）、雪橇 7 个大项（109 小项）

数据来源：国家体育总局官方网站。

从全国冬季运动会的项目设置和参赛单位两个方面考察全国冬季运动会，其发展阶段可以分为以下四个。

（一）起步阶段（第1~4届）

全国冬季运动会经历了高度集中的计划经济，当时它的发展处于起步阶段，受当时社会发展条件所限，项目的设置主要以国家当时能够开展的冬季运动项目为主，运动水平并不高。

（二）缓慢发展阶段（第5、6届）

1979年，我国恢复了在国际奥委会中的合法席位，冬季运动会也在改革开放之初走上了初步改革的发展道路，项目的设置紧密结合国际冬季运动项目发展状况，并与冬季奥运会项目设置接轨，但受地域条件的限制，运动项目的开展和设置仍以我国部分区域有条件开展的冬季运动项目为主。

（三）全面发展阶段（第7~11届）

20世纪80年代末，为了在全国推广和普及冰雪运动，国家体育总局制定了“北冰南移”的普及政策。这一发展战略的思想也体现在全国冬季运动会中，项目的设置更加全面，且参赛单位由十几个发展至三十多个。

（四）转型发展阶段（第12、13届）

2012年是我国成功举办北京奥运会后，由体育大国向体育强国转型的关键时期。第12、13届全国冬运会正是在这一背景下召开的。尤其是第13届全国冬运会，是在北京携手张家口成功申办2022年冬奥会的历史契机下召开的，也是历届全国冬运会中规模最大的一届，为北京冬奥会积累经验，是本届赛会的一项重要使命。

从全国冬季运动会项目设置来看，雪橇、雪车、俯式冰橇三个分项在冬运会的项目设置中从未被涉及，北欧两项仅在2012年冬运会上设项，但未在第13届全国冬运会中设项。从2014年索契冬奥会四个分项小项设置数量来看，雪橇（3个小项）、雪车（4个小项）、俯式冰橇（2个小项）、北欧两项（3个小项）在全部98个小项中，有12个小项没有后备人才力量支持。

（五）深化改革阶段（第14届）

为了实现第十届全国冬运会与2022年冬奥会战略对接，第14届全国冬运会进行了如下改革：第一，参赛单位由过去以地市为单位调整为以省区市为单位，有效动员全国各省区市的力量，推动冰雪运动发展。第二，实施联合培养运动员政策。第三，采取激励奖励措施。第四，鼓励跨界、跨项运动员参加冬季运动项目。

第 14 届全国冬季运动会会徽“冬之韵”，突出主办省内蒙古自治区的特色，寓示各族人民守望相助、万众一心，同心共筑中国梦的坚定决心和信心；表达了国家倡导全民增强体质，追求积极向上、阳光健康生活的主旨；象征着热情友好的草原人民祝福八方客朋吉祥、幸福、安康的情感内涵；体现了顽强拼搏、勇攀高峰的体育精神①。

第 14 届全国冬季运动会吉祥物“蒙古彩娃”，寓示和平与希望，传递了内蒙古人民对全国人民的诚挚邀请，对八方客朋的亲切问候，对冬运会运动员赛出佳绩的美好祝愿，体现了和平和友谊的体育精神内涵，彰显了内蒙古人民热情好客、健康快乐的良好精神面貌②。

第二节　国内职业体育赛事

一、中国足球超级联赛

中国足球甲级 A 组联赛，简称“甲 A 联赛”或者“甲 A”，曾是中国足球的顶级联赛。1989 年成立，前期为专业体制，1994 年走上了职业化发展之路。2004 年为提升中国职业足球联赛竞技水平和俱乐部品牌，推出了中国足球超级

① 第十四届全国冬季运动会会徽、吉祥物揭晓［EB/OL］.［2018－07－26］. http：//sports. people. com. cn/n1/2018/0726/c407727－30171799. html.

② 同①.

联赛。

在2011赛季前（包括甲A和甲B联赛），中国球队挖来如冈波斯、扬科维奇、内梅切克、西历亚克、尼古拉斯·韦德克、巴班吉达、扬克尔、加斯科因、巴亚诺、巴尔克斯、阿尔贝茨、鲁本·索萨、萨沙·皮特洛维奇、孔卡、安迪尔森、安贞焕、卡通戈等著名球员。2012年，中超联赛十六支球队单赛季投入超过30亿元人民币，一些财力雄厚的球队亦网罗了如德罗巴、阿内尔卡、凯塔、罗申巴克、卡努特、雅库布、巴里奥斯等球星，中超自反腐风暴之后再次引起国内、国际球坛的关注；2012年全年联赛的门票收益也创2004年中超成立以来的新高。2013年，中超联赛初期，虽然阿内尔卡、德罗巴离开，但中国足球超级联赛依旧吸引了米西莫维奇、瓦罗、斯基亚维、托兰佐、洛维等球星的加盟。2014年2月21日，中国平安冠名中国足球协会超级联赛签约仪式在北京举行，中国平安保险（集团）股份有限公司获得了2014年至2017年中国足球协会超级联赛四年独家冠名权。2014赛季，中超联赛亦吸引了蒙蒂略、迪亚曼蒂、吉拉迪诺、比亚特里、胡斯蒂、汉克、德扬等球星加盟。2015年中超联赛又有蒂姆·卡希尔、塔尔德利、阿兰、高拉特、帕帕多普洛斯、罗比尼奥、保利尼奥、吉安、登巴·巴、萨利霍维奇、古德约翰森、穆罕默德·西索科等大牌球员加盟。据权威机构统计，2015年中国足球超级联赛在冬季和夏季的引援投入均历史性地排行世界第二，仅次于英格兰足球超级联赛。

二、中国网球公开赛

中国网球公开赛（China Open）创办于2004年，包括国际男子（ATP）、女子（WTA）和国际网球联合会（ITF）的赛事（表7－6），是亚洲地区唯一设置最全、参赛球员最多、总奖金最高的国际综合性网球赛事。中国网球公开赛奖杯有男单金瓯永固杯、女单子龙鼎杯和双打双爵杯，奖杯的设计极具中国传统文化特色。

中国网球公开赛男单奖杯

男单奖杯——金瓯永固杯

寓意福山寿海，一统江山。双龙神姿安详平和，表现了中国人民的友好，体现了中网激烈竞争之外的友谊、交流内涵。

中国网球公开赛女单奖杯

女单奖杯——子龙鼎

以鼎为原型，具有双重含义：一是鼎盛和谐，意指中国当今和谐鼎盛之世。二是问鼎中网，意指中国网球公开赛的优胜者为当今网坛一流运动员，体现了运动员舍我其谁、力争夺冠的王者精神。

中国网球公开赛双打奖杯

双打奖杯——双爵

双打奖杯创意来源于相聚欢庆之时，碰杯饮酒，体现了中国人民的热情好客，寓意运动员之间精诚合作。

表7－6　历届中国网球公开赛冠军情况一览表

年份	女子单打冠军	男子单打冠军
2004	塞雷娜·威廉姆斯	马拉特·萨芬
2005	玛丽亚·基里连科	拉斐尔·纳达尔
2006	斯维特拉娜·库兹涅佐娃	马科斯·巴格达蒂斯
2007	扎维·阿格妮斯	费尔南多·冈萨雷斯

续表

年份	女子单打冠军	男子单打冠军
2008	耶莱娜·扬科维奇	安迪·罗迪克
2009	斯维特拉娜·库兹涅佐娃	诺瓦克·德约科维奇
2010	卡洛琳·沃兹尼亚奇	诺瓦克·德约科维奇
2011	A－拉德万斯卡	托马斯·伯蒂奇
2012	维多利亚·阿扎伦卡	诺瓦克·德约科维奇
2013	塞雷娜·威廉姆斯	诺瓦克·德约科维奇
2014	玛利亚·莎拉波娃	诺瓦克·德约科维奇
2015	加尔比妮·穆古露扎	诺瓦克·德约科维奇
2016	A－拉德万斯卡	安迪·穆雷
2017	加西亚	拉斐尔·纳达尔
2018	沃兹尼亚奇	巴斯拉什维利
2019	大坂直美	蒂姆

三、汇丰冠军赛与沃尔沃中国公开赛

（一）汇丰冠军赛

汇丰冠军赛创办于2005年，是中国乃至全亚洲水平、规格和总奖金最高的赛事。2009年汇丰冠军赛正式升级世锦赛。2013年汇丰冠军赛作为唯一在美国之外地区举办的世界高尔夫锦标赛永久落户上海，并且该赛事于当年纳入美巡赛联邦杯赛程，奖金将计入美巡赛正式奖金榜，冠军可获得美巡赛3年参赛资格（表7－7）。

表 7-7　历届汇丰冠军赛举办情况一览表

时间	举办方	冠军	总奖金
2005	上海佘山国际高尔夫球会	大卫-豪威尔	$500 万
2006	上海佘山国际高尔夫球会	梁容银	$500 万
2007	上海佘山国际高尔夫球会	菲尔-米克尔森	$500 万
2008	上海佘山国际高尔夫球会	塞尔吉奥-加西亚	$500 万
2009	上海佘山国际高尔夫球会	菲尔·米克尔森	$700 万
2010	上海佘山国际高尔夫球会	弗朗西斯科-莫利纳利	$700 万
2011	上海佘山国际高尔夫球会	马丁·凯梅尔	$700 万
2012	深圳观澜湖高尔夫球会	伊恩·保尔特	$700 万
2013	上海佘山国际高尔夫球会	达斯汀·约翰逊	$850 万
2014	上海佘山国际高尔夫球会	巴巴·沃森	$850 万
2015	上海佘山国际高尔夫球会	巴巴·沃森	$850 万
2016	上海佘山国际高尔夫球会	松山英树	$950 万
2017	上海佘山国际高尔夫球会	贾斯汀·罗斯	$950 万
2018	上海佘山国际高尔夫球会	赞德-谢奥菲勒	$1,000 万
2019	上海佘山国际高尔夫球会	麦克罗伊	$1,025 万

（二）沃尔沃中国公开赛

沃尔沃中国公开赛（Volvo China Open）创始于 1995 年，为欧巡赛和同一亚洲巡回赛认可赛事，总奖金为 2000 万元人民币（约为 320 万美元）。

1995 年至 2003 年，是沃尔沃中国公开赛的起步阶段，并在亚巡赛找到了立足点，成为亚巡赛最重要的赛事之一。2004 年，沃尔沃中国公开赛加入了欧巡赛，提升了赛事在世界范围内的影响力。2009 年，沃尔沃中国公开赛成为同一亚洲巡回赛的第一场正式比赛。2010 年，沃尔沃中国公开赛首度移师苏州。2011 年，沃尔沃中国公开赛来到成都麓山国际高尔夫俱乐部，并首次采用人民币计算奖金（表 7-8）。

表7-8　历届沃尔沃中国公开赛举办情况一览表

时间	举办球场/方	冠军	总成绩	总奖金（人民币）
1995	北京国际高尔夫俱乐部	劳尔-弗里茨（巴拉圭）	277（-11）	$40万
1996	北京国际高尔夫俱乐部	普瑞亚德-马克萨恩（泰国）	269（-19）	$40万
1997	北京国际高尔夫俱乐部	程军（中国）	280（-8）	$40万
1998	上海太阳岛国际高尔夫俱乐部	爱德华-菲亚特（英格兰）	269（-19）	$40万
1999	上海旭宝高尔夫俱乐部	奇拉汉（缅甸）	273（-15）	$40万
2000	上海旭宝高尔夫俱乐部	西蒙-戴森（英格兰）	275（-13）	$40万
2001	上海旭宝高尔夫俱乐部	韦昌秀（韩国）	272（-16）	$40万
2002	上海旭宝高尔夫俱乐部	大卫-格里森（澳大利亚）	272（-16）	$50万
2003	上海旭宝高尔夫俱乐部	张连伟（中国）	277（-11）	$50万
2004	上海旭宝高尔夫俱乐部	斯蒂文-多德（威尔士）	276（-12）	$100万
2005	深圳高尔夫俱乐部	保罗-凯西（英格兰）	275（-13）	$130万
2006	北京鸿华国国际高尔夫球会	吉夫-米哈辛（印度）	278（-10）	$180万
2007	上海旭宝高尔夫俱乐部	马库斯-布瑞尔（奥地利）	274（-10）	$200万
2008	北京CBD国际高尔夫球会	达米恩-麦格格兰（爱尔兰）	278（-10）	$220万
2009	北京CBD国际高尔夫球会	斯科特-斯特兰奇（澳大利亚）	280（-8）	$220万
2010	苏州金鸡湖国际高尔夫俱乐部	梁容银（韩国）	273（-15）	$250万
2011	成都麓山国际乡村俱乐部	尼古拉斯-考赛茨（比利时）	264（-24）	￥2000万
2012	天津滨海湖高尔夫俱乐部	布兰登-格瑞斯（南非）	267（-21）	￥2000万
2013	天津滨海湖高尔夫俱乐部	布莱特-罗姆福德（澳大利亚）	272（-16）	￥2000万
2014	深圳正中高尔夫球会	亚历山大-列维（法国）	269（-19）	￥2000万
2015	汤臣上海浦东高尔夫球场	吴阿顺（中国）	279（-9）	￥2000万

续表

时间	举办球场/方	冠军	总成绩	总奖金（人民币）
2016	北京通盈·雁栖湖高尔夫俱乐部	李昊桐（中国）	266（－22）	¥2000 万
2017	北京通盈·雁栖湖高尔夫俱乐部	亚历山大－列维	269（－19）	¥2000 万
2018	北京通盈·雁栖湖高尔夫俱乐部	亚历山大－比约克	270（－17）	¥2000 万
2019	深圳正中高尔夫球会	米科·科尔霍宁（芬兰）	272（－16）	¥2000 万

第三节　国内体育赛事国家认同的建构方式

一、中国足球两次冲出亚洲

在现代体育发展历史上，中国足球曾经两次冲出亚洲，均引起了国民强烈的自豪感和荣誉感。

（一）国足晋级奥运会决赛

1987 年 10 月 26 日，在东京国立竞技体育场，高丰文率领拥有李华筠、柳海光、贾秀全、谢育新等名将的中国队为冲进汉城奥运会决赛而拼搏着，中国队凭借柳海光和唐尧东的进球以 2∶0 击败日本队，历史性首次晋级奥运会决赛圈。这为改革开放之初的中国大地注入了一剂强心剂，激起了强烈的民族自豪感，社会各界民众纷纷表达了此时此刻激动的心情。

国足晋级奥运会决赛圈①

比赛结束后，北京不少学生涌到天安门广场狂欢庆祝，鞭炮声和欢呼声此时在天安门广场交织着。各大媒体纷纷在头版大幅报道中国足球的首次冲出亚洲，甚至《人民日报》也以“中国足球终于冲出亚洲了！”为题，在头版报道此盛事。赛后，高丰文如释重负的表示：“几代人的努力，今天终于由我们实现了！”

（二）国足获得世界杯入场券

2001年10月7日，时任中国队主教练的米卢、领队朱和元带领中国队获得韩日世界杯入场券，实现几代中国人44年的世界杯梦想。这是继2001年获得奥运会举办权之后体育领域发生的又一个大事件。这一重大事件使得刚刚进入千禧年的中国再次沸腾了，为祖国骄傲的无限荣誉感和自豪感洋溢在每一个中国人的脸上。

国足冲出亚洲，获得世界杯入场券②

在回程的大巴上，中国男足队员们甚至自发地唱起了《红旗飘飘》。来自中国天南海北、四面八方的球迷在沈阳过了“足球大年”。在北京、在广州，全国各地都传递着“我们赢了！我们进了！”的欢呼声。从1957年第一次冲击世界杯到梦圆五里河，中国足球队44年来7次冲击世界杯，其间经历过“五·一九”“黑色三分钟”“泪洒金州”等伤心和痛楚。因为是中国队首次打入世界杯决赛圈，而且没有时差影响，所以中国人看世界杯的热情空前高涨，到处都能看见扎堆看球的场景，学校食堂、宿舍，公司办公室、会议室，酒吧，广场，到处都在谈论着世界杯。许多平时并不关注足球的人也被“拖了下水”。当时AC尼尔森公司一项在北京、上海、广州展开的调查显示：世界杯吸引了82%的中国人的热情关注，而其中有66%是“非球迷”。

国足冲出亚洲，外加一年前申奥成功，千禧年的两大体育事件把中国人的“体育爱国情结”推向了顶点。孙继海回忆当时的心情时提道：“当你站在球场上代表国家队，升国旗、奏国歌，穿着胸前有国家队标志的衣服去比赛，这个荣誉不是电视机前大家能体会到的。”当《义勇军进行曲》第一次在世界杯的赛场上奏响，五星红旗第一次在世界杯的赛场上飘扬，无数中国球迷和更多本不是球迷的人们，都无比期待这一刻。尽管他们所期待的进一球、拿一分、赢一场的目标，已经超过了中国队的实力。但他们所关注的，远远超过了足球本

① 进军“汉城”！中国足球第一次“冲出亚洲”［EB/OL］．［2009－08－13］．http：//sports.163.com/09/0813/15/5GJTL16G00053JLI.html.

② 中国足球首次冲出亚洲 44年世界杯梦想成真［EB/OL］．［2001－11－27］．http：//news.sohu.com/64/23/news147282364.shtml.

身的意义。

二、网球与中国职业赛事形象

网球作为现代职业体育赛事中市场化程度非常高的运动项目，其赛事发展的核心竞争力在于塑造独一无二的市场魅力，具体体现在赛事的文化传统和市场定位上。中国网球公开赛正在逐步形成自己独特的赛事品牌文化。

（一）中国网球公开赛吉祥物

中国网球公开赛吉祥物“大力”和“小美”，这两个可爱的网球精灵具有鲜活的生命和独特的个性，它们聪明、活泼并且善于思考。“大力”和“小美”成为中国网球公开赛特有的文化符号，向世界展示中国网球公开赛的激情与活力，向所有的参赛球员和广大的网球爱好者传达中国网球公开赛的热情与友好。

（二）比赛中使用鹰眼系统

2006 年中国网球公开赛开始使用鹰眼系统，成为美国之外首个运用鹰眼系统的巡回赛赛事，有效地提升了中国网球公开赛竞赛的国际水准。

（三）创办北京国际网球高峰论坛

2007 年，“北京国际网球高峰论坛”正式创办，此后隔年举办一届，北京国际网球高峰论坛自创办至今已经举办了五届。中国网球公开赛始终坚持“网球让城市更美好，让人们的生活更美好”的办赛理念，在职业体育领域，利用高科技促进身体健康已经常态化。北京国际网球高峰论坛为中国网球界人士与世界网球界人士搭起了直接对话的桥梁，从而推动中国网球事业高速发展。

（四）推出中国网球公开赛主题歌

2009 年中国网球公开赛推出赛事主题歌《骄傲飞翔》，由国内乐坛实力唱将张靓颖携手杨坤演唱。《骄傲飞翔》主题歌寓意中国网球公开赛超越自我、勇于突破的执着精神，以及向着更高目标不懈努力。其歌词如下：

骄傲飞翔

你的手 放在胸膛
抬起头 看着前方
人生路 那么漫长
你和我期待着 笑傲人生赛场
多少次 重燃希望
多少梦 就在前方
每当那首歌 唱响辉煌
骄傲的心都闪耀着光芒
让梦想张开美丽翅膀
人生路通往内心渴望
无法阻挡 骄傲飞翔
多少次 重燃希望
多少梦 就在前方
每当那首歌 唱响辉煌
骄傲的心都闪耀着光芒
让梦想张开美丽翅膀
人生路通往内心渴望
无法阻挡 骄傲飞翔
日月停不住 星辰留不住
莫道甘与苦 我怎么能辜负
站在风雨中 心中有一道彩虹
让我的梦 和你的心自由
让梦想张开美丽翅膀
人生路通往内心渴望
无法阻挡 骄傲飞翔
让梦想张开美丽翅膀
人生路通往内心渴望
无法阻挡 充满力量
骄傲飞翔

（五）建造了中国网球公开赛标志性球场

2011 年中国网球公开赛全新中央球场——钻石球场首次启用，成为中国网球公开赛又一独特的标志。

（六）拓展了中国网球公开赛的转播覆盖区

2015 年中国网球公开赛 WTA、ATP 赛事全球电视转播总时长创纪录地达到了 7295 小时，覆盖了 179 个国家和地区，其中欧洲地区以 4524 小时连续第 4 年位列中国网球公开赛全球电视转播时长榜首。中国网球公开赛以 3464 万的全球转播收视总数，首次位列 WTA 全球赛事之首。

三、高尔夫球在中国的发展

同网球一样，高尔夫球职业赛事作为国际主流运动项目，在世界体坛具有极高的社会地位。汇丰冠军赛和沃尔沃中国公开赛（Volvo China Open）在中国发展的征途中，正朝着职业化和商业化的方向发展，成为中国本土顶级的职业高尔夫赛事。

（一）推动亚洲高尔夫球运动

2009 年，汇丰冠军赛正式被世界高尔夫锦标赛（World Golf Championship）接纳，并成为 PGA 巡回赛赛程中的一站。沃尔沃中国公开赛同时被亚巡赛与欧巡赛两大国际巡回赛共同认可，其国际影响力被提升到了一个新的水平。鉴于高尔夫球的传统与遗产，亚洲高尔夫球的发展不会一蹴而就，对于汇丰冠军赛和沃尔沃中国公开赛来说，长期持续地有效完善更加重要。

（二）拥有高额奖金的国际职业高尔夫赛事

汇丰冠军赛的总奖金为 850 万美元，是亚洲总奖金最高的顶级职业高尔夫赛事，并以众星云集的参赛阵容和极高的赛事水平被誉为“亚洲高尔夫皇冠上的明珠”。上海佘山国际高尔夫球俱乐部成为汇丰冠军赛的永久落户地，有助于赛事传统文化的传承与弘扬。创建于 1995 年的沃尔沃中国公开赛总奖金也高达 2000 万元人民币。

（三）塑造了中国高尔夫职业选手的国际声望

汇丰冠军赛的成功在于，它不仅让中国登上世界高尔夫赛事的版图，更让中国球员进入了世界的镜头。梁文冲、吴阿顺、李昊桐等中国球手进入世界高尔夫的视野。

在沃尔沃中国公开赛历届冠军获得者中，中国高尔夫球职业选手四次荣登冠军榜，分别是 1997 年的冠军程军、2003 年的冠军张连伟、2015 年的冠军吴阿顺、2016 年的冠军李昊桐。这些优秀的高尔夫职业球手为沃尔沃中国公开赛注入了中国力量和中国精神，同时，他们也激励着青年一代高尔夫选手及爱好者不断追逐梦想、勇于超越。

（四）实现了以人民币计算奖金

2011 年沃尔沃中国公开赛首次采用人民币计算奖金，充分显示出沃尔沃中国公开赛本土传统的文化建构和国际影响力。正如沃尔沃盛事管理高尔夫部总裁艾瑞森所言："沃尔沃中国公开赛正在谱写自己的历史。"①

（五）政府对高尔夫球运动用地的管理

为了加强土地管理，保护耕地，我国政府出台了一系列文件，这也使得高尔夫球场用地申请十分严格。

《政府对高尔夫球场管理的相关政策》②

1993 年颁布的《关于加强房地产市场宏观管理，促进房地产业健康持续发展的意见》中指出对高尔夫球场等高消费项目原则上不得立项、不核发规划许可证、不供给土地、不予以贷款。1999 年国土资源部出台的土地用地目录中，高尔夫球场被列为限制用地。同时指出高尔夫球场的建设必须严格申报程序，由当地省、市人民政府同意，由国土资源厅上报国土资源部审批。2005 年 12 月 2 日，国务院和发改委下发的《关于发布实施〈促进产业结构调整暂行规定〉的决定》和《产业结构调整指导目录（2005 年本）》中都将高尔夫球场项目被列入限制类。2009 年 11 月，国家发改委等 7 部门联合发文《关于开展高尔夫球场建设情况调查的通知》，目标是加强和规范高尔夫球场建设管理工作。2009 年 12 月 1 日，《国务院关于加快发展旅游业的意见》指出要规范发展高尔夫球场，大型主题公园

① 沃尔沃中国公开赛［EB/OL］．［2015－02－04］．http：//www. pbegolf. com/？ p＝705.

② 张建会，孙班军．中国高尔夫运动发展 30 年：回顾与展望［J］．沈阳体育学院学报，2015（3）：49－54.

等。2011 年 4 月 11 日，国家发改委、监察部、国土部等 11 部委联合颁发《关于开展全国高尔夫球场综合清理整治工作的通知》中要求各地开展高尔夫球场综合清理整治工作。2014 年 7 月，国家发改委、国土资源部等中央 11 个部委联合下发《关于落实高尔夫球场清理整治措施的通知》文件。该文件明确，全国各地高尔夫球场按照取缔、退出、撤销、整改四类要求进行处理。2014 年 9 月《国土资源部办公厅关于抓紧推进落实高尔夫球场清理整治措施工作的通知》要求为落实《关于落实高尔夫球场清理整治措施的通知》和国家发展改革委、国土资源部等 6 部门联合召开的推进落实高尔夫球场清理整治措施电视电话会议的要求，抓紧推进落实高尔夫球场清理整治措施工作。2015 年 3 月 30 日，国家发改委在其官方网站公布了 66 家已经取缔的高尔夫球场名单。

《政府对高尔夫球用地方面的相关政策》①

1997 年 5 月 18 日，在《中共中央国务院关于进一步加强土地管理切实保护耕地的通知》中指出禁止征用耕地、林地和宜农荒地出让土地使用权用于高尔夫球场等高档房地产开发建设。2003 年 11 月 17 日，国土资源部在《关于进一步采取措施落实严格保护耕地制度的通知》中指出对不符合国家产业政策的项目、不切实际的“形象工程”、“政绩工程”项目、别墅项目、高尔夫项目，一律不得报批用地。2004 年 1 月 10 日，《国务院办公厅关于暂停新建高尔夫球场的通知》中指出地方各级人民政府、国务院各部门一律不得批准建设新的高尔夫球场项目，地方各级人民政府要立即对本行政区域内已建、在建的高尔夫球场项目进行一次全面清理检查。2006 年 12 月 12 日，国土资源部和国家发改委联合下发《关于发布实施 <限制用地项目目录（2006 年本） >和 <禁止用地项目目录（2006 年本） >的通知》中也将高尔夫球场项目被列入禁止用地项目目录。2007 年 4 月 27 日，国土资源部下达《2007 年全国土地利用计划通知》中也指出禁止别墅类房地产开发、高尔夫球场、党政机关和国有企业事业单位新建培训中心等项目用地。2009 年 2 月，国土资源部在农村建设用地流转管理办法的四大原则中指出不得利用农村集体土地建商品住宅、高尔夫球场以及其他不符国家产业规划的项目。2009 年 8 月 11 日，国土资源部下发《关于严格建设用地管理，促进批而未用土地利用的通知》中又进一步指出地方政府必须采取强力措施，严肃查处违反土地管理法律法规新建“小产权房”和高尔夫球场项目用地。

基于此，高尔夫球运动在中国的发展之路任重而道远。

① 张建会，孙班军．中国高尔夫运动发展 30 年：回顾与展望［J］．沈阳体育学院学报，2015(3)：49 – 54.

第八章 双重维度：大型体育赛事与中国国家认同的交互关系

奥运会、足球世界杯、国际职业高尔夫球赛事、亚运会、国际职业网球赛事，以及全运会、中国足球超级联赛、中国网球公开赛、中国高尔夫球职业赛事为我们讨论大型体育赛事与国家认同提供了个体的、具体情境的分析，获得了这些赛事与国家认同建构的国际经验和国内经验。然而，任何个体的存在都不能脱离整体环境，不能脱离社会现实而孤立地去分析。为了更好地理解人类现代文明史进程中大型体育赛事与国家认同的历史，还需要将研究的视角拉长，采用中观或宏观的角度来考察体育在人类社会历史中的地位与价值。正如德国哲学家黑格尔（Hegel Georg Wilhelm Friedrich，1770—1831）在《美学》开篇写道："就对象来说，每门科学一开始就要研究两个问题：第一，这个对象是存在的；其次，这个对象究竟是什么。"英国的爱德华·泰勒（Tylor Edward Burnettt，1832—1917）说："任何未来，都是昨天的继续。"要知道，世界不会以跳跃的方式前进，而要使人们的心中铭记住一种发展的学说，就要引导他们十分尊敬自己的祖先[1]。

本研究以大型体育赛事发展线索为主线，通过这条线索来探寻 100 年以来中国在汇入世界进程中国家认同的演变过程，通过对奥运会、足球世界杯、国际职业体育赛事、亚运会、全运会、国内职业赛事与国家认同的分析，总结上

① 宋春香．狂欢的宗教之维——巴赫金狂欢理论研究［D］．北京：中国人民大学，2008.

述赛事发展的历史脉络，以及赛事本身所具有的国家认同建构方式。在中国与大型体育赛事的交互关系中，国家认同的形成与演化，简单来说应该有两种路径，第一种是从内到外的认同，即我们（中国）希望外来者如何看待我们（中国）自身；第二种是站在国际平台上，按照某种国际的理念来反观我们（中国）自身，以求得我们（中国）被全世界接纳和认可。在中国与国际大型体育赛事的互动演进过程中，国家认同表现出了由内到外和从外向内的双向建构过程，并从国际和国内双重维度彰显了中国和世界的关系，体现了中国内部发展以及对外开放的关系。大型体育赛事与中国国家认同交互关系过程如图 8－1 所示。

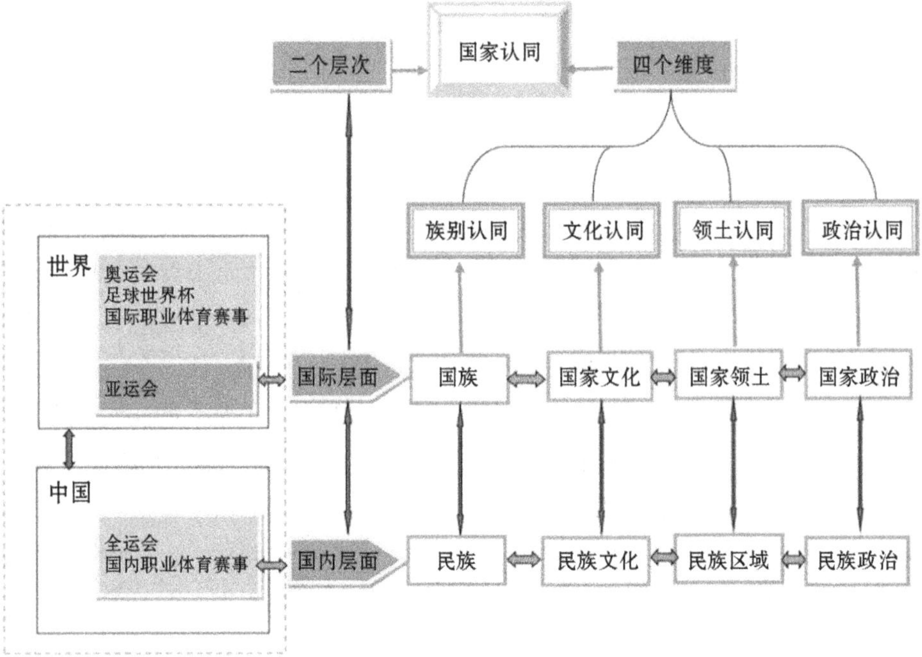

图 8－1　大型体育赛事与中国国家认同“二层四维”结构互动关系

结构图借鉴：王树亮．国家认同对象体系的“三层四维”结构［J］．山西师范大学学报（社会科学版），2014（3）：1－5。

国家认同是一个多层次的复杂结构，政治认同、文化认同、领土认同、国族认同相互交融，共同构成近代以来中国民族国家观念和意识。大型体育赛事与中国国家认同的建构关系可以简化为横向四个维度、纵向两个层面的“二层四维”结构图，从横向上看，国家认同由族别、文化、领土、政治四个维度要素构成，纵向上可以分为国际、国内二个层次。“二层四维”国家认同体系是一个动态复杂的系统，每一层次和各维度要素之间有直接或间接的互动关系。领土认同是国家认同的基础，领土认同是国族认同、文化认同和政治认同能够在国家认同层面发挥作用的必要前提。

大型体育赛事与国家认同的交互关系示意图表明，中国在走向世界一百余年的进程中，大型体育赛事从国内层面到国际层面，在国族、文化、地理空间、政权四个维度中发挥着重要的国家认同建构作用，并与不同历史时期国家发展的实际情况相同步，四个维度的认同建构并不是齐头并进的，而是以国家建设的现实背景和实际需要为出发点。

第一节　1910—1948 年大型体育赛事与中国国家认同的历史演变

1840 年鸦片战争之后，西方的多种文化形态向中国传播，渗入我国的制度、人民日常生活等各个层面，而体育的传播从来就不是简单而孤立的，总是裹挟着复杂的社会因素，卷入中国社会现代化进程之中。西方现代体育在中国的传播有着深刻而复杂的社会背景，为了更好地勾勒西方现代体育带给中国民众的冲击与震撼，需要对当时中国社会发展的历史图景进行概貌式呈现，从而达到深刻理解体育尤其是体育竞赛与文化民族主义和政治民族主义之间的联系。

第一，政治背景。东西航路的发现，使得殖民地的争夺开始遍及东西两个半球。在鸦片战争前，除俄国外，西方各国都不曾与中国建立通商修好条约。17 世纪西班牙在海外的优越势力到了 18 世纪渐渐移于英国。18 世纪的百年内，英国海上势力已经超越各国，对于中国的通商，也渐渐跃居第一位，第二位则为美国[①]。18 世纪末期至鸦片战争发生，英国想与中国增进商业关系，经过三次（第一次是 1792 年马甘尼特使，第二次是 1816 年阿姆哈斯特使，第三次是 1834 年商务监督纠纷）重要交涉，均未取得实质性成果。此后，英政府放弃从前的和平主旨，决定采用非常手段打开中国的门户。而此时清政府的大小官吏还在睡梦之中。鸦片成为中英冲突的导火线。1840 年至 1900 年的 60 年间，鸦片战争、英法战争、中俄战争、日本夺取琉球事件、中法战争、中日甲午战争、

---

① 李剑农. 中国近百年政治史（1840—1926）［M］. 上海：复旦大学出版社，2007：18.

外国势力争夺在华租借地、义和团战争①，使得19世纪后半叶的中国一直处于动荡不安之中。在这种国际政治背景下，迫于各种压力，清政府不得不重新审视和外界社会的关系。通商成为中国和外界联系的起点。19世纪90年代是转折点，西方思想和价值观念首次从通商口岸大规模地向外扩展，在绅士文人中间产生思想激荡。这种激荡是由帝国主义不断增加的侵略之势激起的。1895年以后的民族危机只不过是一种触媒剂。军人成为一个有社会影响的集团，这与中日甲午战争以后恶性发展的民族主义潮流有关。另外，这种军事思想、军事潮流也一直影响着中国体育的发展。1905年以后国内大多数教育机构和团体中，绅士和文人是其主要组成人员，他们大部分受过西方教育的熏陶和洗礼，因而也都追求尚武精神。

中国在19世纪经历了一幕悲剧，这场悲剧是如此缓慢、无情而又彻底。1911年的中国表现出一个脱了节的社会所具有的两面性。清朝的覆灭使传统社会陷入越来越混乱的发展格局中，在以后的几十年中，民众起义的骚扰、外国影响的扩大以及政治制度的腐朽，显然无力维持社会稳定，这些都进一步损害了社会结合的机制。

第二，经济背景。18世纪，中国的人口增长了一倍，且总的增长趋势一直持续到1850年。人口的增长使得无地贫民人数增多，粮价上涨，仓储枯竭。受土地报酬递减规律的影响，每人生产的剩余产品减少，从而导致人民更加贫穷。

19世纪中期中国的手工业生产绝大部分在城市，农村最重要的家庭手工业是纺纱和织布。中国当时进行社会化生产的各种技术已经达到了发展的极限，无力再为经济增长提供动力支持。同时，限于外国势力侵占并瓜分中国的国际政治格局以及国内推翻晚清政府而引发的国内社会动荡，到1911年时，中国社会根本无暇改造、创新新技术，更无法引进和采用国外的先进现代技术。这种状况造成了无论是国家政府部门还是个体企业私营部门，在思想上和财力上都无力把“经济发展”作为一项优先政策来倡导。

第三，文化背景。18世纪是清政府文治武功极盛的时代，但是乾隆推行的开四库全书馆和禁书令，使得盛极一时的所谓汉学，完全没有与西方同时代新文化潮流相抵抗的效能。1795年英国特使马戛尔尼在归述中即说明了中国的科学知识远不如他国。在1890年前的半个世纪中，中国不得不面对帝国主义的扩

---

① 费正清，刘广京．剑桥中国晚清史1800—1911：上卷［M］．北京：中国社会科学出版社，1985：4.

张，但到了1890年，帝国主义侵略进入了新的关键阶段，西方列强开始了“争夺租借地”的狂潮。这使得中国社会形成了一种前所未有的危机气氛，被瓜分的恐慌和不安在全国弥漫。然而，就西方文化对中国的冲击来说，1840年后的近半个世纪内西学的输入是缓慢的，它对中国士大夫的影响是表面的。1860年以后的数十年间，基督教传教士向中国内地的渗透①，引起了社会文化的冲突，扩大了中国和西方之间心理上的隔阂，其根本原因在于传教士来华的直接目的是征服和取代中国文化。文化的优势传播原理表明传统文化必须在总的文化势能上或某一方面的文化要素中具有较高的势能或优势，能够改善和丰富人类生活，才能够有传播的可能性，文化传播不是靠武力②。教会和传教团体自觉或不自觉地与当时的殖民主义分享同一个时代的价值观和意识形态，即以征服“落后”地区和对“劣等”民族传播“先进”文明为核心的“帝国主义精神”。到第一次世界大战前，美国已超过英国成为在华传教规模最大的国家。

由于清政府施行禁教政策，1830—1860年是基督教传教布道工作进展缓慢的时期，且传教活动仅限于东南沿海通商口岸。第二次鸦片战争后，《天津条约》和《北京条约》迫使清政府将中国全境向传教士开放，传教士开始广泛深入中国内地的乡村社会，其特权地位、傲慢行为以及基督教与中国传统风俗、文化间巨大的差异，致使冲突不断，频繁酿成教案。19世纪80年代，美国经过内战和重建，经济获得高速发展，在扩张主义和帝国主义思潮的推动下，作为显示美国力量和传播美国文化及生活方式的传教活动得到美国社会各个阶层的支持。到20世纪初，传教士的足迹遍布中国关内18省，年轻的大学毕业生成为美国传教运动的主体。为避免传教与中国社会发生矛盾和冲突，传教士选择建立有利于福音传播的社会与文化环境，通过教育、出版、医疗、慈善等间接方式传教布道。教会中学和大学纷纷兴起，教会教育摆脱作为福音布道附属物，开始走向专业化和正规化③。

正是基于这样的政治、经济、文化、社会发展背景，现代体育尤其是传教士组织开创的各类体育竞赛，以其所具有的群体性的、有凝聚力的、宣泄情感的以及类似于节日的狂欢气质与中国的岁时民俗之气质具有类同之处，吻合了

① 剑桥中国晚清史第01节　背景：西方冲击的形势［EB/OL］.［2010-08-06］.http://www.zhlzw.com/Mind/201209/783515.html.

② 王立新.美国传教士与晚清中国现代化［M］.天津：天津人民出版社，2007：5.

③ 王立新.美国传教士与晚清中国现代化［M］.天津：天津人民出版社，2007：13.

中国民众的娱乐心理，所以很快走进了中国民众的日常生活中①。

1910 年至 1948 年，中国开展全运会和参加奥林匹克运动会，均是为了实现进入世界体系这一目标，不断形塑国内、国际两个层面的国家认同而做出的一系列的努力。虽然这一阶段受到复杂的第一次世界大战、第二次世界大战国际环境和严峻的国内形势及日本侵华等内政外交困境的影响，但中国在追逐奥林匹克梦想的道路上，尤其是全运会赛事体系在这一时期为中国的国家认同奠定了良好的内部根基。

一、主办全运会：联结国内与国际体育赛事的纽带和桥梁

1910—1948 年，国内初步形成了以全运会为代表的体育赛事体系，架起了与国际远东运动会、奥运会、国际单项赛事接轨的桥梁。国内、国际体育赛事体系关系如图 8 -2 所示：

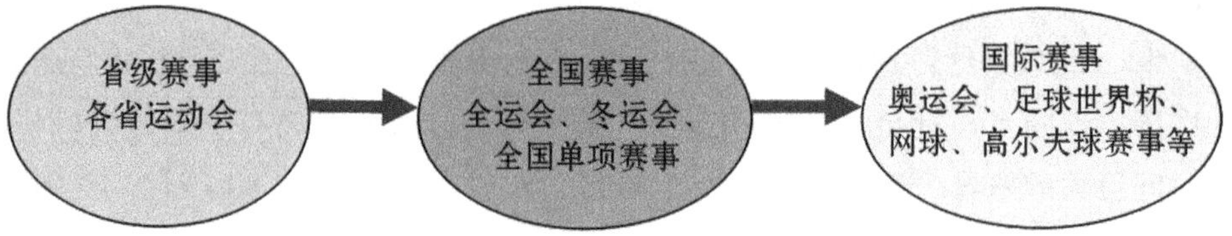

图 8 -2　国内、国际体育赛事体系关系示意图

西方近代体育走入中国人民的视野，是在早期外国在华通商口岸和租借地中的教会学校和外国人设立的俱乐部中，那时的体育以洋人自我娱乐、自我享受的形式存在②。在这期间，西方标榜体育是“西方文明”的产物，是以组织校运会和校际运动会为主要形式开展的，只不过这些校际运动会并未引起社会大多数民众的关注，产生的影响也不大。但第一届全国运动会的召开，使西方近代体育从“自我享受”的状态走向了社会。这体现了中国体育竞赛制度从传统向现代的转型，突破性的转变是竞赛制度与竞赛规则完全与西方现行竞技规则接轨。第一届全国运动会的召开标志着西方近代体育以一种压倒性的优势俯视中国体育，并揭开了罩在中国体育上的“伦理性”的面纱，而注入其赤裸裸

① 郎净. 近代体育在上海（1840—1937）［M］. 上海：上海社会科学院出版社，2006：30.
② 张建会. 全运会制度变迁中的秩序、认同与利益［M］. 北京：北京体育大学出版社，2011.

的、以“自由竞争精神”为本质的激烈竞赛性格，以全新而独特、科学的方式，把中国体育从与军事、艺术融为一体的混沌状态中，血淋淋地割裂出来①。同时，在处于最深重的政治、经济危机之中举办的“第一届全运会”，无疑带有十分浓厚的殖民地体育的色彩。第一、二届全运会由外国基督教青年会主持，由于规模比较小、参与人少，致使当局者对其漠不关心。第三届全运会，主办地选在武昌，这是因为当局者可以将全运会作为平台，捞取政治资本，巩固自身的统治势力。武昌因其重要的战略地位、经济地位及社会资本地位，而成为第三届全运会的举办地。第三届全运会影响非常大，首次由国人主持竞赛组织工作，并得到了民众的广泛支持，按远东运动会的规定，增设有关的运动项目及女子表演项目。这些变化一方面体现了北洋军阀统治者对全运会竞赛制度的关注和利用，同时也体现了当局者对全运会与世界竞赛接轨的潜在利益诉求。

第四届至第七届运动会一直由国民政府主持，举办地主要在江、浙、沪。究其原因，也是蒋介石政府为了稳固政治统治势力，希望获得三地财团的支持，以提升国民政府的社会威望。通过第四届全国运动会开幕式大会宣言，我们亦可读出全运会与国家命运之间的紧密联系。

蒋介石在第四届全国运动会上的宣言②

有健全之体魄，始有健全之精神。合健全之国民，始有健全之民族。亦唯有健全之民族而后能创造健全之文化。竖尽古今，横绝大宙，未有国民疲弱萎靡而其文化能发扬昌大，其国民能独立自存者也。革命垂成，建国方始，中央深维国民体育之不振，实为文化衰落之总因，亦为召侮致乱之媒介。将欲丕变风习，树之新基，是以决议举行全国运动会。

第四届全国运动会的宣言充分体现了国民政府统治者对全运会制度的政治需求，同时宣言中指出：“竞赛规则，化为习俗。直而不诡，竞而不争。”

第五届和第六届全运会的规模逐渐扩大，且运动成绩也逐届提高。依照全国运动会每隔两年在首都及各省市轮流举行一次的规定，第七届全国运动会始定于1937年双十节在南京举行③。但因淞沪事变而被迫中止，直至变更为1948年5月在上海举行。这届大会完全具有了现代综合性竞赛的运行模式。其一，

① 曹冬．论旧中国第一届全国运动会的历史地位［J］．体育文史，1988（3）：43－49.
② 姜少敬．陈布雷与民国时期四届全运会“宣言”［J］．体育文史，1988（12）：18－19.
③ 张建会．全运会制度变迁中的秩序、认同与利益［M］．北京：北京体育大学出版社，2011.

举行了书面训词及火炬接力，模仿奥运会的火炬接力仪式。其二，在大会赛事报道上，建有播送体育新闻播报的枢纽，上书“上海电台”和“XORA”等字样，以随时将比赛情形向全国广播，场内各处看台均装有播音器，同时向场内观众报告。体育消息这样大规模广播，还是创举①。其三，竞赛规程允许陆、海、空军，联勤、警察独立参加，体现了参赛单位的变化。国民政府从参赛单位、项目设置、举办地点等方面逐渐规范和完善了全运会竞赛制度。国家政府参与运动会，加快了全运会现代化的步伐，一方面使运动会走上了规范化道路，另一方面也不可避免地带上功利主义色彩，成为政治民族主义的重要旗帜。

1910—1948 年，全运会在推动中国追逐奥林匹克梦想、积极融入国际体系中发挥了重要作用，并且扮演了重要角色。

（一）围绕全运会形成了国内竞技体育人才培养体系

随着近代体育的逐渐普及，第一届全国运动会举办后，大区运动会、省市运动会相继出现，互相衔接，并逐渐定期举行。由于当时的大区和省市运动会都是以学校为单位参加的，运动员大多是学生，因此，竞技运动成绩并没有达到理想的效果，但是竞赛体系已初具规模了。

1. 全国五大区运动会的普及与发展

华北、华中及华东等地区，都举办过规模不等的运动会。1913—1934 年共举办了 18 届华北运动会，1923—1936 年共举办 6 届华中运动会，华东举办过“东方八大学运动会”和成立“华东八大学体育联合会”②。

2. 全国各省市均组织主办运动会

早在 1904 年至 1908 年，在华南地区的广东省、福建省等就举办过省际运动会。之后，上海、北京、天津、福建、香港、湖南、四川等地市纷纷举办了形式多样的运动会。这些省级运动会有力推动了近代体育和竞赛在中国的普遍开展③，提升了各地区的竞技运动成绩和水平。

3. 远东运动会是我国当时参与的主要国际性赛事

除了奥运会之外，远东运动会是旧中国参加的主要区域性国际赛事。1913 年到 1934 年分别在菲律宾、中国、日本三国共举办了 10 届远东运动会（表 8 -

① 陈建宁. 1948 年上海第七届全国运动会［J］. 上海档案，2001（6）：45 - 47.
② 张建会，钟秉枢. 1910—1948 年全运会制度的历史考察［J］. 体育学刊，2010（8）：17 - 21.
③ 同②.

1）。远东运动会 1920 年获得国际奥委会的正式认可。远东运动会运动员的选取采用了由地方到中央的选拔模式，运动员代表国家参赛，在赛场上对外传递着强烈的爱国情怀。由此，全国竞技体育人才培养体系也初具规模。

表 8－1　历届远东运动会举办情况一览表

届数	举办时间	举办地	举办国	参赛国家或地区	比赛项目
第一届	1913 年 2 月 2 日至 2 月 7 日	马尼拉	菲律宾	中国、日本、菲律宾	8 个项目
第二届	1915 年 5 月 15 日至 5 月 22 日	上海	中国	中国、日本、菲律宾	8 个项目
第三届	1917 年 5 月 8 日至 5 月 12 日	东京	日本	中国、日本、菲律宾	8 个项目
第四届	1919 年 5 月 12 日至 5 月 18 日	马尼拉	菲律宾	中国、日本、菲律宾	8 个项目
第五届	1921 年 5 月 30 日至 6 月 4 日	上海	中国	中国、日本、菲律宾、印度、暹罗、马来、爪哇	比赛项目 8 个
第六届	1923 年 5 月 21 日至 5 月 26 日	大阪	日本	中国、日本、菲律宾	比赛项目 8 个 表演项目 5 个
第七届	1925 年 5 月 16 日至 5 月 23 日	马尼拉	菲律宾	中国、日本、菲律宾	比赛项目 8 个
第八届	1927 年 8 月 28 日至 9 月 4 日	上海	中国	中国、日本、菲律宾、暹罗、马来西亚、印度	比赛项目 8 个
第九届	1930 年 5 月 24 日至 5 月 31 日	东京	日本	中国、日本、菲律宾	比赛项目 8 个 表演项目 5 个
第十届	1934 年 5 月 12 日至 5 月 19 日	马尼拉	菲律宾	中国、日本、菲律宾、越南、印度尼西亚	比赛项目 8 个 表演项目 5 个
第十一届	原定 1938 年，后取消	大阪	日本	—	

（二）国内形成了一系列体育竞赛组织管理制度

1927 年以前，没有领导全国体育运动的正式官方体育组织，属于民间社会团体性质的组织先后有三个。伴随第一届全国运动会成立的“全国学校分区队第一次体育同盟会”是一个以基督教青年会人士为主的临时性组织，运动会一结束，该组织就解散了。为主持全国各地区的社会体育和运动竞赛，1915 年第二届远东运动会上，成立了华东、华西、华南、华北、华中五地区的体育联合会，该组织主要负责分区运动联合会，并为国际竞赛选定中国运动员代表。

在 1919 年五四运动的影响下，体育战线也开展了反帝反封建爱国运动，开始了收回体育主权的斗争。西方文化的强权介入与企图控制和垄断中国体育事业的目的遭到了国内爱国人士强烈的反抗①。1924 年，在第三届全国运动会上，经全国五地区体育联合会代表倡议，成立了“中华全国体育协进会”，1931 年该组织获得国际奥委会的正式认可，主要负责筹办第四届至第七届全运会，以及选拔远东运动会、奥运会等国际性比赛选手。

国民党统治时期，为加强对体育运动的领导，使之系统化和有序化，除“中华全国体育协进会”之外，官方的党、政、军、团系统都成立了相应的机构。例如，国民党中央党部民训部体育科、教育部“体育委员会”、军委政治部体育科、军委训练总监部、三青团体育指导委员会、党政军学体育促进会、各省市相应的体育机构。颁布了各种专门的体育法令，除了有关学校体育的《学制》《课程标准》《各级学校体育实施方案》外，还有《国民体育法》《国民体育实施方案》《全国运动会举行办法》《体育会组织办法》《国民体育委员会组织条例》② 等。

无论这些法规的可行性以及最终的实施结果如何，我们从中可以看出国民政府试图依靠“法制”“规范”推进各项工作，虽然受当时社会政治背景、现实条件的约束，最终许多条例和法规成为一纸空文，不可否认的是，当局者为了加强自己的统治，寻求法治和规范化建设是具有一定积极意义的。

（三）全运会成为我国传统体育向现代体育转变的重要标志

1910 年举办的全运会具有里程碑式的意义。第一，从项目设置上看，运动

① 张建会．全运会制度变迁中的秩序、认同与利益［M］．北京：北京体育大学出版社，2011.
② 同①.

竞赛项目的设置均以西方现代体育项目为基础。第二，从组织主体上讲，经历了由西方主导逐渐向我国自己主办的转变。主管国际国内主要竞赛组织的全国性正规体育组织建立，为我国体育竞赛实现现代化提供了良好的组织管理机制。第三，从参与国际竞赛活动上看，体现了我们积极融入国际赛场而做出的一系列努力。第一届全运会是中国人对奥运会活动的最初模仿，这种模仿本身就具有了现代化的特征。无论是竞赛组织形式、项目分组和比赛成绩的规范性，还是举办时间的确定，均有奥运会的比赛特征。为了与远东运动会接轨，第四届全运会首次改为以省、市为单位参加。在全运会发展的历史进程中，为了能够打通国际体育赛场的通道，使国外、国内一致，全运会一直不断地进行着各种改革、调试，以适应国家以及国际体育赛事发展的需求。

（四）在推进中国现代化转型的过程中全运会也面临着认同困境

全运会在积极进行国家、民族认同构建的同时，也面临着社会认同危机，主要体现在赛风赛纪和运动员过度追求锦标上。运动竞赛是西方文化入侵的主要工具，因此从一开始，体育竞赛就被赋予了极强的政治色彩。由于教会学校偏重“选手制”，助长锦标主义，这也导致锦标主义成为 19 世纪 20 年代后体育运动中一个尖锐的问题。

运动中的锦标主义①

“当时体育的流弊是收买运动员，宠戴运动员，注意少数运动员忽略大多数学生，轻视体育教员及惹起纷争，等等。有一种学校校长，用很高的薪水请一位著名运动员做体育教员，又用利诱的方法搜罗各地运动员组织校队，专门以得锦标为目的。比赛胜利可任意要挟学校，败了则教员的位置便不稳了。”这样的运动员被人们讽刺为“宣传校誉”的“肉体广告”，“每日经营者只吃饭、睡觉、打球三事，于社会上不过多几家造粪机械而已”。“竞技运动与团体运动（意指多数人参加的健身运动）究竟应如何提倡？竞技运动固皆各校之选手也，团体运动则各校平均之运动也，二者是否其提倡，拟当偏重提倡者此一问题也。”

在 1930—1948 年的第四至第七届全运会中，锦标主义、选手体育思想在这一时期表现得更加强烈和突出。

① 谷世权．中国体育史：下册［M］．北京：北京体育学院出版社，1989.

第四届全运会中的赛风赛纪问题①

第四届运动会组织混乱，裁判水平低。女子二百米接力跑竟然不能判断第一、二名，最后含糊了事，使哈尔滨与广东并列田径冠军；男子万米因记圈错误，使最后男子田径锦标难以判定属谁，最后，男子总锦标只好由上海、香港、广东分享，可谓贻笑天下。在足球比赛中，运动员大闹“裁判不公”，裁判员因怕挨打，逃到看台下面，但仍被抓出“痛殴一顿，头发被抓落一片，弄得该裁判昏迷不省人事”。

第五届全国运动会中，观众与运动员到处滋事、大打出手的事故层出不穷：“唯是大会所暴露之弱点极为繁多。举其大者言之，大会组织不健全，实际负责者太少一也，选手争夺锦标，或采取不正当手段，甚至发生斗殴，殊有备竞赛道德二也，裁判员不能审慎将事三也，群众不守纪律，几无日不发生纠纷四也，实为吾人之最不满意者。”

“第六届运动会中，有在某处不能当选的运动员，立刻在另一个地方当选，又有同一运动员，而在两处当选为代表……”②

“第七届旧全运会打风盛行，乌烟瘴气。足球赛打得最厉害，5 月 7 日，浙江以 2:0 胜空军，赛后，浙江队员陆炳生被空军三队队员打伤住院；5 月 19 日，上海对大连，赛后大连队员卢昌泰将裁判员徐绍武殴伤也住了医院。……由于完全得不到保障，全体足球裁判员于 5 月 14 日拒不出场，以示抗议。”大会闭幕后，5 月 19 日，上海《大公报》总编辑王芸生曾说过：“对这次全运会有两点感想：一是穷，二是凶。大会想尽办法弄钱，从门票深入到茅房草纸，因此许多纠纷都是由穷而来；除了穷便是凶，观众打观众，运动员打裁判，抗议纷纷，实在乱得很，……幸好穷凶还未达到极恶的地步。”河北队总领队史麟说：“这次全运会是目前中国一切现象的缩影。”③ 这些总结充分反映了国民党政府统治下腐败、落后政局混乱的社会问题，同时也揭露了体育竞赛资产阶级锦标主义的本质。由于当局的腐败、日本帝国主义的侵略，加之经济文化落后等，全运会在各方面进展都很缓慢，一些主要项目的运动成绩长期停滞，甚至倒退④。

---

① 谷世权．中国近代体育史［M］．北京：北京体育学院出版社，1989.

② 乔克勤，关文明．中国体育思想史［M］．兰州：甘肃民族出版社，1993.

③ 谷世权．中国体育史：下册．北京：北京体育学院出版社，1989.

④ 体育院系、教材编审委员会，《中国近代体育史》编写组．中国近代体育史［M］．北京：人民体育出版社，1985.

上述种种情况都表明，为了在竞赛中追求锦标，不论是学校、省市单位、官僚政客还是体育工作者，都想方设法弄到几个优秀运动员。这些利益相关者为了自身的名誉地位、工作业绩，使用手段繁多，花样百出，促使这种不正之风持续盛行。这些为全运会增添了一抹不和谐的色彩。

二、参加奥运会：中国走向世界的努力和尝试

1896 年第一届现代奥林匹克运动会在希腊雅典召开，此时的中国正处于甲午战争战败、民族情绪失落和压抑、晚清帝国统治面临合法性危机的复杂时刻，危难当头，中国根本无暇派出一支体育代表团参加此时举办的奥林匹克运动会。正是在这一时期，基督教青年会来到中国，1895 年在天津设立了第一个基督教青年会分部，开始传播现代国际体育。基督教青年会正是通过体育赛事这一极具影响力和感染力的形式，点燃了甲午战争后处于压抑失落状态中的国民内心的激情，通过参加奥林匹克运动会，“何为中国，何为中国人”的民族热情瞬时被激发，奥运会也成为国民奋发图强、救亡图存的民族诉求。1908 年《天津新青年》提出的“中国何时才能派一位选手参加奥运会？中国何时才能派一支队伍参加奥运会？中国何时才能举办奥运会？”著名奥运三问，则是这一时期民族诉求的集中体现。

辛亥革命推翻清政府统治，随后的袁世凯复辟帝制、军阀混战，以及第一次世界大战爆发、国民政府在南京成立，与之后的日本侵华战争，使得中国发展内外受困，遭受严重打击。在中国政治、经济、文化等各方面发展均处于疲软的困难时期，体育成为中国走向国际的一支生力军和先锋部队。

1932 年洛杉矶奥运会，中国派出刘长春一人参赛，这是中国人首次登上奥运赛场，刘长春也成为中国奥运第一人。1932 年 7 月 29 日，刘长春历经艰辛坐邮轮花费三周时间才抵达洛杉矶。7 月 31 日就是男子 100 米资格赛，由于旅途劳顿、体力不支，他仅跑出 11 秒 5，排名小组第五（最后一名），未能晋级决赛。

1936 年德国柏林奥运会，中国派出由 69 名运动员、34 名赴欧考察官员组成的 110 多人代表团参加了此次奥运会，参加了田径、游泳、举重、拳击、自行车、篮球和足球 7 个大项的比赛，这也是我国首次正式派代表团参加奥运会，且很多运动员是军人出身，当大多运动员都因各种原因被挡在决赛之外，符保卢为中国人争了口气，闯进了撑竿跳高的决赛。

1948 年伦敦奥运会举办。由于国民政府忙于内战，经费紧张，伦敦奥运会中国代表团的人数大幅缩减，仅派出田径 4 人、游泳 1 人、自行车 1 人、足球 18 人、篮球 10 人的代表团参加比赛。中国选手均在初赛就被淘汰。

三、以民族认同和政治认同为核心的国家认同建构

回溯历史，不管哪朝哪代以及其国家认同的基础性要素为何，古代中国人在根本上由文化要素建构起来的王朝认同，在古代中国两千多年的历史中未发生本质性改变①。王朝认同与文化认同一表一里，维系着传统社会人们的基本心理结构，这时的中国“实为一文化实体而非国家”和“不像国家”②。1840 年的鸦片战争，特别是 1895 年甲午战争以来，中国被迫卷入一个与之前朝贡体系全然不同的陌生世界体系之中，西方列强的强大压力和入侵，从根本上打破了中国王朝国家自身演进的逻辑和社会秩序，中国迅速沦为半殖民地，滑落到世界体系的边缘地带，迫使中国不得不接受与西方民族国家制定的国家交往准则③。这也使得晚清时期出现了真正意义上的民族国家意识，正如李斯特所说，似乎只有在优势民族挟其强权进行兼并的威胁下，才会让被侵略的人群生出休戚与共的民族情操，一致对外④。西方帝国入侵产生的民族生存危机激发了人们强烈的政治认同感，即“中国”作为一个独立国家，“中华民族”作为一个独立的国族认同，被迫启动了现代民族国家建设。由此，民族主义成为中国社会各阶层普遍的精神现象，新型的民族、国家观念与意识促使人们的认同对象与认同结构发生变化⑤。然而，由于当时民族国家建构的民族基础非常薄弱，中国的首要任务是建立独立自主的主权国家，为民族争取生存空间和发展权利。于是，中国现代化的基本路径是国家建构先于国族建构，一切领域围绕着国家建构的政治目标，依照让中国人民“站起来”的政治原则展开⑥。孙中山领导

---

① 暨爱民，彭永庆．国家认同建构：基础要素与历史逻辑［J］．中南民族大学学报（人文社会科学版），2016（1）：32－37.

② 梁漱溟．中国文化要义［M］．上海：上海人民出版社，2011：14.

③ 赵超．中国民族国家构建与中华民族认同的形成［J］．探索，2016（6）：51－58.

④ 陈壁生．民族主义与民族国家建构［J］．社会科学论坛，2006（9）：22－33.

⑤ 暨爱民，彭永庆．国家认同建构：基础要素与历史逻辑［J］．中南民族大学学报（人文社会科学版），2016（1）：32－37.

⑥ 任海．体育强国：由重在国家建构到重在国族建构［J］．上海体育学院学报，2018（1）：1－6.

的辛亥革命推翻了清王朝的专制统治，建立了人民民主专政的近代民族国家，认为国家由领土、人民、主权三要素构成，以“三民主义”为理论体系，把民族解放、国民革命和社会改革三大历史任务融为一体，完整提出了建设民族国家、国民国家和社会国家的理念，强调了从王朝认同到民族认同的转变。蒋介石的一个国家内的“一个党、一个领袖、一个主义”的观点中，将民族认同、文化认同和政治认同合为一体，以一种新独裁的方式延续着旧有专制中的认同统治[①]。国民党集权政治结构的僵硬、保守，决定了1928年后建立的政治制度无法获得全国各阶层人民的认同，最终国民党未能建立独立自主的，能被社会成员在政治上、文化上高度认同的现代民族国家。显然，1910年至1948年，由于频繁的战乱和积贫积弱的社会现实，中国国家认同处于剧变之中，历史包袱与时代嬗变时常缠斗不休。在1949年之前，中国并未建立一个真正意义上的独立自主的主权国家，直到1949年中华人民共和国成立，才真正完成了现代民族国家的建构。

就中国体育的发展而言，现代体育的引入与民族国家和中华民族的概念和意识相伴而生。民族国家和中华民族是晚清时才出现的概念，而作为国族的中华民族，必定与近代国家同时出现，而且是被民族主义和国家所建构的[②]。甲午战争失败之后，中国才意识到自己不是天朝大国，而是一个可以任人宰割的国家，甚至能够被东亚一个小国打败。为了救亡图存，一些先进的中国人开始关注国际体育。同时，1894年在法国发起了现代奥林匹克运动和1896年在雅典举行了第一届现代奥林匹克运动会，教会学校和基督教会对西方体育在中国的传播和推动中国参加奥林匹克运动进程起到了非常重要的作用。现代国际体育对中国国家的未来和中国在世界的地位至关重要，中国紧随现代体育世界潮流，追求尚武精神和社会军事化，通过拥抱西方体育竞赛来促进民族国家建设和塑造以国家主权、领土、人民为核心的中华民族国家认同，其核心目的是在世界新秩序的外交层面上挑战自身的旧制度和现存的国际体系[③]。

在国内层面，1910年至1948年，国内形成了省运会到全运会到远东运动会再到奥运会的竞赛格局，也为国家认同的建设搭建了从国内到区域再到国际的

---

① 陈壁生．民族主义与民族国家建构［J］．社会科学论坛，2000（9）：22－33.

② 许纪霖．国族、民族与族群：作为国族的中华民族如何可能［J］．西北民族研究，2017（4）：10－20.

③ 齐静．中国百年奥林匹克之梦（一）——徐国琦教授学术对话录［J］．体育与科学，2017（6）：27－35.

赛事平台。尽管1910—1948年中国体育在国际体育舞台上没有绽放出夺目的光彩，但是从省运会到全运会到远东运动会再到奥运会的竞技体育发展模式，初步实现了国内民族认同的构建目标。全运会为中国国内竞技体育的发展奠定了深厚的基础，实现了竞技体育运动项目的本土化发展，培育了大批专业的运动员、裁判员和记者队伍，促进了体育产业的发展。在政权更迭、民心涣散的特殊年代，全运会还在凝聚民心、鼓舞民族士气和振奋民族精神方面，发挥了重要的价值。当然，全运会中出现的赛风赛纪问题对文化认同的建设起到了一定的消解作用，这一时期并未在国内形成强有力的文化认同，主要在于五四运动之后，一次次的革命更是一次次时间的断裂，传统的价值崩溃，固有的文化认同已经失去，固有的价值被打倒在地，新的文化却没有被创造出来。在这种文化认同的真空里，民族主义完全处于无根的状态。

在国际层面，1910—1948年中国体育代表团分别参加了1932年、1936年和1948年三届奥运会，这是中国试图走向国际社会的一种努力和尝试，但限于国际政治环境和国内战乱的影响，国力疲软，无力支撑中国竞技体育在国际大赛中获得优异的成绩，因而，也就无法更好地利用国际体育赛事塑造稳固的国家认同，实现中国走入国际体系的目的。虽然这一时期形成了省运会到全运会到远东运动会再到奥运会的竞赛培养体系，但受国际国内政治、经济、社会文化环境的影响，这一体系在推动中国体育走向国际的进程中，并没有取得良好的竞技体育效益，这从根本上反映了中国社会发展的实际。1932年洛杉矶奥运会，国民党政府以中日交战、“时间仓促，准备不及”为由，宣布不参加第十届奥运会，伪“满洲国”以刘长春是东北人为借口，公然在报纸上宣称刘长春将代表伪“满洲国”参加奥运会。刘长春在1932年5月末的《大公报》发表声明：我是中华民族炎黄子孙，中国人绝不代表伪“满洲国”出席第十届奥林匹克运动会。于是，1932年7月1日在东北大学第四届毕业典礼暨体育专修科第一届毕业典礼上，张学良校长训话道：“同学们，同胞们！想想东北的父老兄弟姐妹在水深火热之中，被日寇铁蹄任意践踏，堂堂五千年文化之中华民族落后于世界强国之后。学良身为东北军司令，于心有愧。为粉碎日、伪阴谋，扬我民族之精神，本司令决定捐赠8000银元特派应届毕业生刘长春和于希渭为运动员，宋君复教授为教练，代表中国出席第十届奥运会。刘长春同学此次参加世界运动会为中国有史以来第一次，意义无穷。愿君用其奋斗精神，扬我民族正气！”然而，日寇扶持下的伪满傀儡政府已经向国际奥委会上报了刘长春、于希渭两位选手参赛。国际奥委会已经复电承认“满洲国”的提议，要求迅速递交“满洲国”国旗与国歌，以备奥运会使用。张学良校长决定派刘长春、于希渭参加第十届奥运会后，张伯苓代表东北大学，马上与中国奥委会委员王正廷联系。王正廷立即将这个重要信息上报国际奥委会，最终使国际奥委会取消了伪满政府的参赛资格，接受中国的参赛申请。1932 年 7 月 2 日北平市市长周大文为刘长春饯行，致辞中提道：“刘先生代表中国出席奥运会，开我国走向世界体坛之先河。是为中国争光，也是北平市的光荣。”① 刘长春代表中国征战洛杉矶奥运会，粉碎了日本侵略者企图把伪“满洲国”塞进奥运会以获得世界各国承认伪“满洲国”的政治阴谋。可以说，1932 年的洛杉矶奥运会，是中国在国际奥委会获得政治认同而同伪“满洲国”展开的一场政治较量，也是向世界宣示中国国家主权的一种国家认同建构过程。1936 年德国柏林奥运会，国民政府一改之前的漠视态度，筹集经费组团参加奥运会，行前蒋介石、宋美龄在南京亲自接见了代表团，蒋介石勉励说：“竞技之胜败无关宏旨，最重要者即在表现我国家民族固有礼义廉耻之精神于世界人类，当表现我们东亚具有五千年光荣历史与崇高文化之堂堂大国民的风度。”② 由于中国代表团在奥运竞技场上的表现很一般，引起了国内的非议之声，评论道：“竟辜负了全国五万万同胞的希望，为祖国难堪于柏林会场”“与其自费精力，自费钱财，去到国际舞台上买丑，不如以此精力、钱财从事争取中国民族的独立自由”③。面对国内批评，国民政府官员程天放解释道：“吾国此次派遣选手，无形中有一种宣传的效果，使欧土人士一洗从前对于中国之谬见，而一识今日之新中国。”④ 此外，国民政府大规模派人参加柏林奥运会的真正原因是想发展中德关系。1948 年伦敦奥运会，国民政府陷入崩溃边缘，不再有参加奥运会的强烈动机。虽然也派出了代表团参赛，但仍没有取得竞技成绩的突破。总而言之，国民政府参与奥运会“纯粹基于政治因素的考量，藉参赛的机会，使国旗与世界各国并排……，运用体育为手段，期能宣扬国威，以争取提升国际地位，至于是否获得竞赛锦标，就决策者的立场而言，并不在乎”⑤。国民政府时期中国参加的三次奥运会，是中国在国际社会追求政治认同，也是促进民族认同的三次努力和尝试，但是受

① 孙晶岩．中国奥运梦，悲壮刘长春：上篇［J］．北京文学（精彩阅读），2007（10）：101－117.

② 同①.

③ 同①.

④ 同①.

⑤ 同①.

困于国力疲弱、竞技成绩低下，以及中国代表团在参加奥运会过程中遭遇的经济窘境，使得这一时期的国家认同建设并没有达到中华民族国家构建的目的。同时，1910 年至1948 年中国在寻求奥运会梦想的进程中，除了组织代表团参加奥运会之外，还积极寻求在国际体育组织中的话语权，20 世纪 40 年代，中国在国际奥委会有孔祥熙（1939 年入选）、王正廷（1922 年入选）、董守义（1947 年入选）三个委员，这些委员为扩大中国在国际体育组织中的话语权、促进国家认同建设、推动中国体育的国际化上，仍然发挥了不可忽视的重要作用。

第二节 1949—1978 年大型体育赛事与中国国家认同的历史演变

1949 年中华人民共和国成立后，中国的社会性质发生了根本变化，人民民主制度得以确立，政治权力掌握在全体人民手中，人们广泛参与社会政治生活，实现了民主的飞跃。中华人民共和国成立前中国社会遗留下来的各种问题成为国家建设的起点。中华人民共和国成立前中国代表团参加奥运会的经历，给国际社会留下了“东亚病夫”“孱弱民族”的国家形象，为了改变这一形象，摘掉“东亚病夫”的帽子，展示健康的新中国国家形象，是新中国体育发展的首要任务。中华人民共和国成立前全运会举办过程中的各种赛风赛纪问题，给人民留下了非常不好的印象，人们一直认为全运会是那种包罗万象、项目和组别繁多、效果不大的运动大会，应尽量减少举行，这也是中华人民共和国成立之初未举办体育竞赛的主要原因。这种对竞技体育尤其是竞技比赛的不认可一直影响着竞技体育工作的进展，使得从事竞技体育工作的同志顾虑重重[①]。这导致旧中国的全运会竞赛模式并没有被人民认可，而是处于一种边缘化的状态。1953 年中央体委党组《关于加强人民体育运动工作的报告》指出，运动竞赛是开展群众性体育运动和提高运动技术水平的重要方式之一，并强调在各种运动竞赛中，要提倡革命的竞赛精神，反对锦标主义，因为锦标主义是与体育运动的目的不相容的。1958 年体育领域制定了“体育运动十年发展纲要”，提出要

① 伍绍祖．中国体育年鉴［M］．北京：中国体育年鉴社，1999.

大力普及体育运动，迅速提高运动技术水平①。这些理想的设计终于在1958年8月19日，中国奥林匹克委员会发表“关于同国际奥林匹克委员会断绝关系的声明”后付诸实践，全运会获得了中华人民共和国成立后首次举办的合法性契机。

一、重建全运会：紧密与新中国建设、发展道路联系

1958年8月19日，中国奥林匹克委员会发表“关于同国际奥林匹克委员会断绝关系的声明”。为了彰显新中国朝气蓬勃的国家建设局面，中央决定在中华人民共和国成立十周年之际召开全运会，其目的是通过体育竞赛组织动员广大群众。1959年在北京召开的第一届全国运动会，在竞赛项目设置上紧密结合国情，以军事体育和群众性体育项目为主。为了迅速提高运动水平，成立了国家和省一级优秀队伍，建立业余训练体校。围绕全运会竞赛的一线、二线、三线队伍建设雏形显现。全运会成为各省市展现运动技术水平的平台，并以其为中心，形成了中央与地方竞技体育利益共同体。

中华人民共和国成立后，我国实行了计划经济，国家通过一系列的制度和机制安排来实现对社会资源的控制和分配，并建立了高度国有化的公有制体系，实行指令性的计划安排以及平均主义的分配制度。在这种分配制度下，体育领域实行了“国家队、省队、业余体校”三级训练体制，有步骤、有计划地开展竞技体育人才培养体系建设。全运会作为展示全国竞技体育水平的重要舞台，从竞赛项目设置、参赛单位、运动会开闭幕式等方面，均与计划经济时代社会发展的背景高度契合。国家成为全运会竞赛利益相关主体的分配者，且计划经济体制下对竞赛系统进行投入的仅有各体育部门，除了竞赛成绩极其微小的奖励以外，几乎没有其他形式的竞赛利益产生。由此形成了一个封闭的、纵向的竞赛利益格局及利益运行机制②。

1949年至1978年，我国分别在1959年、1965年、1975年举办了三届全运会，由于社会结构的单一性和结构的刚性化，全运会只是发生了微小的制度变迁，主要体现在竞赛项目设置上。在这三十年的发展过程中，第二届全运会的项目设置曾经突出“缩短战线，突出重点”的发展战略思想，但是这种指导思

① 伍绍祖．中国体育年鉴［M］．北京：中国体育年鉴社，1999.

② 黄毅，高志红．我国竞技体育利益格局及利益运行机制变迁［J］．天津体育学院学报，2007(4)：321－325.

想被随之而来的“文化大革命”彻底摧毁。项目设置的变化表现了国家利益价值取向的变化，就是要尽快提高竞技体育运动水平，从而达到世界水平。

二、退出奥运会：阻断中国与世界交往的通道

1952 年年初，中华全国体育总会致函国际奥委会，要求参加赫尔辛基奥运会。不过，这一要求遭到了国际奥委会某些人的阻挠，他们对刚刚成立的中华人民共和国怀有敌意，蓄意在中国席位上制造事端。在苏联和东欧社会主义国家的支持和声援下，7 月 17 日举行的第 47 届国际奥委会会议以 33 票对 20 票通过了一项折中方案：将“中国奥委会问题”暂作保留，先邀请新中国运动员和台湾地区运动员参加第 15 届奥运会。7 月 18 日的国际奥委会全会上，时任国际奥委会副主席的美国人布伦戴齐对这个方案进行了补充说明：“为了免除一切误会，有必要指出，国际奥委会并不承认任何中国的国家奥委会。”

1952 年 7 月 18 日，在奥运会开幕式的前几个小时，时任团中央书记（当时团中央兼管全国体育工作）的荣高棠收到了国际奥委会发给新中国的第一封邀请电报。荣高棠给周恩来总理写报告，提出了两点担心：一怕台湾问题，制造“两个中国”；二怕竞技水平低下，给新中国抹黑。不过，出乎意料的是，周恩来总理第二天就果断做出批示：“要去！”并指出，“正式比赛参加不上，但可以和芬兰运动员进行比赛，多做友好工作，要通过代表团的工作和运动员的精神面貌去宣传新中国。”周恩来总理还指出：“重要的不在于是否取得奖牌，在奥运会上升起五星红旗就是胜利！”①

根据中央迅速做出的“要去”的紧急批示和周恩来总理的“在奥运会上升起五星红旗就是胜利”指示，我国紧急组建 40 人的体育代表团，一支篮球队、一支足球队，外加一名游泳运动员，日夜兼程赶赴芬兰赫尔辛基。在当时无比困难的条件下，中国体育代表团到达赫尔辛基时，大会已接近尾声，代表团中只有游泳选手吴传玉一人赶上了比赛，在六名选手参加的 100 米仰泳预赛中获得了第五名，无缘决赛。

虽然在赫尔辛基奥运会赛场上中国体育代表团没有获得可喜的成绩，但是在赛场之外却开出了体育交流的友谊之花。中国体育代表团在奥运村举行了升

---

① 百年奥运：中国走向世界的旅程［EB/OL］．［2008－08－08］．http：//finance. sina. com. cn/rou/20080808/02102366236. shtml.

旗仪式，五星红旗在奥林匹克盛会上冉冉升起，数百名他国运动员和新闻记者赶来参加，见证了这一庄严的时刻。芬兰是刚刚成立的新中国与西方世界中少数几个建立外交关系的国家之一，这次奥运之旅，中国体育代表团在芬兰展开了一系列民间外交活动，中国的三支球队同芬兰的球队进行了四场比赛，包括与芬兰当地足球队进行友谊赛等。中国体育代表团利用奥运会，向世界成功展示了新中国的国际形象，这对中国外交具有特殊的意义。

奥运会结束后，代表团还飞赴当时同属社会主义阵营的苏联、波兰等国，进行了一系列体育交流活动。中国体育代表团通过参加赫尔辛基奥运会，也认识到体育在民族、国家建设中所起到的特殊作用。在奥运会期间的所见所闻，令包括荣高棠在内的所有代表团成员亲身感受到了体育和奥林匹克在社会和外交中有着不可估量的作用，特别是其强大的号召力和凝聚力，正是建设百废待兴的新中国最需要的精神力量。荣高棠后来回忆起率团参加赫尔辛基奥运会时曾说："同是社会主义国家的苏联，也是第一次参加奥运会，却一鸣惊人，金牌一块接着一块地拿，几乎与美国平分秋色，令人惊叹。之后，我们应苏联奥运代表团邀请与奥运金牌选手同机返回莫斯科，一下飞机，那人山人海的欢迎场面更加令人感到震撼""从机场到克里姆林宫，人们一遍遍地朝着体育英雄高呼'乌拉（万岁）！'沸腾的人群像洪水一样，当时我就一个感觉，运动员拿了冠军，对一个民族、一个国家影响真大！"①

赫尔辛基奥运会并没有解决中国代表权的纷争问题。1954 年在雅典举行的国际奥委会第 49 次会议上，以 23 票赞成 21 票反对通过决议，承认中华人民共和国的"体总"为国家奥委会。但由于新中国遭到了以美国为首的帝国主义阵营的仇视。新任国际奥委会主席美国人布伦戴齐也将"台湾当局"的"体协"以"中华民国"列作了国际奥委会承认的国家奥委会。就这样，国际奥委会中同时出现了两个"中国"国家奥委会。由于国际奥委会蓄意制造"两个中国"，新中国没有参加 1956 年在墨尔本举行的第 16 届奥运会。

墨尔本奥运会后，国际奥委会主席布伦戴齐在 1958 年 1 月 8 日公然否认台湾是中国的领土。为了反对"两个中国"，维护祖国的统一，为了祖国的尊严，1 月 20 日新中国发布了"与国际奥委会断绝关系"的声明，正式宣布不承认国际奥委会，断绝同其的一切关系，并且退出国际游泳、田径、举重、射击、摔

① 赫尔辛基——新中国奥运梦开始的地方［EB/OL］.［2009－07－29］. http://sports.163.com/09/0729/15/5FD9QK4800053IHA.html.

跤、篮球、自行车及亚洲乒乓球联合会等八个国际体育组织。同年6月份又退出了国际足球联合会。

三、以领土认同和政治认同为核心的国家认同建构

1949年10月1日，毛泽东主席在天安门城楼上向全世界庄严宣告：中华人民共和国中央人民政府今天成立了！”毛泽东代表中央人民政府向全世界郑重声明：本政府为代表中华人民共和国全国人民的唯一合法政府，凡愿遵守平等、互利及互相尊重领土主权等项原则的任何外国政府，本政府均愿与之建立外交关系①。这一声明向世界宣告了中华人民共和国成立，标志着中国现代民族国家的真正建成。新中国成立初期，民族国家建设的首要任务是彻底摧毁帝国主义对中国的控制，恢复国家的独立和主权。

在国内层面，对于新中国而言，体育不仅能够强大民族精神，还能够通过竞技场上的比赛提高中国国际地位。中国社会自1895年至今均是在社会精英领导下进行变迁的，新中国的领导人这一群体的成长经历正好与1895年之后民族国家意识的出现过程相吻合，体育的尚武精神和社会军事化思想在这一代人身上打上了深深的烙印。1952年国家体育运动委员会成立的时候，中国选派的领导人是贺龙，任命一位军事家作为第一任领导，充分说明了体育对刚刚成立的新中国所具有的政治价值和工具价值。在群众中普及体育运动是为生产和国防服务，学校体育是为培养社会主义建设的接班人和保卫祖国做好准备，1954年颁布实施的劳卫制更是明确了培养祖国保卫者和社会主义建设者。在竞技体育各种运动竞赛中要提倡革命的竞赛精神。在竞技体育方面，1952年2月，中华全国体育总会成立“中央体训班”（即现在国家体育总局训练局的前身），1953年各大行政区都相继成立了体训班（即后来的各省体工队的前身）②。体训班的任务是为国家培养优秀运动员，迅速提高体育运动技术水平，争取在国际竞赛中胜利，为国家争取荣誉，并以他们技术上的成就来推动和影响群众体育的开展③。由此开始构建以“国家包办、政府部门分管、财政统包供给”为基本特征，以“思想一盘棋、组织一条龙、训练一贯制”为组织保障，以层层争光，尤其是在国际赛事上以为国争光为主要目标的竞技体育体系。1949年至1978年

① 建国以来毛泽东文稿（第1册）［M］．北京：中央文献出版社，1996：15.
② 钟秉枢．新时代竞技体育发展与中国强［J］．上海体育学院学报，2018（1）：12－19.
③ 袁伟民．中国排球运动史［M］．武汉：武汉出版社，1994：73.

的30年，我国分别于1959年、1965年和1975年举办了三届全运会，军事项目是这三届全运会项目设置的主要特征，充分体现了体育为军事、为国防、为社会主义建设服务的国家建设需求，体育成为中华人民共和国政府获得政治认同的主要途径之一。

在国际层面，以捍卫国家领土认同和国家主权的政治认同为核心的国家认同贯穿于中华人民共和国成立后的体育工作中。1949年至1978年的30年间，中国割裂与国际奥委会的关系，同时也切断了和一些国际重大赛事的联系，在国际竞技体育竞赛格局中，处于孤立状态。同时，面对复杂的国际国内形势，在遭遇以美国为首的西方世界外交封锁的被动局面中，中国外交以体育为突破口，突破西方对中国的全面封锁，成功地向世界展示了新中国的形象，为中国外交打开局面。20世纪50年代新中国代表团首次参加赫尔辛基奥运会，五星红旗第一次在奥运村冉冉升起，参赛运动员积极与芬兰和社会主义阵营展开体育交流活动，传播中国“和平共处五项原则”等外交方针。国际奥委会“两个中国”代表权问题悬而未决，精心训练并做好参赛准备的中国体育代表团不得不拒绝参加1956年墨尔本奥运会，在涉及中国在国际体育组织中的代表权这一核心国家利益面前，中国发表声明断绝与国际奥委会和相关国际单项组织的联系。20世纪60年代中日两国间的围棋交流活动，为中日邦交正常化奠定了牢固的基础。我国参加并支持在印尼雅加达举办的新兴力量运动会，这也成为亚洲新兴国家在冷战环境下争取政治话语权的重要突破口，还是新兴国家公开抗议西方国家对国际体育组织垄断的一次有力斗争。新兴力量运动会加深了中国与亚非拉国家的友谊，为顺利解决历史遗留问题、打开外交新局面，特别是在获取这些国家支持以加快中国重返联合国进程等方面获得了重要的帮助[①]。20世纪70年代著名的乒乓外交，成为中国体育史、外交史乃至世界体育史和外交史上的里程碑事件，对中国体育、中国外交、世界外交影响深远，意义深刻。中国体育与新中国命运相连，同步共进，虽然与奥运会等重大国际赛事断绝联系，但中国通过参加新兴力量运动会、世界乒乓球锦标赛等国际赛事，为中华人民共和国成立后全面突破西方社会的国际封锁、积极融入国际社会，起到了推动作用。

① 宿亮．中国外交流行体育元素［N］．国际先驱导报，2014-02-17（05）．

第三节 1979—2008 年大型体育赛事与中国国家认同的历史演变

改革开放以来，中国体育除了在奥运会的舞台上绽放异彩之外，也开始寻求多元化的国际赛事平台，开始全面利用亚运会、足球世界杯、国际职业体育赛事、国内职业赛事，进而推动中国积极进入国际社会，参与国际体育事务，全方位推进国家认同建设。

1984 年洛杉矶奥运会时，“祖国”“中华”等彰显民族自豪感与政治身份认同的媒介话语是当时传播的主旋律①。郎平、张蓉芳、许海峰、周继红等奥运冠军与国家形象紧密联结，激发出了民众的国家意识和民族自豪感。

运动员的形象反映一个国家、一个地区、一个民族的文明程度，彰显运动员的“王者风范”。

一、改革全运会：完全与奥运战略对接

党的十一届三中全会，开启了中国改革开放的新征程。体育领域的改革是伴随着国际奥委会合法席位的获得而逐步推进的。

改革开放之初，国家对全运会的目标定位②

1979 年 10 月 25 日，国际奥委会执委会在日本名古屋会议上以压倒性优势通过决议，承认中国奥委会的合法席位。同年 11 月，国内外体育界在北京人民大会堂举行了盛大的庆祝会，邓小平、邓颖超等中央领导人出席。邓颖超发表了热情洋溢的讲话，深情地说：“从此中华人民共和国全面登上了世界体育舞台。”王猛同志在 1980 年全国体育工作会议上的工作报告指出：竞赛的安排也有很强的政策性和科学性，要把训练与比赛、国内比赛与国际比赛、专业比赛与业余比赛妥善地结合起来，形成制度。国内竞赛必须适应国际竞赛特别是重大国际竞赛，项目要对口，规则要统一，同时必须保证突出重点，才能多出人才，快出成绩，在世界体坛上争雄。反之，仅仅着眼于国内，而不放眼世界，什

① 钟智锦，王友．“王者”的意义：奥运冠军报道的特征与话语中的国家意识（1984—2016）［J］．新闻记者，2018（7）：73－83．

② 伍绍祖．中国体育年鉴［M］．北京：中国体育年鉴社，1999．

么项目都搞，不管什么比赛，各地都参加，就会影响项目的合理布局，刺激“小而全、大而全”现象的滋长。这样，既不能集中力量迅速提高运动技术水平，不利于“国内练兵、一致对外”，由于奥运会是世界上规模和影响最大的综合运动会，全运会的项目设置应尽可能与奥运会对口，并突出重点，才有利于在世界体坛为国争光。

由此，全运会的改革与发展完全与“奥运争光战略”同呼吸、共命运，其所有的制度安排都以“奥运争光战略”为中心，紧紧地与中国发展的政治需求结合在一起。

为了保障“国内练兵，一致对外”奥运争光战略目标的实现，全运会竞赛制度进行了系列改革。1993 年第七届全运会制定了在奥运会次年举办全运会和奥运计分的政策。1997 年第八届全运会确定了项目设置完全与奥运会项目接轨；运动员交流、协议计分政策；解放军两次计分政策以及代表团排名采用奖牌榜和总分榜两种形式。在 1998 年之后举办的全运会中，制度改革的重点都是在上述政策层面展开的制度微调、制度置换等形式的变迁①。

伴随着全运会各项制度的实施，十运会期间出现了一些不和谐的因素。社会舆论把关注的焦点聚集到了全运会上。《为什么十运会丑闻迭出?》《全运会身患疑难杂症》《孙福明的眼泪》《竞技体育沦为套利工具，十运会丑闻拷问举国体制》《十运会乱象频生，可以为谁争光呢》《按下葫芦浮起瓢——全运会规程和赛制急需改革和完善》《十运赛场闹剧频传，变味计分制是罪魁祸首?》《十运金牌要平分，这是“西部政策”吗?》《十运古怪赛制抗假球，全运足球史曾经猫腻不断》等极具视觉冲击力的新闻被各大网络刊发、转载。由此引起了以“全运会是否还有存在的必要性”“举国体制是否该取消”为题的更广泛的讨论，足见全运会在社会中的地位和被关注的程度。

2008 年北京奥运会的成功举办，“奥运争光战略”也以无与伦比的竞技优势获得了完美体现。时任国家主席胡锦涛指出：“要坚持以增强人民体质、提高全民族身体素质和生活质量为目标，高度重视并充分发挥体育在促进人的全面发展、促进经济社会发展中的重要作用，实现竞技体育和群众体育协调发展，进一步推动我国由体育大国向体育强国迈进。”② 这一讲话为我国的体育事业，

---

① 张建会．全运会制度 60 年演变（1949—2009）——基于历史制度主义的分析［J］．中国体育科技，2012（2）：10－19.

② 胡锦涛．在北京奥运会、残奥会总结表彰大会上的讲话［M］．北京：人民出版社，2008：9.

尤其是竞技体育的转型奏响了号角。

2009 年第十一届全运会作为北京奥运会后我国第一个大型综合性体育赛事，我国也由此踏上了从体育大国向体育强国迈进的新的征程。同时恰逢中华人民共和国成立六十周年，全运会的举办显得尤为重要。第十一届全国运动会倡导的“和谐中国，全民全运”的“大体育”理念，开启了中国体育与时俱进、和谐发展，竞技体育与全民健身共同繁荣的新时代。从十运会“体育的盛会，人民的节日”，到十一运会的“和谐中国，全民全运”①，再到 2013 年第十二届全运会的“全民健身，共享全运”。全运会正在实践着从“金牌第一”到“全民全运”的转型，正在逐步引导全民参与、全民健身、全民分享。

二、奥运会参赛到办赛：实现了中国走向国际的目标

1979 年 10 月 25 日，国际奥委会名古屋执委会上一致通过了恢复中华人民共和国在国际奥委会合法席位的决议，中华人民共和国的体育也由此全面登上国际舞台。为了一扫旧中国竞技体育水平低下，三次参加奥运会均空手而归，被蔑称为“东亚病夫”的耻辱，迅速提高运动成绩，国家体委提出了“以竞技体育为先导，带动体育全面发展”的战略指导方针。1980 年起国家体委按照“侧重抓提高”的思路对体育工作进行了全面调整，形成了竞技体育超前发展的战略，集中力量把奥运会和有重大国际比赛的若干项目搞上去②。1984 年 8 月在北京召开的全国体育发展战略会议上正式提出实施“奥运战略”：“以在奥运会上创成绩为发展竞技体育的最高战略任务”③，最高目标是“在奥运会上获得优异成绩为国争光”。从此，以奥运会为最高层次的我国竞技体育发展战略逐步形成，即在“以奥运会为最高目标，缩短战线、突出重点、集中优势、发挥各方面积极性”④。

1932 年，刘长春参加了第 10 届洛杉矶奥运会，52 年之后，同样是洛杉矶，重返奥运大家庭的中国代表团出现在第 23 届洛杉矶奥运会开幕式的现场，225 名运动员、50 名教练员组成的强大阵容，参加篮球、排球、手球（女）、田径、

① 张建会. 全运会制度变迁中的秩序、认同与利益［M］. 北京：北京体育大学出版社，2011.

② 钟秉枢. 新时代竞技体育发展与中国强［J］. 上海体育学院学报，2018（1）：12 - 19.

③ 张彩珍. 论体育［M］. 北京：人民体育出版社，1990：86.

④ 国家体委政策研究室. 体育改革文件选编（1992—1995）［M］. 北京：北京体育大学出版社，1996：154.

体操、游泳等16个项目的比赛。伴随中国代表团出访的还包括一个由老体育工作者和体育界知名人士组成的参观团，以及一个记者团和一个艺术表演团。1984年的洛杉矶无数中国人心中的奥林匹克之梦升腾起来了，在被殖民者称作“东亚病夫”的140年后，在140个国家和地区参加的体育盛会中，在短短的16天之内，射击选手许海峰摘下第一金，第一次全面出征奥运会的中国共夺得金牌15枚，银牌8枚，铜牌9枚，金牌总数仅次于美国、罗马尼亚、联邦德国，位居第四①。鲜艳的五星红旗一次又一次地在赛场上奏响，中国成为洛杉矶奥运会上最耀眼的明星。从此，我们开始迈向奥运的荣誉之路②。

虽然20世纪80年代中国才开始走上国际舞台，开始全面了解世界，但是，让世界全面认识中国、了解中国的渠道却并不多。1984年洛杉矶奥运会，成为改革开放后的中国向世界展示自己形象的一次历史性机会，成为中国人以及中国社会重新融入国际社会的历史隐喻。许海峰的奥运金牌则成为提升国人民族自豪感和自信心的催化剂，也正好契合了“霍元甲热”的时代风向，呼应着电视主题曲“昏睡百年，国人渐已醒……”。洛杉矶奥运会竞技体育的成功恰如其分地与时代流行元素共舞，共同书写着改革开放带来的社会的复苏与民族复兴的篇章。

奥运金牌不但是中国运动员全面登上世界体坛的标志，也是中华民族重返世界舞台，自立于世界民族之林的标志。中华人民共和国成立后中国体育代表团第一次在奥运会赛场上获得的冠军无疑是一个民族奋勇拼搏、自信自豪的最好证明，而在那个特殊的年代，中国社会恰恰需要这样一个平台来向国际社会进行自我证明。这就是历史，借助现代体育运动来传达一个民族的复兴之志。

1984年是中国的奥运年，许海峰、李宁、中国女排成为新的社会明星、偶像，奥运冠军既成为社会各界学习的榜样，也成为新的流行元素。1985年，奥运冠军的挂历进入了中国的千家万户。民众靠社会自觉而非政治强制，把奥运带入了社会记忆的深处。自此以后，虽然中国继续参加奥运会，也表现出了卓越的竞技实力，获得的金牌也超过了百枚，但是，1984年洛杉矶奥运会所承载的意义和价值，所带来的振奋情绪是无法比拟的③。

---

① 1984年洛杉矶奥运会：中国人开始追逐奥运梦想［EB/OL］.［2007－09－27］.http：//news. sina. com. cn/c/2007－09－27/163913986544. shtml.

② 同①.

③ 第162期：许海峰“零的突破”［EB/OL］.［2008－11－14］.http：//www. sina. com. cn/c/2008－11－14/092716653453. shtml.

1988 年汉城奥运会上，许海峰、李宁、中国女排、何灼强相继失掉奖牌，赛场表现不佳，国内舆论对运动员的失常表现出极度的不满，《中国射击队为何跌跤》《许海峰为何失灵》……质疑的报道铺天而来。“那时候中国媒体的很多标题都是灰色的，蔓延着一种特别压抑和失望的情绪。”① 为应对反响很强烈的国内群众，中国体育代表团召开紧急会议，传达了中央领导的意见，奥林匹克精神重要的是参与，而不是获胜，对失败了的运动员不要责备，以免给他们增加压力，我们过去的体育宣传不大适当，过分强调了奖牌②。20 世纪 80 年代，在其他行业尚未冲出国门并在国际社会产生重要影响的时代，体育依旧是民族的强心剂，牵动着国人的每一根神经。赛场失利，丢掉金牌，刺痛了每一个国人的神经，中央领导意识到国人的这种倾向后，极力想在奥运期间扭转这种认知。记者毕熙东以“中枢神经被撞击之后——窥视中国代表团大本营”为题，期待向国内关心体育改革的人传递中央领导的精神，但是，文章的影响并不尽如人意。

汉城奥运会竞技体育成绩不佳，直接促进了体育领域以“奥运争光”为导向的奥运战略的制定，如何夺取更多的金牌成为事实上的竞技体育工作重点，其战略措施必然是“缩短战线、突出重点、集中优势”，那些投资效益高、获胜概率高的项目自然受到青睐，而那些投入大、产出小、国际职业化程度高的三大球等不经济项目，那些获胜概率小的田径、游泳、自行车等国际体坛影响大的基础大项则被边缘化。“很多省市就把三大球砍掉，把资金投入到类似于竞走这样的小项目上，因为它容易在奥运会上摘金夺银，容易体现政绩。”③ 全运会“国内练兵、一致对外”的战略与“奥运争光战略”全面对接，为实现中国在奥运会赛场上的辉煌成绩奠定了稳固的战略基础。

1992 年巴塞罗那奥运会、1996 年亚特兰大奥运会、2000 年悉尼奥运会、2004 年雅典奥运会，中国体育代表团在奥运会赛场上的竞技成绩稳步提升，展现了中国体育的竞技实力，彰显了国家的综合实力。2008 年北京奥运会，更是让中国与世界紧密地联系在一起，这也标志着中国真正走向国际化。

2008 年北京奥运会，我们实现了展示中国和平发展国际形象的目标，这也

---

① 汉城失利后，中国体育开始“奥运争光计划”［EB/OL］.［2008－08－05］. http://news.sohu.com/20080805/n258605720.shtml.

② 钟秉枢. 奥运战略目标的实现与竞技体育发展模式的转型［J］. 北京体育大学学报，2013（11）：114－119.

③ 孔宁. 剖析三大球危局［N］. 北京晚报，2010－11－28（03）.

标志着中国进入自信面对世界的一个新阶段。北京奥运会提出“人文奥运”的理念，为之后中国提出“人文外交”新向度奠定了坚实基础。2008 年奥运会的成功举办，为全球化时代的中国总体外交提供了新的内涵和模式，为走向强国之路的中国外交积累了宝贵的财富。哈佛大学燕京学社杜维明感慨道：“奥运来到北京，是百年历史中的一次超越。”北京奥运会推动了中国与世界的文化交往和人文交流①，奥运会形成的国家和地方外交外事互动机制将具有示范、长效和延伸作用②。

2008 年是中国外交的“开拓之年”“丰收之年”，有多达 180 多位国家元首、政府首脑和其他政要纷纷来到中国进行正式访问，或者参加奥运会、残奥会的开闭幕式和其他活动，或者参加亚欧首脑会议，人数之多、之重要，在中国外交史上是空前的③。“奥运外交”成为 2008 年中国令世界瞩目的外交范例，也是中国新外交策略的一个样本④。北京奥运会是表达世界意义的舞台，中国不仅是一个成功的参与者，也是一个合格的组织者。过去被动的、被组织的角色发生了转换，是一个大国成长过程中必须经历的节点⑤。奥运会让举办国具有的文化价值观具有世界意义，这也是俄罗斯、加拿大、韩国、日本举办大型体育赛事的原因，各国都是因为要融入世界，进入世界舞台中心，需要通过这样一个重大的国际活动来展示举办国家的世界影响，进而融入国际体系中，真正进入世界中心国的序列。所以奥运会是这样的一个平台，是将世界聚集在一起的舞台，能够引起世界范围内的认同。时任国家主席胡锦涛在北京奥运会欢迎宴会上指出，奥运会是体育竞赛的盛会，更是文化交流的平台。北京奥运会不仅是中国的机会，也是世界的机会。我们应该通过参与奥运会，弘扬团结、友谊、和平的奥林匹克精神，促进世界各国人民沟通心灵、加深了解、增进友谊、跨越分歧，推动建设持久和平、共同繁荣的和谐世界。⑥

---

① 杨洁勉．新中国外交 60 年：实践特点和理念演变［J］．国际展望，2009（1）：1 – 12.

② 杨洁勉．中国世博外交：经验和创新［J］．国际展望，2010（6）：1 – 8.

③ 部国华．杨洁篪答中外记者问：奥运年也是外交丰收年［N］．中国体育报，2009 – 03 – 09（01）．

④ 张进．“奥运外交”彰显中国形象［N］．工人日报，2008 – 08 – 09（04）．

⑤ 郑永年．奥运外交，中国自信面对世界［J］．廉政瞭望，2008（9）：19.

⑥ 胡锦涛．弘扬奥林匹克精神　共创世界美好未来——在北京奥运会欢迎宴会上的祝酒词［N］．人民日报，2008 – 08 – 09（01）．

三、北京亚运会：向世界展示了独立自主、开放包容的大国形象

20 世纪 90 年代，在国际环境对中国大为不利的情况下，中国十分需要发挥体育的外交平台作用。筹办亚运会为中国外交打开局面，改善了周边环境，既展示了国家形象，又为此后办奥运打下了基础。

（一）1990 年亚运会改善中韩、中越关系，推动双方建交

体育在推动中韩关系改善和建交方面所发挥的重要作用是中国体育外交的又一典范。由于历史的原因，中韩长期没有建立外交关系。1986 年韩国举办的第 10 届亚运会，中国派出代表团参加，这在韩国引起了中国热，拉近了两国之间的距离①。1988 年中国再次派出 400 多人的大型体育代表团赴首尔参加第 24 届奥运会，其间中国体育代表团还以中国奥委会的名义同韩国官员进行了适当的接触，彼此加深了解，为以后两国体育交往的良好发展打下了基础。除韩国外，与中国关系还处在不正常状态的越南也受邀派出一百多人的体育代表团来华参赛。越南部长会议副主席武元甲作为中国政府特邀贵宾，来华参加亚运会开幕式及有关活动，为次年实现两国关系正常化铺平了道路。这次亚洲运动会的成功召开，不仅极大地改善了我国与周边国家的关系，推动中韩、中越关系正常化，也有利于打破西方的制裁，是中国体育外交的一个胜利。

（二）1990 年亚运会改变国人思维，掀起迎亚运高潮

1990 年北京亚运会，是中国首次操办的国际大型综合运动会。在筹备过程中很多人对办亚运会不太理解，再加上 1989 年遇到了一些外交困境，1989 年下半年，中央专门发文强调举办亚运会的重大意义，要求各地区、各部门大力支持。此后全国掀起了迎亚运的热潮，在筹备（比如捐赠、转播、广告、发行体育奖券等）和火炬接力两个标志性的活动中声势逐渐浩大。

（三）实现亚运会“全家福”，树立了良好的国家形象

在整个亚运会筹办过程中，我国高举“团结、友谊、进步”这面旗帜，处

① 伍绍祖，汪文庆．回顾 1990 年北京亚运会［J］．百年潮，2009（10）：29－35.

理了伊拉克能不能参加亚运会等许多复杂的涉外问题。除了暂停亚奥理事会会籍的伊拉克外，亚奥理事会的其他 37 个成员国家和地区都参加了北京亚运会，朝鲜半岛啦啦队在亚运会上实现了联合。

（四）解决台湾参赛问题，实现两岸同胞手足情谊

1986 年，台湾当局接受了奥运模式，即不用所谓的“中华民国”的“国号”和旗帜，改用会旗，台湾奥委会作为一个地方组织参加国际奥林匹克活动。1989 年，大陆与台湾当局又达成“四六协议”，台湾体育界可以组团派队到大陆来参加比赛①。

（五）利用亚运会积极推进与新建交国家、未建交国家和关系不友好国家的互动交流

亚运会上中国同三个新近建交和复交的亚洲国家积极互动，融通关系，获得了这些国家的一致认可。例如闭幕式上沙特阿拉伯代表团打出了中沙两国国旗，还用阿拉伯文和中文写出了标语——“谢谢你，中国!”对当时还没有同我国建立外交关系的国家，例如不丹、文莱，我们在亚运会上也积极努力做好他们的服务工作。当时与我国关系不太友好的国家，例如越南、阿富汗，我国在亚运会上也推进了双方的关系，破例准许越南代表团从友谊关进入，安排越南部长会议副主席武元甲坐在开幕式主席台上，还给了参加亚运会的阿富汗代表团一些资助。通过体育活动，很多不同观点、不同立场的人走到一起，促进了人类和平、进步事业的发展。1990 年北京亚运会有效地扩大了中国在亚洲乃至世界的国际影响力，增进了中国同亚洲各国人民之间的友谊，打破了西方国家所谓的制裁。

（六）留下了丰厚的“北京亚运精神”遗产

一个民族、一个国家，要有一种精神，要有一种具有强大感召力、凝聚力，鼓舞人奋发进取的精神，才有蓬勃的生机，才有光明的未来②。第 11 届亚运会的成功举办，表现了强烈的为国争光的荣誉感，团结奋斗、无私奉献的凝聚精神，顽强拼搏的坚强意志，争创一流的工作态度和胸襟阔大的开放意识，在 20

---

① 伍绍祖，汪文庆．回顾1990 年北京亚运会［J］．百年潮，2009（10）：29 –35.

② 北京亚运精神光耀神州［N］．人民日报，1990 –10 –10（01）．

世纪 90 年代第一年为向着 20 世纪末的战略目标胜利进军增添了新的强大动力，也向全世界昭告曾经被殖民主义、资本帝国主义侵略、奴役而造成的落后的亚细亚，正以锐不可当之势，在世界的东方迅猛崛起。

亚运会在中国走向世界的过程中发挥了重要的作用。1974 年德黑兰亚运会，中国代表团首度亮相，为我国重返国际奥林匹克大家庭打下坚实基础。1990 年，北京亚运会成功举办，为中国外交打开了局面，改善了周边环境，为申办 2000 年北京奥运会积累了丰富经验。

四、职业体育赛事：打造国际明星，传播国家形象

改革开放以来，中国经济稳步发展，这为职业体育赛事的发展提供了良好的经济环境。在国富民强的时代，通过职业体育赛事融入国际社会，成为中国发展的多元需求。

1994 年，中国足球走上了职业化发展之路。2004 年为提升中国职业足球联赛竞技水平和俱乐部品牌，我国推出了中国足球超级联赛。进入 21 世纪，与经济发展紧密相关的职业赛事，中国网球公开赛、中国高尔夫公开赛等职业赛事相继创办，一批球员走向国际职业体育赛场，树立了中国国家形象。在现代国家关系中，体育交流因其灵活性而发挥出独特的作用，运动员被称为“微笑的大使”“穿运动衣的外交家”，起到了“外交先行官”的作用，为国家政治和外交活动牵线搭桥，并能起到意想不到的作用①。体育明星运动员在国际赛场上的表现不仅体现出竞技体育的独特精神与美感，也因其知名度高、国际影响力强，更能够传递出奋力拼搏、积极进取、自信豪迈的民族精神，有践行公共外交的天然优势及良好的示范作用，彰显出一个国家独特的民族文化。

参加国外职业联赛的运动员，如姚明、李娜等用勤奋、幽默、睿智的人格魅力为西方人重新审视中国打开了一扇窗，树立了中国人的新形象。孙继海不仅是首位在英超联赛进球的中国球员，更是首位入选英格兰足球名人堂的亚洲球员。

2002 年 6 月姚明以状元身份加盟美国休斯敦火箭队，是 NBA 历史上第一位没有美国篮球背景的外籍状元新秀。姚明作为 NBA 职业赛场上的中国符号，个

① 张清敏．体育外交：发挥独特作用［EB/OL］．［2009 - 09 - 10］．http：//www.china.com.cn/international/txt/2009 - 09/10/content_ 18500981.htm.

人的国际影响力迅速提升。2002 年度姚明当选为感动中国十大人物，颁奖辞这样评价："他用高超的体育技能，在一个强手如林的国家运动项目中占有了一席之地，成就了很多人的梦想，更成为中国人的骄傲。他出色的表现和随时听从祖国召唤的爱国精神，使他带给人们的思考已经远远超过了体育本身。对祖国的情感，对现在的把握和对未来的期待，都将使他成为中国体育和 NBA 的历史人物。"姚明用自己的实际行动向美国公众展示了中国人友好、善良、谦虚等诸多优点，同时他也用实际行动，把中国文化传播到了地球的各个角落。两次登上《时代周刊》亚洲封面、两次被美国《时代周刊》评选为年度"世界最具影响力的 100 人"，美国《体育新闻》评选出的年度"职业体育最有影响力的 100 人"等国际声誉使得姚明不仅仅成为当地华人的骄傲，也成为其他族裔球迷的偶像，更是休斯敦这座全美第四大都市的"城市英雄"和"品牌人物"①。因为喜爱姚明，很多美国人开始对汉语和中国文化产生兴趣。2015 年姚明获得劳伦斯世界体育精神奖，他讲到，永不放弃，坚强地面对对手，坚持到最后。这些精神不仅体现在场上，也体现在生活上。我相信每一个经过赛场的运动员都会带有这种精神带着一种精神，带着一种力量，踏过我们的第一片场地，踏过我们更广阔的场地，即我们的生活。他的获奖感言更加深刻地为我们阐释了体育的精神及永续价值。2016 年，姚明正式入选奈史密斯篮球名人堂，成为首位获此殊荣的中国人。NBA 评价称：站在 2 米 26 的高度，他几乎以一己之力改变了 NBA 只在一个国度风靡的局面，推动了 NBA 至关重要的全球化发展。"姚明是一名受人尊重的球员及篮球运动的友好使者，他改变了世界篮球运动的面貌。"② "姚明正式入选名人堂，他成功搭建起 NBA 和中国的桥梁，成为最具代表性的中国篮球运动员。"③ 美国娱乐与体育电视台报道称，姚明是全联盟第一个中国球星，他推动了篮球运动在中国的蓬勃发展，为 NBA 打开了亚洲市场。正如美国达拉斯小牛队总经理、篮球运营部总裁唐尼·尼尔森（Donnie Nelson）指出的那样："篮球运动具有超越语言的强大沟通能力，是联系各国人民、促进

---

① 体育明星运动员在运动项目文化建设中的作用及培养路径［J］. 武汉体育学院学报，2016（2）：95－100.

② 姚明正式入选 NBA 名人堂 成首位获此殊荣中国人［EB/OL］.［2016－04－05］. http://world. huanqiu. com/article/9CaKmJUUvD.

③ 姚明入选 2016 年美国篮球名人堂成中国第一人［EB/OL］.［2016－04－05］. http://www. chinanews. com/ty/2016/04－05/7822766. shtml.

相互友谊的文化桥梁。”①

2011 年，姚明退役后受邀担任上海公共外交协会副会长和“荣誉大使”②。过去几年，姚明带领上海大鲨鱼队先后赴澳大利亚、菲律宾、美国等地参加民间篮球邀请赛。此外，他还积极参与“中美学校体育战略对话”等论坛的活动。姚明提道：“我还记得第一次参加国际赛事的时候，接触到驻地操着各种语言的运动员与他们所代表的文化，极大地刺激了我的好奇心，迫不及待地想去了解这背后的故事。我相信在好奇心的驱使下，每一个积极参与国际交流的人士都会伸出手去拥抱不同的文化。”

2015 年 6 月 27 日，在北美职业冰球联盟（NHL）选秀大会上，年仅 18 岁的宋安东在第 6 轮 172 顺位被纽约岛人队选中，成为该联盟近百年历史上第一位被选中的中国球员，他也被称为“冰球姚明”。美国媒体都以宋安东成为“中国冰球第一人”为题进行报道，冰球运动在冬奥会中占据重要地位，作为第一个被 NHL 选中的中国人，宋安东给北京申办冬奥会带来积极的影响③。宋安东的梦想是做一名首席外交官，他选择了美国康奈尔大学，学习中美关系。他说道：“康奈尔大学在学术界是非常棒的，也是常春藤学校里面我非常喜欢的。另外很重要的一点，冰球一直是康奈尔学校文化中举足轻重的一部分。每年冰球赛季开始的时候，全校都很支持冰球队，康奈尔主场的气氛好，整场大片的红色……无论对冰球还是学习来说，都是很好的选择。”对于冰球的理解，他这样回答：“我觉得首先还是要享受冰球，享受打冰球的过程，还是要参与到运动中来，享受冰球的乐趣。然后在成长的过程中，不断设立自己的目标不断修正，每个阶段、每一年、每个季度，甚至每一天、每次训练，都有自己想要提升的地方，这样才能真正成就自己想要达到的。”④ 选秀成功后，宋安东受北京冬奥申委之邀，作为申奥形象大使前往马来西亚吉隆坡，在现场见证了北京获得 2022 年冬奥会举办权的历史时刻。冰球是冬奥会中场次最多、收视率最高的“王牌项目”，但此前，中国并没有一位明星人物。而宋安东的出现，令中

---

① 美国达拉斯小牛队总经理来校交流访问［EB/OL］.［2015－07－17］. http：//www. sohu. com/a/210507179_ 525888.

② 体育——公共外交的人文表达［EB/OL］.［2017－01－27］. http：//www. xinhuanet. com//sports/2017－01/27/c_ 129462242. htm.

③ 宋安东被 NHL 选中，外媒盛赞为中国冰球第一人［EB/OL］.［2015－06－29］. http：//sports. 99. com/a/20150629/019769. html.

④ 宋安东：积极增重应对成年冰球赛 学业打球兼顾［EB/OL］.［2017－12－19］. http：//news. gooooal. com/101223/101223616. html.

国冰球有了自己的“名片”。《大国外交》纪录片将宋安东作为中国体育外交领域典型人物。

2015 年 10 月 23 日，曾在英超曼城队效力的中国球员孙继海，正式入选英格兰足球名人堂，在入选仪式上，到访的中国国家主席习近平在现场见证了这一时刻①。2002 年建立的英格兰足球名人堂，是用来表彰那些曾为英格兰球队效力的球员和教练，入选条件是满 30 周岁，且在英格兰球队效力时间超过 5 年。孙继海入选英格兰足球名人堂的主要理由是其“足球大使”的身份，他协助曼城加强与中国企业的合作，并在一些宣传活动中为曼城提供帮助。孙继海不仅是首位在英超联赛进球的中国球员，更是首位入选名人堂的亚洲球员。

2001 年，孙继海加盟了当时还在英格兰二级联赛的曼城，在来到蓝月亮的处子赛季，他就与球队以冠军身份升入了英超。孙继海共为曼城效力 6 个赛季，出场 130 次入 3 球。长久以来，孙继海代表着中国足球，甚至是中国社会在英国球迷眼中的一种形象。孙继海直言：“能入选英超名人堂也让我非常自豪。希望能够通过我，为曼城与中国足球架起桥梁，以此加强双方的沟通。”②

五、以文化认同为核心的国家认同建构

党的十一届三中全会后，中国对时代主题的认知由“战争与革命”转变为“和平与发展”。中国认识到自己在国际社会上的分量和责任，开始执行独立自主不结盟的政策，并把国内工作的重点转移到经济建设上来。因此，改革开放后开启了以经济建设为先导的民族国家建构。

在国内层面，以民族认同、政治认同和文化认同的多元国家认同建构开始形成。1979 年 10 月 25 日，国际奥委会名古屋执委会上一致通过了恢复中华人民共和国在国际奥委会合法席位的决议，新中国体育由此全面登上国际舞台。为了一扫旧中国竞技体育水平低下，三次参加奥运会均空手而归，被蔑称为“东亚病夫”的耻辱，迅速提高运动成绩，国家体委提出了“以竞技体育为先导，带动体育全面发展”的战略指导方针③。1980 年起，国家体委按照“侧重

① 习近平现场见证孙继海入选英足球名人堂［EB/OL］．［2015 - 10 - 23］．http：//sports. sina. com. cn/g/pl/2015 - 10 - 23/doc - ifxkaiqx4221601. shtml.

② 亚洲第一人！孙继海入选英超名人堂 比肩传奇［EB/OL］．［2015 - 10 - 23］．http：//xw. qq. com/cmsid/SPO2015102300634308.

③ 钟秉枢．新时代竞技体育发展与中国强［J］．上海体育学院学报，2018（1）：12 - 19.

抓提高”的思路对体育工作进行了全面调整，形成了竞技体育超前发展的战略，集中力量把奥运会和有重大国际比赛的若干项目搞上去。1984 年 8 月，在北京召开的全国体育发展战略会议上正式提出实施“奥运战略”：“以在奥运会上创成绩为发展竞技体育的最高战略任务。”① 最高目标是“在奥运会上获得优异成绩为国争光”。从此，以奥运会为最高层次的我国竞技体育发展战略逐步形成，即在“以奥运会为最高目标，缩短战线、突出重点、集中优势、发挥各方面积极性”②。中国体育以竞技体育为突破形成的奥运模式成为体育国际交往的主旋律。

在国际层面，进入 20 世纪 80 年代，美苏争霸的态势发生了变化。苏联因与美国争霸战线拉得太长，力不从心。特别是苏联入侵阿富汗后所形成的进退维谷的被动局面，以及苏联支持下越南入侵柬埔寨所形成的同样的困境，促使苏联不得不进行调整和收缩③。1979 年 12 月 27 日，苏联出兵侵略阿富汗，在美国的策划和带头之下，国际奥委会当时已承认的 147 个国家和地区奥委会中，公开抵制或拒绝参加莫斯科奥运会的占 2/5，参赛的仅 80 个。里根上台后对内提出“振兴经济”，对外要“重振国威”，运用经济和外交手段，在全球进行强有力的干预，开始了一轮被称为“新冷战”的全球进攻战略。20 世纪 80 年代末到 90 年代初，国际风云突变，西方各国纷纷宣布制裁中国，各种政治势力出于各种目的，在世界上掀起了阵阵反华浪潮。从 1989 年 6 月 5 日至 7 月 15 日，短短一个月，美国、日本、欧共体和西方七国首脑会议相继发表声明，中止与中国领导的互访，停止向中国军售和商业性武器出口，推迟国际金融机构向中国提供新的贷款④。

为应对国际局势的发展，1978—2008 年改革开放后的三十年来，中国在与大型体育赛事的互动中实现了从民族认同到政治认同到文化认同的逐级建构。通过举办亚运会，我国打破了冷战结束后西方国家联合制裁的局面，使我国摆脱孤立状态，推动中韩、中越邦交关系正常化，极大地改善了中国和亚洲国家的关系。同时，参加大型体育赛事彰显了国家形象，展现了大国实力，积极融

① 张彩珍．论体育［M］．北京：人民体育出版社，1990：86.

② 国家体委政策研究室．体育改革文件选编（1992—1995）［M］．北京：北京体育大学出版社，1996：154.

③ 新中国外交战略六次演变历程：60 年的调整和创新［EB/OL］．［2012－03－30］．http：//www. hprc. org. cn/gsyj/wjs/gjzz/201203/t20120330_ 185395_ 2. html.

④ 钱其琛谈：我任外长所经历的最艰难时期［J］．文史博览，2004（5）：4－13.

入国际体系进程中，由此产生了巨大的推动力，推动中国走向国际。省运会到全运会到奥运会的竞赛格局功能完备，为中国在国际赛场争金夺银、激发民族自豪感、塑造良好的国家形象，起到了重要支撑作用。中国在国际体育赛事中取得了辉煌的竞技体育成绩，极大地提升了民族自豪感。北京2008年奥运会的成功举办，更是让中国走向国际舞台的中心，向国际社会展现了我国负责任大国的国家形象，中华民族传统文化的博大精深也通过奥运会开幕式传遍了世界。2008年北京奥运会，为全球化时代的中国总体外交提供了新的内涵和模式，为走向强国之路的中国外交积累了宝贵财富，实现了展示中国和平发展国际形象的目标，标志着中国进入自信面对世界的一个新阶段。在中国经济实力日益增强的基础上，高度职业化的国际体育赛事也成为中国社会寻求国家认同建构的重要组成部分。

1978—2008年，大型体育赛事与国家认同交相辉映，共同发展。奥运会、全运会、亚运会、职业体育赛事相辅相成、相互依托，在国际国内双重维度中共同构建国家认同，携力推进中国的国际化，更彰显了中华民族的民族自信和良好的国家形象。

第四节　2009年至今大型体育赛事与中国国家认同的历史演变

一、积极承办和参加国际大型体育赛事，助推中华民族伟大复兴的中国梦

2010年，我国成为世界第二大经济体，同时，世界正在发生深刻复杂的变化，任何国家或国家集团都再也无法单独主宰世界事务。各国相互联系、相互依存的程度空前加深。中国正前所未有地靠近世界舞台的中央，前所未有地成为世界关注的中心，现在，世界上的事情越来越需要各国共同商量着办，建立国际规则、遵守国际规则、追求国际正义成为多数国家的共识①。中国不再只

① 大变化、大发展、大调整——中国日益走近世界舞台中央［N］．新华每日电讯，2016-03-30（01）．

是国际体系参与者，而是一个贡献者、建设者。

2010 年广州亚运会、2010 年温哥华冬奥会、2012 年伦敦奥运会是北京奥运会后中国主办和参加的三个重大国际体育赛事，大型体育赛事与国家认同的交互关系更加注重中国在国际体系中的地位与责任，更加强调中国的国际话语权，更加彰显大国的责任和大国智慧。

2010 年，广州亚运会的成功举办，为“中国故事”写下新的华章。经济社会的快速发展，文明程度的持续进步，从赛场金牌到城市建设的提升，从国家发展理念到民众理性心态，1990 年至 2010 年，跨越 20 年的两届亚运会，时代的变化中透射着中国不同发展时期的印记，见证着中国改革开放的发展之路，同时也映射着中国国际化的进程。

2012 年伦敦奥运会是中国体育代表团境外参赛获得最好成绩的一届奥运会，展示了北京奥运会后中国体育代表团在国际赛场上的自信，刘翔退赛事件也反映了国民心态的成熟和理性，更体现了积极进取的国民精神和国家的开放与包容。

十八大以来，体育外交不断跃上新规模、新层次、新高度，中国国家领导人充分利用大型体育赛事的舞台，推动国家间的体育人文交流与合作，加强各方相互理解，融通各国人民之间的感情，极大地提高了我国的国际影响力、感召力、塑造力。大型体育赛事在新时代将以新的使命和新的要求，全面融入强国建设和中华民族伟大复兴之路中，为中国进入世界舞台中心贡献体育的磅礴力量。

二、以国族认同为核心的国家认同建构

当今世界，中国作为世界第二大经济体、第一大工业国、第一大货物贸易国、第一大外汇储备国，是当前世界经济增长的主要稳定器和动力源。在逆全球化和保护主义抬头的背景下，亚洲和世界都更加需要开放、联动，也期待中国可以发挥更大的作用①。尽管全球化的国际环境发生着复杂的变化，中国崛起使得中国日益靠近世界舞台的中心，以民族国家为基本单元构成的世界体系

① 聚焦博鳌亚洲论坛 2018 年年会：时间节点与主题选择有何深意？［EB/OL］.［2018 -04 -07］. http://news.cctv.com/2018/04/07/ARTI9LU2I9V46ZpYXuGhApnJ180407.shtml..

结构并未改变，民族国家是国际竞争主体的这一基本事实并未改变①。民族国家的建设需要强大的国家认同，作为国族的中华民族，自从晚清出现了自觉的民族意识之后，一直处于建构的过程之中，时至今日，着力构建国民身份认同上一体，民族文化认同上多元的开放性国族——中华民族，成为新时代赋予我们的责任。

2010 年广州亚运会、2010 年温哥华冬奥会、2012 年伦敦奥运会是北京奥运会后中国主办和参加的三个重大国际体育赛事，大型体育赛事与国家认同的交互关系更加注重中国在国际体系中的地位与责任，更加强调中国的国际话语权，更加彰显大国的责任和大国智慧。

新时代是我国日益走近世界舞台中央、不断为人类作出更大贡献的时代。2017 年 10 月党的十九大报告将“坚持推动构建人类命运共同体”作为新时代中国特色社会主义思想和基本方略之一，具有重要的世界意义，体现了人类普世文明和共享文明的价值追求。而以奥林匹克运动为代表的对人类文明的追求，恰恰与人类命运共同体的思想理念高度契合。“广泛开展全民健身活动，加快推进体育强国建设，筹办好北京冬奥会、冬残奥会。”这是有史以来党代会报告中第一次提出“体育强国建设”，折射出体育在中国特色社会主义进入新时代后的新定位，为中国体育擘画了宏伟的蓝图。

人类命运共同体理念为新时代中国体育促进中华民族这一国族认同建设指明了前进的方向，尤其是经过四十多年的改革开放，中国体育站在新的历史起点上，需要以“行动起来，尽锐出战，精准施策，不断夺取新胜利”的改革精神，从国家战略的高度，全面、深刻、系统地谋划新时代的国家认同建设。

第五节　大型体育赛事与中国国家认同建构的困境与挑战

一、中国在足球世界杯中的国家认同建构目标远未实现

足球世界杯作为可以与奥运会相媲美的国际大型体育赛事，具有超强的国

① 任海．体育强国：由重在国家建构到重在国族建构［J］．上海体育学院学报，2018（1）：1－6.

际影响力和塑造力，对世界具有深远的意义和影响。中国足球与世界杯，是一个让中国球迷心痛的话题。中国足球对中国国民具有强大的影响力，也是体育大国向体育强国转变的重要衡量指标。虽然中国足球自 1994 年就开启了职业化改革，但是中国足球的水平与亚洲乃至世界仍具有一定的差距，这在一定程度上影响了国民的心态和国家认同的建构。

党的十八大后，新一届中央领导集体履职以来，中国足球便成为中国领导人塑造中国集体梦想的一个核心。足球已成为习近平外交中一个反复出现的主题。2008 年 7 月，时任国家副主席的习近平赴秦皇岛考察北京奥运场馆。虽然穿着皮鞋和正装，他仍然饶有兴致地展示了脚法，几脚射门有板有眼。2009 年 10 月，在德国访问的习近平参观了拜耳公司，并接受了拜耳公司赠送的旗下球队勒沃库森队 10 号球衣和一个 2006 年世界杯专用足球。习近平表示自己很喜欢足球，并指出中国有一流的球迷和全世界可观的足球市场，但目前水平比较低，希望可以迎头赶上。他中肯地说："举办完奥运会之后，中国下了一个决心，既然我们其他的运动可以拿到金牌，那么足球啊，一定要下决心搞上去，但是这个时间会很长。" 2011 年 7 月，时任国家副主席的习近平在北京会见了韩国民主党党首、国会议员孙鹤圭一行。会面结束后，孙鹤圭将带有朴智星签名的足球送给了习近平。习近平表示："中国世界杯出线、举办世界杯比赛及获得世界杯冠军是我的三个愿望。"① 2012 年 2 月 19 日，时任国家副主席的习近平访问爱尔兰。在都柏林参观一个体育运动协会时，他走上球场草坪，再次踢球展示脚法。

2013 年 5 月，习近平总书记访问拉美三国，在与墨西哥总统培尼亚见面后，指出中国自 2003 年开始，便向墨西哥派出优秀的体育援外教练团队，在跳水、乒乓球等项目上给予强大的支撑。墨西哥参议院发表以《促进共同发展 共创美好未来》为题的讲话时说："我是一个足球迷。中国足球队一直很努力，但目前只有一次闯进过世界杯比赛，带领中国队创造这次纪录的就是也担任过墨西哥国家足球队的主教练米卢。"

2014 年 3 月 29 日，柏林奥林匹亚足球场，习近平总书记和夫人彭丽媛与中国少年足球运动员及共同训练的沃尔夫斯堡足球俱乐部少年队员合影，并获赠沃尔夫斯堡俱乐部球衣。2014 年 7 月 19 日，阿根廷副总统兼参议长布杜向来访

① 习近平主席感动全球体育界［EB/OL］.［2014－02－07］. http://news.cntv.cn/2014/02/07/ARTI139170299 3988825.shtml.

的习近平赠送了阿根廷男足10号球衣。英国《经济学家》杂志2014年12月刊文称："中国男足的国家队排名，仅排在88位（9月份数据），还排在爱沙尼亚之后，爱沙尼亚只是一个130万人口、面积是北京郊区大小的国家。11月27日，中国政府宣布足球成为国家教育课程的必修部分，中国足球或许会从这一天开始慢慢崛起。""中国足球改革发展总体方案"或许可以成为中国足球振兴的一个转折点。巴西《圣保罗页报》评论中国出台的《中国足球改革发展总体方案》说："成为世界最大的经济体和拥有世界影响力远远不够，中国渴望成为足球巨人。"美国《华盛顿邮报》报道称，"足改50条"明确了中国冲进世界杯、举办世界杯、赢得世界杯的三大目标。在英国广播公司（BBC）看来，这是当之无愧的"中国梦"。日本《富士产经商报》2015年5月6日报道称，"习近平推动足球改革也是在提高中国国际威望"。

2015年9月23日，习近平总书记参观美国塔科马市林肯中学时，获得了学生们赠送的1号橄榄球衣。2015年10月，习近平总书记到访英格兰，参观了曼彻斯特城市足球学院。《泰晤士报》网站2015年10月26日报道习近平主席参观曼彻斯特城市足球学院时称，足球作为"中国梦"的一部分，为了实现重返世界杯这个目标，中国期望通过改革将足球解放出来。

晚清启蒙思想家严复说过："一国之事，同于人身。"习近平总书记对于足球项目的关注，并不仅仅是为了足球运动本身，而是考量到了足球运动背后蕴藏的巨大国家战略价值。足球世界杯具有超强的世界影响力，参加和举办足球世界杯，均能显示强大的国家实力，中国国家元首之所以对足球运动情有独钟，正是因为足球能够彰显一个国家的强盛和一个民族的强大。

二、我国职业体育赛事服务于国家认同建构的实力略显不足

虽然我国职业体育赛事在职业化、规范化、市场化等方面取得了阶段性的进展，但是与国际职业体育赛事相比，我国职业体育赛事的发展还存在以下薄弱环节：第一，从赛事发展的历史上看，我国职业体育赛事均始于20世纪末和21世纪初，与国外职业体育赛事一百多年的历史积累相比，我国职业体育赛事的历史厚重感还不强；第二，从职业化发展角度来看，我国职业体育赛事还未完全脱离政府管理模式，项目协会实体化还未完全实现；第三，从赛事品牌价值来看，我国职业体育赛事的媒介转播、球迷、企业赞助等方面的关注度和吸

引力较低；第四，从赛事体系的结构来看，并未形成金字塔式的人才培养体系，基层运动员向上流动的输送通道尚未畅通；第五，从赛事文化建设来看，在超级明星运动员塑造、项目名人堂、博物馆以及项目自下而上的传播体系等方面，均存在空白或者不足；第六，从球迷认同来看，我国职业体育赛事并未形成稳定的球迷文化，球迷的认同传承机制尚未建立；第七，从赛事传统来看，我国职业体育赛事的差异性优势塑造力度尚显不足，未形成独树一帜的赛事文化；第八，从赛事治理角度来看，对我国职业体育赛事中存在的各种利益相关者的利益风险行为，尚未形成行之有效的治理体系建设，缺乏赛场危机风险应对机制。

我国职业体育赛事发展的现状，使得这一赛事载体在推进国家认同建设的过程中显现出实力不足，尚无法为国家认同建设提供强大的基础和平台。

三、冬季项目发展滞后限制了冬奥会国家认同的塑造空间

中国代表团首次参加 1980 年冬奥会，1992 年在第 16 届冬奥会上开始获得奖牌，并在冬奥会奖牌榜呈现逐届上升的趋势。1992—2018 年八届冬奥会中国代表团获得 13 金、28 银、21 铜共计 62 枚奖牌，夺牌项目集中在五个分项（表 8 - 2），即短距离速度滑冰、速度滑冰、花样滑冰和自由式滑雪。其中短距离速度滑冰获得的奖牌占总数的 54. 8% ，是我国传统夺牌优势项目。

表 8 - 2　1992—2018 年冬奥会中国代表团获得奖牌项目分布一览表　（单位：枚）

分项	金牌	银牌	铜牌	合计
短距离速度滑冰	10	15	9	34
速度滑冰	1	3	3	7
花样滑冰	1	4	4	9
自由式滑雪	1	5	5	11
单板滑雪		1		1
总计	13	28	21	62

综上所述，与冰雪运动强国相比，我国无论在冬奥会夺牌分项数量、基础

大项夺牌实力，还是在影响力较强的冰球等项目上均存在一定的差距。我国冬季项目底子薄、基础差、人才少的状况仍未得到根本改变[①]。让专业的人干专业的事，是新一轮体育社团的改革主题[②]。为积极应对北京冬奥会备战工作面临的严峻形势，特别是紧密围绕2022年北京冬奥会取得好成绩，国家体育总局党组在深化协会实体化改革过程中采取了以备战促改革，以改革强备战，改变传统的备战模式，实行扁平化、专业化、精细化管理，减少管理层级，提高工作效率的改革总体思路。中国冰球协会、中国滑冰协会等组织领导机构的变革，彰显了体育协会的改革与创新，这为冰雪运动项目的普及与提高提供了良好的组织管理环境。然而，项目协会改革是一个复杂的系统工程，情况复杂，利益交错。在冬季运动员培养方面，我国实施了跨界、跨项、跨季选材。越野滑雪国家青年队采用“全程芬兰模式委托培养”，冰球项目成立“中国国家冰球俱乐部”[③]，邀请高水平华人运动员、华侨运动员参赛[④]，这些举措为快速提升我国冬季项目运动员的竞技实力提供了良好的政策支持，也为加快推进体育改革创新步伐，更新体育理念，注入了新的活力和动力。但是，由于冰雪运动在我国整体发展水平相对比较落后，冬季运动项目场地设施建设、训练服务体系建设、赛事体系建设等方面发展缓慢和薄弱，在短期内不可能迅速提高冰雪运动竞技成绩。另外，冰雪运动发展需要依托于国家的经济实力，冰雪运动的全民开展也依托于消费群体的消费实力和消费水平的提升。

由于我国冰雪运动的基础比较薄弱，没有系统的、可持续的人才储备和完善的冰雪赛事体系，虽然北京2022年冬奥会是促进中国冰雪运动发展的巨大契机，但是利用冬奥会全方位展示中国的竞技实力，展现中华民族的自豪感，实现国家认同的建设还需要长期的积淀和积累。在冰雪运动的普及与发展中仍然需要全国上下齐心协力，共同参与冰雪运动，传播冰雪运动文化，形成自觉参与冰雪运动的氛围，树立牢固的项目认同感，培育大批稳定的冰雪参与者。

---

① 全国冬季项目备战2022年冬奥会跨项跨界选材动员和座谈会在京召开［EB/OL］．［2017－03－10］．http：//www. sport. gov. cn/n316/n337/c792697/content. html.

② 范佳元．以单项体育协会为突破口，新一轮体育管理体制改革启动 让专业的人干专业的事［N］．人民日报，2017－01－09（23）．

③ 中国冰球创新模式成立“国家俱乐部”［EB/OL］．［2017－05－17］．http：//sports. sina. com. cn/zz/2017－05－17/doc－ifyfecvz1643356. shtml.

④ 体育总局改革举措：外籍华人、华侨可以参加全运会［EB/OL］．［2017－06－15］．http：//sports. sohu. com/20170615/n497111849. shtml.

四、以体育赛事厚植青少年群体国家认同的基础尚不扎实

为了解我国青年学生群体对大型体育赛事的关注程度，本研究还对中学生、大学生群体进行了问卷调查，主要目的在于了解青年学生群体对体育赛事的关注度，为大型体育赛事国家认同的建构路径建设提供比较感性的、直接的经验资料。

（一）调查对象性别构成比例及年龄区间

本调查对象的性别比例构成如图 8－3 所示，其中中学生群体的年龄区间为 12～14 岁，大学生群体的年龄区间为 18～22 岁。

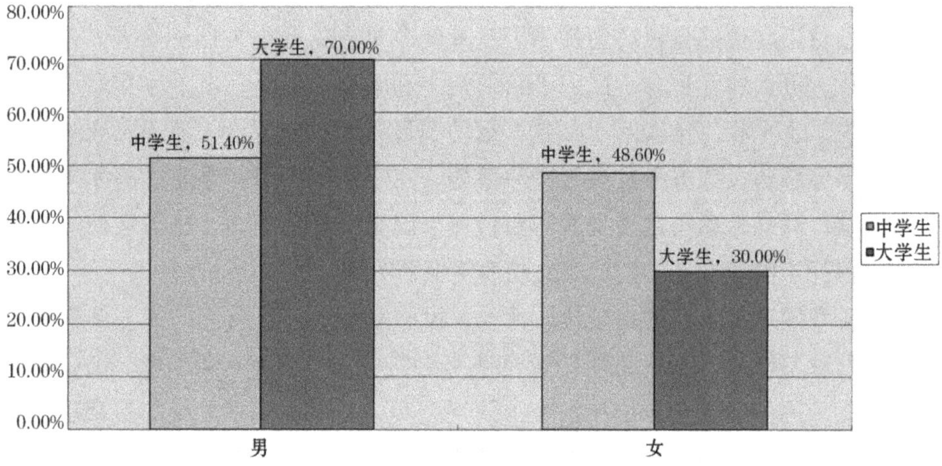

图 8－3　调查对象性别比例构成

（二）调查对象观看比赛情况

本调查对象观看比赛情况如图 8－4 所示，其中中学生和大学生群体能够经常观看比赛的比例相近，为 25.00%，偶尔观看比赛的中学生和大学生所占比例较大。

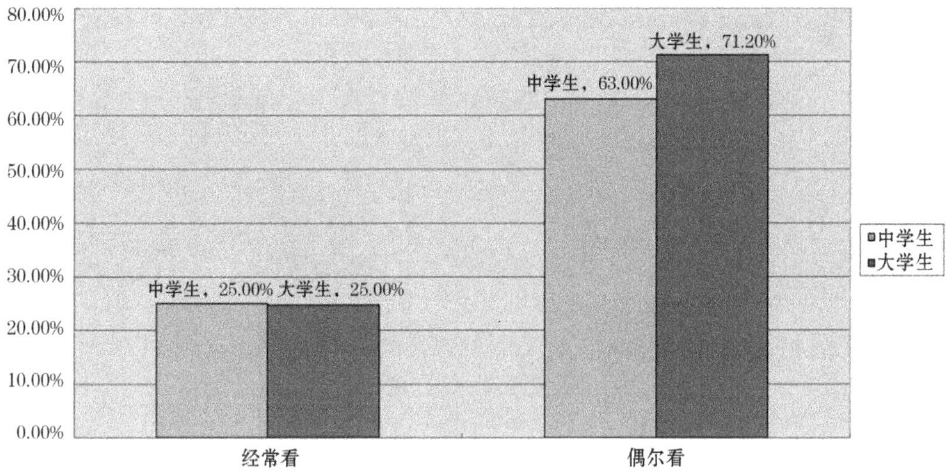

图 8－4　调查对象观看比赛情况

（三）调查对象关注、喜欢及期望中国获得突破的赛事

通过对调查对象进行问卷调查，发现中学生群体关注的赛事为夏季奥运会、足球世界杯、F1 赛车，大学生群体经常关注的赛事为夏季奥运会、NBA、冬奥会。中学生和大学生群体均喜欢看的赛事为足球世界杯、夏季奥运会、NBA，并且 50% 以上的中学生和大学生群体均期望中国在足球世界杯赛事上取得突破。这在一定程度上说明了青年学生群体对足球梦、中国梦实现的期待，表达了他们希望通过足球实现中华民族的伟大复兴。

（四）调查对象对赛事价值的认知

在被问及“你是否为运动员在奥运会中夺得冠军而感到骄傲和自豪?”这一问题时，90% 以上的中学生和大学生均表达出了感到非常骄傲与自豪的心情，并且超过 90% 以上的中学生和大学生认为中国举办的 2008 年北京奥运会，以及即将举办的 2022 年北京冬奥会、杭州亚运会，会明显提升中国在国际上的地位（图 8－5）。Erikson 认为，无论文化和民族背景有何差异，为达到某种认同而努力是青少年的一种普遍期望[①]。Phinney 研究认为，高自尊与高的国家认同也存在正相关。

① 刘建红，张京玲．“民族认同，国家认同”与青少年自尊的关系［J］．社会心理科学，2008（2）：25－28.

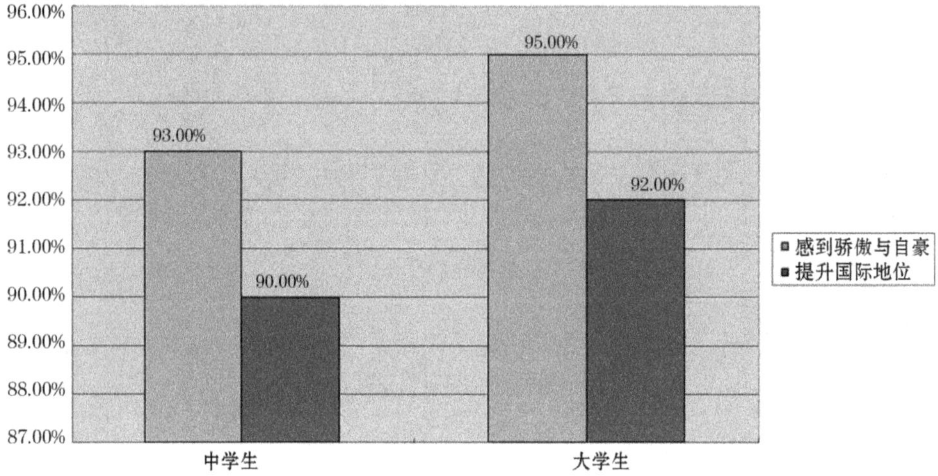

图8-5 调查对象自豪感及提升国际地位的认知

（五）调查对象对赛事志愿者服务的认知

通过对被调查对象进行问卷调查，发现80%以上的大学生群体非常愿意参加大型体育赛事志愿服务活动，而中学生愿意参与大型体育赛事志愿服务的比例为40.60%，这一差异说明中学生和大学生对体育赛事的认知存在年龄及学识方面的差异，同时，这一结果也为未来大型体育赛事文化的传播提供了经验数据。调查对象对成为赛事志愿者的认知如图8-6所示。

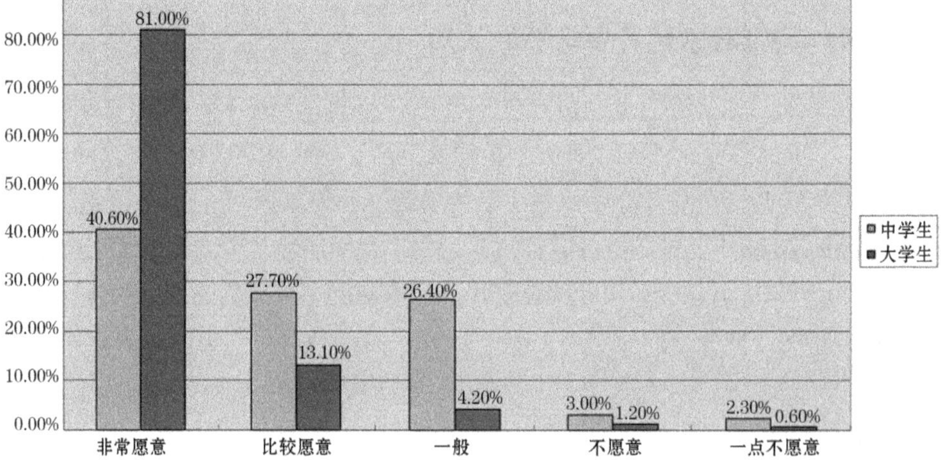

图8-6 调查对象对成为赛事志愿者的认知

（六）调查对象对中国将举办的大型体育赛事的期许

对于2022年北京冬奥会、杭州亚运会，以及2019年男篮世界杯，被问及调查对象认为这些赛事带给中国的影响，他们写下了这样的话语，以表达他们心中的梦想与激情：

“努力吧，加油吧，战斗吧，中国！”“加油，让中国更富强”“中国加油，祝伟大的中国取得好的成绩！”“加油，运动员，你永远都是中国的骄傲，希望你们能取得好成绩！”“希望中国再创佳绩，耀国杨威！”“加油吧，一定要全力以赴，中国，我为你自豪！”“非常希望中国能在体育界取得最优异的成绩”“希望中国在体育赛事上再创辉煌，位于世界不败之地！”“中国队加油！一定要为祖国增荣添彩！”“中国必胜！中国加油！”“希望中国运动健儿们能赛出水平，在冬奥会和亚运会上升国旗、奏国歌！”“加油，运动健儿们，你们最棒，是我们的骄傲！”“祖国即将举办冬奥会和亚运会，我感到非常骄傲、自豪，相信祖国一定不会让我们失望！”“希望那些中国运动员展现出自己最出色的一面，为国争光！”“加油，中国！拼尽全力，获取胜利！增强我国体育竞技实力！”“加油！中国！相信中国一定会立于世界不败之林！”“加油，为中国创造辉煌！”“体育是社会的、世界的，希望国家队运动员为中国赢得更大的荣誉！”“加油，中国是最棒的！中华儿女都为自己是中国人而感到无比骄傲！”“加油，向世界展示一个强大而美丽的国家！”“希望中国再创辉煌，为国争光，提升中国的国际地位。中国最强，奥运健儿们加油！”“身为中国人，我为祖国举办2022年冬奥会和杭州亚运会感到无比的自豪和骄傲，祖国加油！”“梦在奥运，传递梦想，友谊第一，比赛第二！”……

从这些话语中，我们读出了青少年群体心中构筑的“运动健儿—奥运会、世界杯、亚运会—中国荣耀、骄傲、自豪—赢得世界的尊重和认可”的国家认同建构图景，这一图景为我们探讨大型体育赛事如何更好地走入青少年群体的日常生活留下了无尽的思考空间。

五、以大型体育赛事体系为抓手推动国际关系的积极主动性还不足

在国际关系中体育是少有的几个能够直接让大众参与的领域，且高度国际化。体育，尤其是大型体育赛事蕴含着一种推动世界发展的内在力量，与国家、国际关系深深地交织在一起，不断推动着世界的和平与发展。大型体育赛事已经超越了单纯的大型体育盛会的范畴，而成为一种具有多重作用的政治—经济—社会系统工程。无论是从历史还是从现实来看，体育和政治从来都无法做出彻底的切割，二者相互嵌入、相互渗透。大型体育赛事作为全球化时代各国认同建设的工具，在国家声誉、国家利益和国际关系构建中发挥着重要的作用。

2008 年北京奥运会是中国通过大型体育赛事，促进国际关系发展的一个重大的标志性事件，奥运会期间，中国领导人与来自世界 100 多个国家的首脑进行密集的外交活动，有力地促进了中国与国际社会的互动，意味着中国开始积极主动融入国际社会。2010 年广州亚运会、2011 年深圳世界大学生运动会、2014 年南京青奥会、2015 年国际田径锦标赛等国际赛事的举办，进一步促进了中国和世界各国之间的关系。2022 年北京冬奥会、2022 年杭州亚运会即将举办，这将全方位发展中国同世界的关系，向世界展示中国的国家形象和大国实力，展示开放、文明、富强的中国。然而，如何利用大型体育赛事在中国举办的重大机遇，发展中国同国际社会的良好关系，这是一个系统的工程。当前，对大型体育赛事和国际关系发展的系统描述，无论是理论上，还是实践上，均存在认识不到位、理论研究缺乏、实践经验不足的情况，同时，政府主导部门也尚未从国家战略的高度做好大型体育赛事和国际关系发展的顶层设计。

综上所述，在面对日益复杂的体育全球化现象，以及国际体育组织发生深刻变革、国际体育领域争端不断、国际体育秩序不断重构、地缘体育政治不断凸显的复杂国际环境，同时面对新时代我国大国特色外交发展的新形势、新要求和新任务，我国体育工作无论是在体制机制创新上，战略决策应对上，还是在外交资源整合以及国际话语权的把控上，均还存在一些薄弱环节，这在一定程度上制约了国家认同的实现。

六、大型体育赛事及其文化产品尚未达到深度提升国家形象的水平

《中国国家形象全球调查报告 2016—2017》结果显示，在国家整体形象及影响力调查中，发展中国家对中国的印象总体好于发达国家，发展中国家对中国在全球治理各领域的认可度都高于发达国家。在“中国政治与外交形象”的调查中，发展中国家对中国执政党的认可度明显超过发达国家。发展中国家的态度明显比发达国家更积极，更为看重与中国的外交关系。发达国家最愿与中国进行经贸合作，并期待中国进口更多的本国产品，这说明发达国家对中国的经济外交需求度较高。发展中国家和海外年轻群体对一带一路倡议、金砖国家合作机制赞誉和期待较高。在中国经济形象的调查中，发展中国家对中国经济影响力的评价更为积极。在中国文化与科技形象的调查中，海外受访者对孔子思想、文化典籍、曲艺杂技等作为中国文化代表元素的认可度明显低于国内受访者，而在中国产品、科技发明等元素方面要高于国内受访者。这表明中国文化的对外传播战略仍需要改变，仍需要凝练文化的核心，并且要易于国外受众理解。在信息接触渠道的调查中，发展中国家对中国了解程度明显提升，海外年轻群体对中国有更多了解。海外受访者不接触中国媒体的首要原因是“不知道应该看什么中国媒体”，其次是“话语表达方式不地道、看不明白”。可见，我们的话语表达仍是制约我国文化对外传播的核心障碍。在来华意愿调查中，发展中国家和海外年轻群体来华意愿最高。由此可见，发展中国家对中国国家形象的认可度明显高于发达国家。

体育，尤其是体育赛事，作为全球最有影响力的产品，在促进国家形象中发挥着重要作用。然而，我国自主创立的在世界上有影响力的大型赛事并未形成，培育的各个单项职业赛事的影响力和规模尚未达到类似美国四大职业联赛的水平，具有国际影响力的体育电影、体育文化产品等均处于起步阶段，尚未在国际传播中形成中国体育文化的主流传播载体。

第九章 我国大型体育赛事与国家认同的创新发展路径

21 世纪的中国注定是不平凡的。这是中华民族伟大复兴的世纪，这是百年奥运圆梦的世纪。北京成为历史上第一个既举办夏季奥运会又举办冬奥会的城市，这个世纪的上半叶，中国大地充满了奥运荣耀。也正是在 21 世纪初，中国又确定了下一个目标，即晋级足球世界杯、举办足球世界杯、夺得足球世界杯冠军。这个世纪终将会使体育与中国社会的发展紧密地联系，若要更好地让体育走入民众的日常生活，传承并弘扬大型体育赛事的精神文化是不可或缺的重要引领力量。

从历史的角度看，中国仍处在建构一个民族国家的过程中，这一过程尚未完成，主要体现在没有一致的国族认同、文化认同与政治认同上。在中国这一古老文明的国度，建设一个民族国家，必须在文化上对中华民族的文化认同有起码的共识，增强中华民族的认同不仅是全球化时代凝聚全民共识的基本政治框架和实现中华民族伟大复兴的重要基石，也是我们这一民族国家发展的内在必然要求。

第一节　西方体育强国建设的启示

一、组织高效的体育结构体系是实现国家认同的内政基础

国家结构体系与国家认同互相塑造，现代国家认同的建构，离不开国家制度及其所决定的国家结构体系的建构、优化与巩固，国家内部体系的合理性与国家在全球体系中的独特性与先进性，必然日益成为决定其国家认同取向的重要因素①。考察体育强国国家认同建构的经验，不能脱离其国家内部体育结构体系，这是衡量国家认同建构的基础。

国家认同需要通过内在的传导机制才能具体发挥作用，国家特性和国家治理路径决定了体育强国国家认同的建构方式。体育强国之所以强大，除了其政治制度基础、经济发展水平和社会文化之外，还在于这些体育强国有着高效实用的体育结构体系，它是各方面发展的根本保障。综观加拿大、美国、日本、德国、英国、澳大利亚的体育结构体系，我们会发现存在一些共性的规律。第一，从体育组织管理体系来看，各个国家都依据本国实际，确定了适合本国国情的体育组织管理机构，确保政策执行到位、赛事体系通道顺畅、运动项目参与人群成长通道清晰，并且能够有效维持国内体育体系的运行和对外体育赛事的参赛与申办等各项活动。第二，从经费保障来看，发达国家每年均有稳定的政府资金投入，用于改善基础体育运动设施，同时又设有专项的精英运动资金支持计划，确保国家在各类国际体育赛事中获取优异的竞技成绩。第三，从政策支持来看，大部分体育强国推行了可持续的国家体育支持政策，用于鼓励群众体育和竞技体育的双向发展。

此外，为了提高本国体育文化的世界影响力，一些体育强国还在国家外交部门专门设立体育外交大使和体育访问交流项目，充分发挥体育外交大使在公共外交中的重要作用。体育访问交流项目可以吸引其他国家的教练员、运动员来本国培训交流，加深本国人群对本国运动项目文化的理解和认同，从而实现国家认同的建构。

---

① 林尚立．现代国家认同建构的政治逻辑［J］．中国社会科学，2013（8）：22－46.

体育强国高效的体育结构体系保障了他们在国际重大赛事中的竞技实力，申办重大国际赛事的能力，以及深厚的运动项目参与人群基础，这种内政通过对外维度的联动方式在国际体育赛事中得以展现，最终实现了国内和国际两个层面的国家认同建构。

二、全球化时代更加注重大型体育赛事国家认同的工具价值

1983 年美国经济学家、哈佛大学教授希尔多·列维（Theodore Levitt）提出了“全球化”这一概念，指出在全世界的人、国家和地区之间，相互依赖和彼此关联的程度正在日益增强①。全球化进程的加快，世界文化正成为一种共享性的文化，它是由源自世界各国不同社会的符号、形态和信息等共同构成的。不断推进全球化的过程正在造就一种可以为全世界共享的“共有文化”，同时也在经历着一种强化和保护本土文化或称为首属文化意识上的觉醒。全球化进程的展开使得那种包括种族、性别和年龄平等之内容在内的意识可以成为人们共享的东西。在这种共享的过程中，鼓励和推动一切国家和民族的人们走向和平与和谐至关重要。经济全球化使一种新的认同政治的文化不可避免地出现，全球政治开始沿着文化被重构。建构国家的民族身份在全球化语境下显得尤为重要。20 世纪晚期，体育成为全球化的一个部分，渗入教育系统中。

举办全球体育赛事能够产生重要的政治、文化和经济价值，这已经成为全球化时代体育和媒介不断强化的关键指数。体育赛事成为身体和体育文化的庆典，长期由政治和意识形态动机驱动。没有任何其他事件能够如此中立并体现普遍主义和理想主义原则。这一景象是基于认识到它们的共享、全球化认同和互相依赖的方式，才能够真正实现全球公民社会。分析全球体育赛事现象或者图景有助于理解国际体育全球化的过程，以及全球化过程中的融入和排外②。

英国体育社会学家指出体育的国际传播、国际体育组织的建立、国家体育竞赛的增加、世界范围内对体育规则的认识和统一、以奥运会为代表的全球竞技体系的建立，均显示了体育的全球化过程。推动全球化的一种重要力量是那些全球性的体育活动，比如国际足联的世界杯比赛、奥运会比赛以及电视观众

① 金耀基．中国社会与文化［M］．牛津：牛津大学出版社，2013.

② TOMLINSON A，YOUNG C. National Identity and Global Sport Events［M］. Albany：State University of New York Press，2006.

喜爱的美国橄榄球超级碗比赛。因此，在全球化时代，体育和社会以及政治维度的相互关系成为当前不可忽视的并且是解释当代社会国家认同的最具代表性的领域①。体育为人们提供了庆祝国家认同的场合和政治信息融合的平台，大量的人们聚集在一起表达对国家球队的支持，他们脸上涂有自己国家的国旗，手中挥舞着国旗，为球员加油，庆祝队员取胜，气氛和情绪高涨②。

全球领域中，夏季奥运会是最大的大型体育赛事，足球世界杯是仅次于奥运会的体育赛事。体育管理机构热衷于主办大型体育比赛，因为这些比赛可以创造收益，还可以提高知名度。因此，组织世界性体育比赛的体育项目超过了以往任何时候。体育赛事活动，尤其是大型体育赛事活动，意味着金钱和知名度，体育事件能够吸引运动员、官员和观众。大型体育赛事的主办城市可以在世界范围内得到宣传，主办大型体育赛事活动可以提高其在世界上的知名度。很多城市和国家投资数百万美元竞争大型体育比赛的主办权，这种竞争本身就提高了相关体育和艺术组织的形象，也提高了竞争城市的形象。竞争大型体育赛事已经成为各个国家十分关注的一个重要内容。

全球化进程加速了现代体育项目从其发明地向外扩展的速度，被作为一种理性的消遣娱乐形式而加以推广，被认为是理想的训练方式，可以培养国家未来的“军官阶层”。尤其是英式足球变成了世界范围内“人民的比赛”。21 世纪，足球竞争成为仪式化的战争，成为全球的重要代表赛事，是许多国家认同的强有力工具，尤其是南美、非洲和部分欧洲国家。事实上，足球完美地阐述了想象社区的概念，当 11 位队员在赛场上比赛时，非常容易将其与国家认同并列起来。足球自诞生之日起就和民族国家建构比肩，所以足球成为传统或者符号的象征，成为许多国家建构国家认同的重要资源。苏格兰足球在强化对抗英格兰及激起国家情绪方面发挥着巨大推动作用。足球在苏格兰人民的生活中已不仅仅是一个体育运动项目，它在国际事务、国家认同感方面发挥着不可替代的重要作用。苏格兰并不是一个完全意义上的现代民族国家，只是一个州立国家，17 世纪大英帝国统一了这些国家。足球在苏格兰的盛行，还对苏格兰社会、文化、政治产生了重要影响。因而，足球队的表现对苏格兰人民的自我信任、认可、认同起到重要作用，足球比赛中的 90 分钟爱国情怀，成为表达苏格

① WHIGHAM S. “Anyone but England”? Exploring Anti – English Sentiment As Part of Scottish National Identity in Sport [J]. International Review for the Sociology of Sport, 2014, 49 (2): 152 – 174.

② BAIRNER A. Sport, Nationalism, and Globalization: European and North American Perspectives [M]. New York: State University of New York Press, 2001.

兰国家认同的重要场域①。

足球不仅仅用于强化西班牙国家认同，同时也促进了国际间的民族主义。足球在伊比利亚半岛的地区主义和国家主义维度要比其他欧洲国家有更重要的意义。西班牙足球在城市、地区和国家认同中代表了权力，皇家马德里足球俱乐部代表了中央政府的认同，巴斯克和加泰罗尼亚足球俱乐部代表了地方认同的权力意志。从西班牙足球的个案来说，足球不仅用于传统的西班牙国家认同建构过程，而且主要是促进内部地区的次民族主义②。

美国超级碗比赛被视为美国人的“春晚”，超级碗赛事包括超级碗娱乐大道、60 万平方米的 NFL 体验主题公园、超级碗星期天和赛前及中场秀，它创造了国家橄榄球联盟和美国人民生活方式的连接纽带。“9·11”事件之后，公共空间、场馆和赛事都被认为是目标攻击对象，超级碗是重点，超级碗比赛也成为“9·11”事件后被确立为国家安全特殊赛事的级别。美国军队和国家橄榄球联盟在超级碗已经有 40 多年的合作历史，超级碗仪式中的军事元素包括飞行表演、美军警卫持国旗代表、军事乐队行进、军乐团演唱及美国国内和国外军事基地直播观看比赛等，爱国主义传统和超级碗赛事紧密相连③。

安德森“想象的共同体”非常有助于解释全球化背景下体育和国家民族主义之间的关系。在人们的心中有一个他们共同归属的想象的社区，除了战争和国际体育赛事，没有任何一个事件能够将自己与国家强烈地融合在一起。当不同国家的运动员参与竞技比赛的时候，他们的球迷支持他们，这时，体育成为联结理解国家理想、意识的重要纽带。国旗、标语、国歌以及其他爱国符号，与体育的竞技特征完美融合，能够为他者传递国家集体认同的重要符号特征，是政治社会化想象的重要场域④。因此，全球化时代，体育尤其是大型体育赛事的工具价值一直被世界各国的政治家们竞相追逐。

---

① BAINER A. Sport，Nationalism，and Globalization：European and North American Perspectives［M］. New York：State University of New York Press，2001.

② TUNON J，BREYE. Sports and Politics in Spain—Football and Nationalist Attitudes within the Basque Country and Catalonia［J］. European Journal for Sport and Society，2012（9）：7－32.

③ SCHIMMEL K. Protecting the NFL/Militarizing the Homeland：Citizen Soldiers and Urban Resilience in post－9/11 America［J］. International Review for the Sociology of Sport，2012，47（3）：338－357.

④ SACK A L. SUSTER Z. Soccer and Croatian Nationalism，A Prelude to War［J］. Journal of Sport & Social Issues，2000，24（3）：305－320.

三、重视大型体育赛事中的媒介叙事与国家意识呈现

体育赛事，例如奥运会和足球世界杯是能够提供平台，使得整个国家能够有秩序地团结在一起。精英运动员代表国家参加国际竞赛有助于国家建设，为国内民众提供自信的情感，尤其是一些相对贫穷和年轻的国家。同时许多国家职业体育赛事也成为球迷增长的重要因素，尽管全球化和移民部分改变了国家的意义，使得认同变得相对复杂，但是大部分精英竞技体育竞赛仍是被国家之间的竞赛这一模式主导着。国家认同在体育中是最大的市场产品，没有它，公众利益和一些项目的广告及资金会变得很危险。因此，不仅是国家对奥林匹克精英体育感兴趣，相反，官方和协会也会利用国家认同和奖牌榜提升关注度和国家的合法性建设①。

“当今已不是信息时代，而是网络时代。信息时代重要的是运用搜索引擎在网络搜索信息，是单向的供与求；网络时代，重要的是关系网络、关系人。”②按照科尔曼的说法，现代人越来越被迫从原生的和自然形成的环境走向人为建构的群体之中。结果是我们必须置身于陌生人社会，而对于这种社会，如果不是秉持着丛林法则的信念，而是试图使之成为宜居的乃至美好的社会，社会学的知识和识见显然大有可为③。国际旅游科学专家协会从规模、投资与影响三个方面提出界定重大节事事件的标准④，即至少具有吸引 100 万到访者的规模；资本投入至少相当于 5 亿加拿大元、7.5 亿德国马克或 25 亿法郎；并且具有很高的知名度，在某种程度上是“必看”（must - see）的节事。无疑，按照这一标准，奥运会、世界杯、世博会等是典型的重大节事。美国著名学者丹尼尔·戴扬等人将划时代的政治和体育竞赛看作是国家级媒介事件，这些国家级媒介事件表现出超凡魅力的政治使命⑤。奥运会和足球世界杯则是当今世界范围内最具代表性的体育媒介事件。媒介仪式以电视符号媒介转播的形式将某些重要

---

① HAUT J, PROHL R, EMRICH E. Nothing but Medals? Attitudes Towards the Importance of Olympic Success [J]. International Review for the Sociology of Sport, 2016, 51 (3): 332 - 348.

② 当今已不是信息时代而是网络时代 [N]. 人民日报（海外版），2014 - 10 - 24 (11).

③ 成伯清. 2015 年中国社会学侧记 [N]. 中国社会科学报，2016 - 02 - 03.

④ 刘亭立，王诚庆. 重大节事的经济效应实证研究——以北京奥运会的市场反应为切入点 [J]. 旅游学刊，2011 (5): 84 - 89.

⑤ 赵红勋，黄伟. 体育盛典·媒介仪式·身份建构——“媒体奇观”视域下的体育赛事解读[J]. 现代视听，2013 (8): 24 - 28.

显著的共同性活动或者某些盛大事件，呈现出一种象征性和表演性的文化实践过程和行为①。

叙事是历史和文化认同的中心，叙事是人类通用语言。Fiske 指出："毫无疑问电视主载着叙事的内容"。Roland Barthes 写道："世界上有多种叙事形式，叙事的第一个和最初的奇异的多样性基因……叙事出现在每一个时代，每一个地方，每一个社会，它起始于人类历史，没有一个没有叙事的地点和人。所有的阶级、群体都有他们的叙事，叙事是国际性的、跨历史的、跨文化的。"② 大型体育赛事的结构最基本的是叙事，从开始、复杂的图表、结果，这些都成为电视永不满足的叙事需求。

媒介时代，在观赏体育概念的理论要素分析框架中，认为体育赛事是符号表征的一种形式，具有特殊的表达意义（图 9－1）。正是基于此原因，体育赛事作为一种特殊的比赛具有特殊的电视媒介特征，赛事的核心本质特征是一种比赛现象。从体验的角度而言，它们提供了基本的叙事和拟剧形式，创造了比赛结果的不确定性，更重要的是，作为一种比赛现象，观众作为积极意义的生产者的作用非常显而易见。体育赛事作为公共的表演，在理念沟通和道德价值上，媒介发挥了重要的作用，观看电视体育比赛包含着或多或少的仪式行为，同样，它也强化了仪式内容的特殊意义。

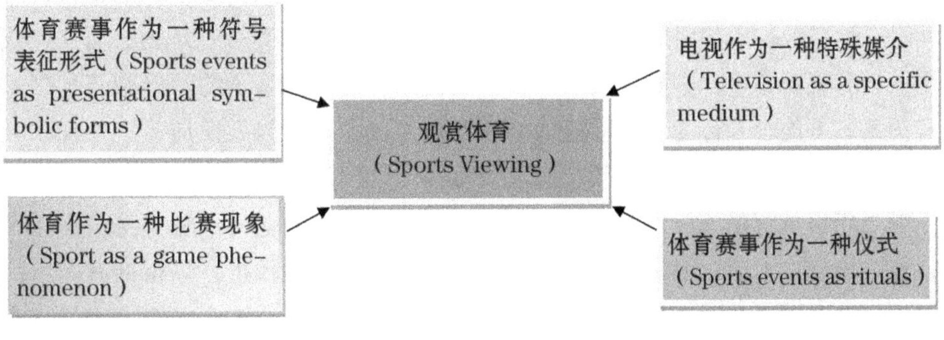

图 9－1 "观赏体育"概念的理论要素③

① 张兵娟．仪式、传播、文化［J］．中国广播电视学刊，2007（3）：85.

② BILINGS A. Sports Media：Transformation，Integration，Consumption［M］．New York：Routledge，2011.

③ FRANDSEN K. Sports Viewing：A Theoretical Approach［J］．International Journal of Sport Communication，2007（1）：67－77.

奥运会开闭幕式作为集民族文化、精神价值、体育信仰、身份认同于一身的盛大仪式庆典，透过电视媒介“全息镜像”的转换直播，展示了奥运主办国、主办城市的历史文化、文明的演进以及社会生活的法则、意义与空间建构，能够起到凝聚人心、整合社会、提供认同、重塑记忆的作用，实现增强民族情感交流、凝聚社区力量和巩固社会秩序的价值①。

奥运会作为媒介事件，呈现出了媒介叙事的多维层面。例如，1988 年汉城奥运会上约翰逊兴奋剂丑闻事件，加拿大媒介叙事提供了一个很好的解释民族主义和加拿大国家认同的框架。媒介议程中的体育与国家认同建构体现在两个重要的价值维度上，即体育成为民族国家的符号、体育代表了球迷的国家归属感。媒介对明星运动员叙事的价值包括一种榜样示范模式、英雄地位的建构、国家神话的解构和职业形象的塑造。媒介对体育明星男子气概的塑造的叙事亦能表达国家性格气质的塑造②。1988 年汉城奥运会之前，约翰逊对于加拿大是这样的一个形象：决定你想决定的，代表了加拿大人，是国家认同，是民族英雄，是第一。约翰逊个人的成功成为加拿大人的骄傲，而不论你是黑人还是白人。

1988 年汉城奥运会，约翰逊夺冠后，接到加拿大总理的祝贺电话。然而，48 小时之后的兴奋剂丑闻事件，迅速使约翰逊失去了加拿大人的支持，他被形容为加拿大的罪人。当宣布约翰逊兴奋剂事实时，加拿大奥委会副主席告诉约翰逊，他要像掉入陷阱的动物一样坐在那里。他认为野生的未开化的动物应该用铁链和棍棒训斥，剥离其国家和个人的关系。他还否认了约翰逊服药和国家有关系，是他个人行为。约翰逊的行为激起了国家上下强烈反应，一些加拿大人认为约翰逊叛国，孩子们愤怒地在 T 恤衫上写下对这个人极其不尊重的话，正如当年格雷茨基离开到洛杉矶队一样。媒介在建构约翰逊他者的身份中运用扭曲（twist）术语：第一，扭曲的命运，成功和失败的转折，兴奋剂丑闻给国际体育社会带来的污点反映了他自身和加拿大的命运。个人和国家命运虽不直接联系，但我们不能忽视这个事实，加拿大的民族文化政治以及其在体育领域的成功使媒介和公众娱乐转向约翰逊。第二，运用这个术语是为了表明约翰逊在加拿大的民族认同。牙买加人成为加拿大黑人的委婉用语，揭示了约翰逊的

① 赵红勋，黄伟．体育盛典·媒介仪式·身份建构——“媒体奇观”视域下的体育赛事解读［J］．现代视听，2013（8）：24－28.

② ALLAIN K A. Kid Crosby or Golden Boy：Sidney Crosby，Canadian National Identity，and the Policing of Hockey Masculinity. International Review for the Sociology of Sport，2011，46（1）：3－22.

运动成绩和身份标签是一致的，成功代表国家，失败代表牙买加人。从牙买加人到牙买加移民到加拿大牙买加人，以至于加拿大人到丑闻后的牙买加人，民族认同的社会建构、解构、再建构、再解构，这种身份的变动说明加拿大的认同与大众媒介的传播捆绑在一起。约翰逊成功时，媒介叙事把他当作民族英雄、国家大使。当他出现兴奋剂丑闻时，媒介定义了约翰逊的牙买加人身份①。

同样，2004 年美国超级碗比赛的场秀表演中，珍妮·杰克逊露乳事件在美国引起了轩然大波，负责节目转播的哥伦比亚广播公司被处以 55 万美元的罚款。而珍妮和贾斯汀也被要求，如果不向观众道歉，将不被允许参加当年的格莱美。

由此我们可以看出，体育赛事尤其是大型体育赛事的多维层面，被媒介渲染为国家认同的代表，呈现了国家的意识形态。在全球网络化、媒体化传播的时代，如何更好地处理媒介叙事和国家意识呈现之间的关系，是一个值得引起我们重视的议题。

四、通过休闲活动方式厚植运动项目参与群体

人类的需要、兴趣和期盼是和希望、梦想、信念和使命紧密联系在一起的。东西方有很多伟大的艺术家、音乐家、思想家、作家、科学家、哲学家都视职业为度假，把工作当成休闲。大卫·格雷（David Gray）认为："休闲包含着对本真的东西的一种追求以及对自我的认知和理解。它是一种富于美学、心理、宗教和哲学意蕴的沉思和冥想。"约翰·奈斯比特（John Naisbitt）写道："科技越是发展，人们越需要相互接触和紧密联系。"日本合气道大师五月女贡（Mitsugi Saotome）指出："假如茫茫宇宙中只有你一个孤零零的人，你找不到可以倾诉的对象，没人跟你一起欣赏繁星的美丽，没人与你一起欢笑，没人与你牵手，那你的生活还有什么目的和意义呢？正是因为有别人，因为有爱，你的生活才有了意义。这就是和谐。我们需要去寻找那种彼此可以分享的快乐，去寻找挑战的快乐和成长的快乐。"杰克逊（Jackson）指出："无论是对于人们的生活，还是对于政策和规划的划定，休闲都既是手段，也是目的。"莎士比亚（Shakespeare）说过："简练是智慧的灵魂。"乔治·华盛顿（George Washing-

① JACKSON S J. A Twist Race：Ben Johnson and the Canadian Crisis of Racial and National Identity［J］. Sociology of Sport Journal，1998，（15）：21－40.

ton）也说过："讲话一定要简短和具有概括性。"托马斯·杰弗逊（Thomas Jefferson）说："人的天分中最宝贵的品质就是言简意赅。"智慧的获取有三个途径：一是反思，这最可贵；二是模仿，这最容易；三是实践，这最痛苦。文森特·梵高（Vincent van Gogh）曾说："只要你能把一件事情琢磨透，你就可以触类旁通地去洞悉更多的东西。"本杰明·富兰克林（Benjamin Franklin）认为："休闲就是花时间去做一些积极有益的事情，勤勉的人可以从中受益，而懒惰者却无从做到这一点。"尼古拉斯·穆雷·巴特勒（Nicholas Murray Butler）指出："妥当地安排和利用闲暇时间是一个富有教养的人的最重要的标志之一。"

然而，在组织机构的文化行将转变时，肯定会引发人们的焦虑和紧张情绪。正如詹姆斯·贝拉斯科（James Belasco）和拉尔夫·斯蒂亚（Ralph Stayer）指出的那样："变化是极为艰难的。因为人们会对自己现有的价值观念高看一眼和珍爱有加，而对舍弃原有的东西之后新获得的一切价值和意义会予以贬低和轻视。"因此，文化转变需要经受一个心理学意义上的"冰释"的过程。阿尔伯特·爱因斯坦（Albert Einstein）认为："仅仅局限在问题所产生的框架之中去思考怎样来解决问题是不能奏效的。"达·芬奇（Leonardo da Vinci）则认为："人们要追求精神世界的完整性，既要注意研究艺术中的科学精神，也要注意研究科学中的艺术内涵。要充分意识到世界上的任何事物都是与其他事物联系在一起的。"爱迪生（Edison）提出："要做一件事情，总会有更好一些的办法，我们要去找到这样的办法。"英国哲学家约翰·斯图亚特·密尔（John Stuart Mill）说过："任何能够得以留存的好的东西都是原创的成果。"柏拉图（Plato）说："在一小时的游戏和玩耍当中你对一个人的了解程度远远胜过一年的对话交流。"

一个人成功的关键因素就在于他能够不断地成长和实现自我发展。创新性的探索和富有创造活力的头脑经常会有灵感产生。玛丽安·威廉姆森（Marianne Willianmson）指出："个人的转变能够产生着全球性的影响。我们在前进，世界同样也在变化，因为世界由我们组成。说到底，拯救世界的那种革命终究还是要归结为个人层面的事情。"① 休闲为个人、社区、国家的转变提供了力量。

安德鲁·科恩（Andrew Cohen）认为："只有当人们不再单纯为自己而活，

① 爱丁顿，陈彼得．休闲：一种转变的力量［M］．李一，译．杭州：浙江大学出版社，2009：12.

而是开始关心比他们自己更为重要的东西时，他们才能体验到人性中的喜悦、快乐和本真的自由自在之感。而所有这些，可以通过努力、行动、付出以及对人类精神体验的深入醒察而获得。”因此，当人们参与体育时，体验到体育带给自身的内心感悟时，他们也会体验到国家的存在、意义以及价值。从个人层面看，体育强化了社会和文化认为有价值的东西。观看体育比赛作为人们主要的休闲活动之一，为个人带来了力量强大的转变机会，让人迈上一个展现自我内在本质的心路历程，它有助于人们明确自己的本真愿望和与此相关的生活理念。从社区角度来看，休闲极大地推动了地方的经济、社会和文化的发展。从国家的视角来看，重大的国际体育赛事会直接和间接地影响中国民众，使其变得更为积极而充满活力，会更加关注休闲和体育活动。人们可以把休闲看作是改善社会生活状况的一种手段，也可以把它看作是强化文化认同的一种方式。

凡勃伦认为生活方式是在某一时期或社会发展的某一个通行的制度的综合，可以概括为一种流行的精神态度或一种流行的生活理论①。因此，任何工业社会如果累积了相当的财富，足以使很大一部分人脱离工作，种种运动比赛和爱好这类活动的热情就会获得迅速发展②。在全世界范围内，体育组织一直被认为是社会文化资本的重要创造者，因为体育组织有能力让来自不同背景的众多人参加体育运动，而社会文化资本则是基层民主政治的基础。政府把体育作为一项特别有价值的休闲活动来推动，认为体育运动对身体和人格都有益处，可以创造机会使体育运动成为公民的权利，卓越的体育成绩能够提高国家的认同感和声望。

美国创造了自己的现代体育运动——棒球和美式足球，后来又发展起了冰球和篮球。为什么在世界其他地方十分流行的足球运动从来没有在北美真正兴起过？人们认为，美国自己的体育运动吸引美国人，最主要的原因是这些运动具有与众不同的美国风格，美国的体育文化从一开始就与众不同。也正是其与众不同的体育文化特征，美国的职业体育赛事不仅吸引了本国的大批球迷，同时还吸引着无数世界球迷的关注。

五、高水平竞技体育仍是体育强国的重点建设领域

竞技体育的成功和国家自豪感之间有紧密的关系，研究表明，世界上许多

---

① 肯·罗伯茨．休闲产业［M］．李昕，译．重庆：重庆大学出版社，2008：11.

② 凡勃伦．有闲阶级论［M］．蔡受百，译．北京：商务印书馆，2013.

国家的大多数人都为他们国家的国际竞技体育成绩和运动员表现感到骄傲和自豪。在德国，有2/3的人认为德国运动员在奥运会或者足球世界杯获得更多的奖牌能够使他们感到自豪。美国1996—2004年的社会调查数据表明，75%的人认为当他们国家的运动员在国际竞赛中表现非常好的时候，他们会认为自己作为一名美国人非常自豪。85%的匈牙利人为他们国家运动员的竞赛成绩而自豪①。单一的运动员的奖牌，如果没有特殊的值得记忆的故事，人们会很快忘记。奖品本身不会产生和创造归属感，只有相关杰出竞技表现的故事才能唤起人们的集体记忆。这种讲故事的能力依赖于各个项目中国家对奖牌的意义表达。并不是每一个运动项目都能够引起人们的集体认同，也不是任何一个运动项目都能够得到每一个人的认同。奖牌对国家人民、传统和之前的成功而言，具有不同的意义表达。国家自豪感可能仅仅来自运动员杰出的运动竞赛成绩，毫无疑问，国家应该在精英体育体系投入更多的资金以使运动员获得更多的奥林匹克奖牌。

欧美发达国家体育组织管理机构中，大多数国家政府均未设置专属体育部门，其国家体育发展一般通过国家奥委会、国家运动项目联合会或者中介部门来实施，政府只是为上述部门提供资金支持②。例如加拿大国家体育管理机构是体育加拿大（Sport Canada），一个独立非政府机构，负责协助联邦政府监督国内体育的发展。它的主要职责是提高和加强全国的体育参与和高水平体育发展，确保加拿大体育政策和战略的执行。体育加拿大授权国家运动项目协会（National Sport Organization），组织行使全国范围内其运动项目发展的管辖权。这样可以在全国范围内有效地实施体育发展促进计划、管理体育市场和体育赞助活动，以及管理国家队（包括人员选拔和配备）、批准和举办全国体育竞赛、申办和举办国际体育赛事。同时，国家项目协会也代表加拿大参与国际体育联合会的相关事务工作。体育加拿大（Sport Canada）的成员主要由省/区域项目协会、市级项目协会构成，还负责对加拿大教练联合会、加拿大奥委会、加拿大体育伦理中心进行监督。

美国职业橄榄球联盟（NFL）、职业棒球联盟（MLB）、职业篮球联盟（NBA）、职业冰球联盟（NHL）、职业足球联盟（MLS）五大职业体育联盟决

---

① HAUT J，PROHL R，EMRICH G. Nothing but Medals? Attitudes Towards the Importance of Olympic success［J］. International Review for the Sociology of Sport，2016，51（3）：332－348.

② HALLMANN K，PETRY K. Comparative Sport Development：System，Participation and Public Policy［M］. New York：Springer，2013.

定了美国体育组织的框架图，每一个职业联盟都有自己的特许经营协会和组织管理机构。美国大学体育的组织管理机构是大学运动联合会（National Collegiate Athletic Association，NCAA），美国大学运动联合会将大学橄榄球分为四个等级，其他运动项目则分为三个等级。美国独特的高等教育和中等教育体育组织管理体系对美国体育发展有着重要作用，数百万的学生参加高中和大学运动队的竞技体育比赛。美国业余运动联合会掌管的34个运动项目有着50万参与者、250个全国锦标赛和1000个地方赛事的青少年运动。美国业余运动联合会的哲学是"Sport for All"，这一哲学理念贯穿于所有运动项目的运动员参与者和5万名志愿者中。美国青少年足球是由全美各州、地方足球联合会、个人足球俱乐部构成的一个联盟组织。这一组织负责各年龄阶段优秀足球运动队伍的地区、全国、国际比赛，以及奥林匹克足球精英发展计划、各州足球锦标赛。

从赛事管理角度看，体育强国的国家运动项目协会主要负责全国高水平竞技体育比赛，为奥运会等国际大赛选拔国家参赛队员，其他级别的赛事均由省级/区域级或市级俱乐部等机构举办。国家运动项目协会负责对省级/区域级别的赛事进行指导监督，下派赛事技术官员、教练员及裁判员，确保比赛严格遵守并执行国际项目规则的有关要求，保证比赛的水平和质量，以实现高规格、高水平的运动员选拔目标。基层的体育赛事主要由学校、社区俱乐部或者市级运动项目协会组织，省级/区域运动项目协会行使对赛事的监督、管理职责，也会下派技术官员、教练员、裁判员到基层业余赛事中进行指导，保证基层赛事规范运行。发达国家体育赛事体系从基层至省级/区域至国家形成了"金字塔"式的竞赛体系，塔基庞大的体育参与群体为优秀运动员的选拔与培养提供了坚实的基础。同时依据运动项目特征及运动员的成长规律，赛事体系的设计也并不完全相同。

从国家体育政策的视角来看，高水平竞技体育工作仍是这些国家体育工作的重点，并有不断被强化的趋势。例如德国实施高水平体育发展计划（Top－level Sports），这一计划制定了更为严格和精准的目标。在过去的15年里，金牌指导方针成为大多数运动项目协会的惯用准则，在奥运会获取的成绩衡量着项目协会自身存在的社会价值，并且这种期望价值一直在不断地被提升。澳大利亚体育委员会在36个精英运动项目中实施运动员奖学金计划、运动员职业教育计划、高水平竞技体育创新计划、管理和系统计划、高水平竞技体育成功计划。挪威奥委会和体育联合会制定了精细的高水平竞技体育目标，实施"奥林匹亚顶级计划"，这有效促进了挪威运动员在冬奥会中取得优异成绩。加拿大2012

年强化了 CSP2002，更新了这一政策并且扩展至 2022 年，新的政策目标是积极拓展利益相关者的合作。这一政策在 2010 年温哥华冬奥会和 2012 年伦敦奥运会上得到了最好的实践检验，有效地改善了加拿大人的健康、社区建设、社会发展、国家自豪感和城市参与。日本 2012 年 3 月提出的 “Activating Japan through Sport” 计划，在 2022 年要实现为高水平竞技体育和基层体育的互联互通、相互合作创设良好的体育生态圈目标。为了实现这个目标，政府提出在基层，从下一代中发现和训练高水平运动员，分配技术过硬的教练到主要运动项目的俱乐部，并派送这些教练到相邻或相近的俱乐部。

从赛事文化传承角度来看，发达国家均通过赛事传承并发扬了项目文化，建构了个人认同、团队认同和国家认同的项目文化体系。例如欧美发达国家在中小学主办公区域设立的校队历史橱窗、体育名人堂、校队名称和符号标识等，在项目发源地建立的名人堂以及私人项目博物馆、公共博物馆中的体育历史展等，均塑造了项目的文化认同。同时还有各种题材的体育电影、体育明星传记、知名专栏体育记者书籍，也在丰富人们对项目的文化、发展历史以及集体记忆中发挥了重要作用。另外，美国 NCAA 赛事、超级碗赛事、NBA 赛事、职棒联盟赛事等年度安排，均错时进行，为美国乃至世界观众在一年四季都能够欣赏高水平的竞赛贡献了独特的智慧，营造着项目文化的专属领地。

综上所述，每一个国家都有自己独特的政治、历史、文化特征，这也就直接决定了每一个国家的体育成功经验，显示了其国家制度环境和文化环境的优越性。

第二节　当代中国社会发展赋予大型体育赛事的时代要求与使命

党的十八大以来，以习近平同志为核心的党中央从提出中华民族伟大复兴的中国梦，到践行以人民为中心的发展思想；从统筹推进经济建设、政治建设、文化建设、社会建设、生态文明建设“五位一体”总体布局，到协调推进全面建成小康社会、全面深化改革、全面依法治国、全面从严治党的“四个全面”战略布局；从引领经济发展新常态，到牢固树立创新、协调、绿色、开放、共享的新发展理念……一系列治国理政新理念、新思想、新战略，为中国特色社会主义理论体系注入新的时代内涵。党的十九大报告指出，中国特色社会主义进入了新时代。这是继续夺取中国特色社会主义伟大胜利的时代，是决胜全面建成小康社会、全面建设社会主义现代化强国的时代，是全国各族人民团结奋斗、不断创造美好生活、逐步实现全体人民共同富裕的时代，是奋力实现中华民族伟大复兴中国梦的时代，是我国日益走近世界舞台中央、不断为人类做出更大贡献的时代。这是我国发展新的历史方位。

一、新时代大型体育赛事的使命

在贯彻落实习近平总书记系列重要讲话精神和治国理政新理念、新思想、新战略，统筹国内、国际两个大局，统筹推进“五位一体”总体布局，协调推进“四个全面”战略布局，坚定不移贯彻落实新发展理念，坚定不移推进改革开放，全面推进中国特色社会主义新时代建设的背景下，体育作为社会建设和国家建设的一个重要领域，必然肩负着实现中华民族伟大复兴的中国梦的责任。

2014 年 10 月，国务院《关于加快发展体育产业促进体育消费的若干意见》指出：“发展体育事业和产业是提高中华民族身体素质和健康水平的必然要求，有利于满足人民群众多样化的体育需求、保障和改善民生，有利于扩大内需、增加就业、培育新的经济增长点，有利于弘扬民族精神、增强国家凝聚力和文化竞争力。”该文件在创造发展条件一条中指出：“营造重视体育、支持体育、参与体育的社会氛围，将全民健身上升为国家战略，把体育产业作为绿色产业、朝阳产业培育扶持，破除行业壁垒、扫清政策障碍，形成有利于体育产业快速发展的政策体系。”

2015 年 3 月，国务院办公厅《关于印发中国足球改革发展总体方案的通知》指出：“足球运动具有广泛的社会影响，深受广大群众喜爱。发展和振兴足球，对提高国民身体素质、丰富文化生活、弘扬爱国主义集体主义精神、培育体育文化、发展体育产业、实现体育强国梦具有重要意义，对经济、社会、文化建设也具有积极促进作用。”[①] 2016 年 4 月，国家发展和改革委员会印发的《中国足球中长期发展规划（2016—2050 年）》指出：“改革开放以来，我国经济社会快速发展，人民生活水平显著提高，群众对体育健身需求日益增长。当前，我国正处于全面建成小康社会的关键时期，振兴和发展足球是全国人民的

---

① 国务院办公厅关于印发中国足球 改革发展总体方案的通知［EB/OL］.［2015－03－16］. http://www.gov.cn/zhengce/content/2015－03/16/content_9537.htm.

热切期盼，关系到群众身心健康和优秀文化培育，对于建设体育强国、促进经济社会发展、实现中华民族伟大复兴的中国梦具有重要意义。”①

2016 年 5 月，《体育发展“十三五”规划》指出：“促进体育全面协调可持续发展，努力实现建设体育强国的目标，充分发挥体育在建设健康中国、推动经济转型升级、增强国家凝聚力和文化竞争力等方面的独特作用。”2016 年 6 月，《全民健身计划（2016—2020 年）》指出：“全民健身是实现全民健康的重要途径和手段，是全体人民增强体魄、幸福生活的基础保障。”2016 年 10 月，中共中央、国务院印发的《“健康中国 2030”规划纲要》指出：“要推动健康服务供给侧结构性改革，卫生计生、体育等行业要主动适应人民健康需求，深化体制机制改革，优化要素配置和服务供给，补齐发展短板，推动健康产业转型升级，满足人民群众不断增长的健康需求。”

2015 年 7 月 31 日，习近平致信国际奥委会主席巴赫指出，北京携手张家口获得了 2022 年冬奥会和冬残奥会举办权，举办一届精彩、非凡、卓越的冬奥会，是中国 13 亿多人民的心愿。我们将兑现全部承诺，同世界各国人民一道，同国际奥委会一起共同见证奥林匹克冬季运动发展和奥林匹克精神传播的新境界。2017 年 2 月，习近平总书记在北京考察冬奥会场馆和观摩运动员训练时强调，中国今后要变成一个强国，在各方面都要强，少年强则中国强，体育强则中国强，推动我国体育事业不断发展是中华民族伟大复兴事业的重要组成部分。2017 年 8 月 27 日，习近平总书记在天津会见全国群众体育先进单位、先进个人代表和全国体育系统先进集体、先进工作者代表以及在本届全运会群众比赛项目中获奖的运动员代表时强调：“体育承载着国家强盛、民族振兴的梦想。体育强则中国强，国运兴则体育兴。要把发展体育工作摆上重要日程，精心谋划，狠抓落实，不断开创我国体育事业发展新局面，加快把我国建设成为体育强国。”②

由此可见，在实现中华民族伟大复兴中国梦的征途中，国家实施的系列新理念、新思想、新战略，新的历史方位对体育的发展方式也提出了新的要求，赋予了其新的历史发展使命。这种新要求、新使命吹响了深化体育领域全面改革的号角，中国体育正在起锚，即将开启充满希望的征程。

---

① 《中国足球中长期发展规划（2016—2050 年）》正式印发［EB/OL］.［2016 - 04 - 11］. http://sports.people.com.cn/n1/2016/0411/c22134 - 28265882.html..

② 朱虹，张静淇. 体育强则中国强 国运兴则体育兴［N］. 人民日报，2017 - 09 - 05（23）.

二、我国大型体育赛事创新发展的战略目标与定位

一个走向复兴的民族，离不开价值追求的指引；一段砥砺奋进的征程，需要有精神力量的支撑。大型体育赛事的创新发展同样需要精准价值追求的指引，需要强大精神力量的支撑。

在当前我国全面建成小康社会、由体育大国向体育强国迈进、实施全民健身国家战略、健康中国建设这样一个大发展、大变革、大调整的时代，体育狂热思潮席卷而来，弥漫于中国大地。在这样一个未来面临各种不确定性的时代，中国体育这艘发展巨轮若要平稳地行驶在深化改革的大潮中，需要我们理性地、客观地、实事求是地从世界体育历史之维和现实之维中把握我国体育发展的目标和方向，谨慎笃定地从战略高度设计体育深化改革的总体框架，推进体育事业健康、可持续发展。从体育赛事视角来看，应明确其发展的战略目标与定位，继续秉承选拔高水平竞技体育人才的战略思维，高度重视竞技体育人才储备库建设，推动更广泛人群的积极参与和终身体育习惯的养成。

贯彻落实“四个全面”战略布局需要每一方面都突出强调“全面”，既有目标又有举措，既有全局又有重点。这就要求在深化体育领域改革时要坚持系统思维，充分考虑大型体育赛事与经济、政治、文化、社会、生态各领域改革的关联性、耦合性，明确其在社会系统中的战略目标与定位，从系统的角度进行统筹把握（具体结构如图 9 – 2 所示）。赛事作为整个体育事业发展的核心，与社会政治、经济、科技、文化、生态、教育等领域紧密相连，从图 9 – 2 中可以清晰地看出，大型体育赛事创新发展与社会系统（宏观、中观、微观层面）有机联系、相互贯通、相互促进。

奥运会和足球世界杯作为世界范围内最具影响力和代表性的大型国际体育赛事，对国家和社会发展具有深远影响。因此，在我国成功获得 2022 年北京冬奥会举办权后，举办一届精彩、卓越、非凡的冬奥会成为指导各项筹备工作的战略总目标，并提出了绿色办奥、共享办奥、开放办奥、廉洁办奥的总要求。同时，在足球世界杯方面，我国也提出了晋级足球世界杯、举办足球世界杯和夺得足球世界杯冠军的战略发展目标。在国内职业体育赛事领域，提出了进一步推进协会实体化的改革目标。而要实现当前我国大型体育赛事的战略目标和职业体育改革的目标，则需要正确的价值导向，需要弘扬体育精神，激发民族精神，塑造国际主义精神。这种价值导向、思想引领、精神动力能够在统筹国

内国际两个大局中，通过大型体育赛事和职业体育赛事，实现合作共赢、和平发展、永续发展的国际发展目标，以及实现国家富强、民族复兴、人民幸福的国内发展目标。

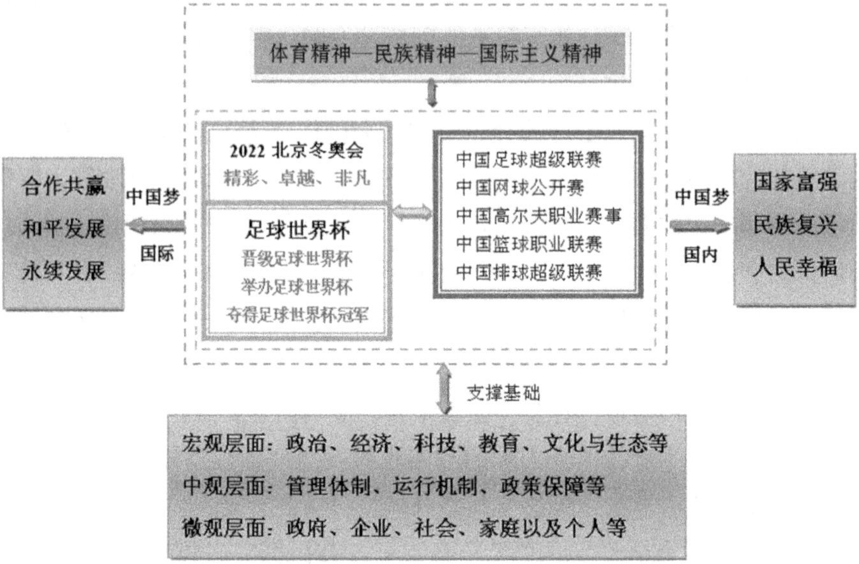

图 9－2　我国大型体育赛事在社会系统中创新发展的战略目标与定位示意图

总之，当前我国大型体育赛事承载着社会建设和国家建设的重要任务，其发展战略目标与社会系统紧密关联和耦合，在筹办 2022 年北京冬奥会和推进职业体育赛事协会实体化改革的进程中，不能割裂它们与社会系统各组成要素间相辅相成、相得益彰的联系，必须从整体的、协同的、发展的视角看待社会发展与大型体育赛事和职业体育赛事发展的总体战略目标和定位。

三、我国大型体育赛事要突出以国族认同为核心的多元认同建构

2017 年 10 月 18 日，习近平总书记在十九大报告中指出：“广泛开展全民健身活动，加快推进体育强国建设，筹办好北京冬奥会、冬残奥会。”这明确指出了体育作为文化事业和文化产业的重要组成部分，在实现坚定文化自信、推动社会主义文化繁荣兴盛的目标中发挥着重要作用。

霍布斯鲍姆指出：“国家会运用日益强势的政府机器来灌输国民应有的国家

意识，要求人民认同国家、国旗，并将一切奉献给国家、国旗，更经常靠着'发明传统'乃至'发明民族'以便达成国家整合的目的。"① 进入新时代的中国体育，尤其是体育赛事，在实现国家整合的目的中扮演着重要角色，发挥着重要的功能。大型体育赛事能够为国家意识形态工作创造最佳场域，能够创设具有强大凝聚力和引领力的意识形态表达媒介，能够借助体育精神的力量在理想信念、价值理念、道德观念上将人民紧紧团结在一起。大型体育赛事能够有效践行社会主义核心价值观，能够通过系列赛事符号标识、英雄叙事等赛事文化，实现对国民的教育引导和实践养成，从而培养国民的情感认同和良好的行为习惯。大型体育赛事是弘扬民族精神和时代精神的重要场域，能够加强爱国主义、集体主义、社会主义教育，引导人们树立正确的历史观、民族观、国家观、文化观。大型体育赛事是一个塑造民族英雄的舞台，是表达文艺叙事的重要载体，是讴歌英雄、推出精品力作的卓越叙事资源库。大型体育赛事是彰显国家软实力的有力工具，是向国际国内社会传播中国梦的重要契机和关键节点，是建构中国故事，以及展现真实、立体、全面中国的极佳宣传平台。大型体育赛事是践行新时代中国特色社会主义思想和基本方略的重要领域，能够在经济、政治、法治、科技、文化、教育、民生、民族、宗教、社会、生态文明、国家安全、外交、党的建设等方面全面推进和实践新的历史方位中的国家建设。

今天的中国正处于崛起和实现中国梦的关键时期，而要完成国家的崛起和实现中华民族伟大复兴的中国梦，必须依赖于中华民族的国族一体化，把中华民族建设和巩固成为一个统一的凝聚力强大的国族②。因而，对中华民族这一国族认同的建设更显得格外重要而深刻。强化中华民族认同建设，能够让中国在国际社会中承担更多的国际责任和义务，实现习近平总书记提到的"世界那么大，问题那么多，国际社会期待听到中国声音、看到中国方案，中国不能缺席"的世界承诺。强化中华民族认同建设，有利于让进入世界体系中心的中国在文明话语的塑造、制度的合法性建构方面处于稳固发展的状态。强化中华民族国家认同建设，能够让步入全球经济中心的中国，成为国际事务的政治中心，同时精通于对国际法则和普世价值的理解。强化以中华民族的国族认同为核心的建设，需要领土认同和政治认同作为基础前提，需要文化认同作为保障，四维合力共同助推国家认同建设。

① 陈壁生．民族主义与民族国家建构［J］．社会科学论坛，2006（9）：22－33.

② 周平．中华民族：一体化还是多元化？［J］．政治学研究，2016（6）：15－25.

中国为何总是在许多关系国民素质的足球、篮球、田径、拳击等力量型、速度型的体育项目上输给西方国家甚至是一些弱小国家？为何中国在很多竞技项目上总是在关键时刻输在心理素质上？原因不在于运动员不积极努力，而是由于中国缺乏真正属于本民族的民族魂，进而缺乏基本的自信心。重返属于中国自己的主干通衢大道的实质就是走中国自己的文明之路，但这个文明之路已不再是中国古代的文明，而是一种属于中国自己且领先世界的新文明之路①。以中华民族的国族认同为核心的多元认同建构为我国参加和筹办大型体育赛事过程中国家认同建设提供了清晰的发展路径和方向，成为中国大型体育赛事体系建设的行动指南。以中华民族的国族认同建构为核心第一要义，促进中华民族文化认同建设，强化国民的领土认同和政治认同，为实现中华民族伟大复兴的中国梦提供道路自信、理论自信、制度自信、文化自信，为人类新文明的建设贡献中国力量。

第三节　我国大型体育赛事创新发展的具体路径

21 世纪中国的发展为体育尤其是大型体育赛事的发展勾画了宏伟蓝图，制定了明确的发展战略目标和发展方向，然而，战略目标的实现，需要科学严谨的顶层制度设计，需要具体可行的操作体系，需要丰富多彩的活动项目支撑，需要融合多元文化价值体系，需要展现每一个体育赛事的独特价值。因此，我国大型体育赛事的创新发展路径，应当在全球化的视野中，充分借鉴国际体育赛事经验，并牢牢立足于本国国情和体育发展的实际，设计科学合理、切实可行的发展举措，将大型体育赛事所承载的合作共赢、和平发展、永续发展的国际目标以及实现国家富强、民族复兴、人民幸福的国内目标落到实处。职业体育赛事的创新发展路径具有共性的特征，但为了更好地体现每一个职业体育赛事的独特性和项目魅力，打造独有的赛事品牌，推进赛事产业价值链的增值，本部分采用分述的形式，具体阐释了每一个职业体育赛事的创新发展路径。

---

① 王江火．新文明［M］．北京：中国政法大学出版社，2014：25.

一、2022 年北京冬奥会

中国冬季运动项目的普及率及竞争实力在国际社会中并不具有优势，为了推动冰雪运动在中国的开展，让更多的民众体验冰雪运动独特的价值魅力，北京 2022 年冬奥会，为带动 3 亿人上冰雪提供了平台。

（一）践行《奥林匹克 2020 议程》，履行“举办城市合同”

2015 年 12 月国际奥委会通过《奥林匹克 2020 议程》，为奥运会开启了改革之门，也为奥林匹克运动未来的发展提供了一幅战略性的路线图。

《奥林匹克 2020 议程》改革措施的核心内容是简化程序、降低成本、可持续发展、持久遗产、将运动员置于这一过程的中心、强化奥林匹克价值观教育、体育与文化融合、提高公信力和注重多方合作等。2022 年北京冬奥会是《奥林匹克 2020 议程》出台后首个国际大型体育赛事，承办过程中对议程 40 条条款内容的充分理解与执行是国际社会关注的重点，也是衡量 2022 年北京冬奥会成功与否的国际标准。“举办城市合同”是对举办城市提出的各种要求和约束条款，具有法律约束力。“举办城市合同”条款的有效执行是考察 2022 年北京冬奥会成功与否的另一条国际标准。

因此，充分理解和执行《奥林匹克 2020 议程》及“举办城市合同”是 2022 年北京冬奥会承办过程中需要首先解决的重点问题，对《奥林匹克 2020 议程》和“举办城市合同”做出最好的诠释，是北京和张家口面临的最重要、最艰巨的任务，这直接影响北京冬奥会的国际认同。

（二）兑现申办承诺，带动 3 亿人参加冰雪运动

2022 年北京冬奥会申办报告重点提出了三项承诺：一是节俭办赛（雪上项目利用张家口场地）；二是环境改善（2022 年大幅提升空气质量）；三是项目发展（3 亿人参加冰雪运动）。

申办承诺在国际、国内社会两个维度中体现中国政府的社会信誉，因而履行并兑现申办承诺，是国际、国内社会考察中国政府诚信的重要依据。节俭办赛与《奥林匹克 2020 议程》精神实质紧密契合，严格控制办赛成本和建设成本成为 2022 年冬奥会筹备中需要重点执行并考虑的核心问题。环境改善反映了中国政府在区域大气污染治理方面的决心。冬奥会成为京津冀城市环境治理的有

力推手，申办和筹备 2022 年冬奥会能够加速区域大气污染治理的进程，北京 2022 年冬奥会和冬残奥会以可持续发展为己任，计划投入 1300 亿美元治理大气污染，为民众生活和冬奥会提供更加优质的环境，树立奥林匹克运动与城市良性互动、共赢发展的典范。带动 3 亿人参加冰雪运动，是惠及中国民众的重要承诺。既能增强全民体质、建设体育强国，又能加速京津冀协同发展国家战略的实施，这是一个双赢的承诺。

因此，在 2022 年北京冬奥会的筹备过程中，要认真履行并兑现各项承诺，获得国际、国内社会的认可。

（三）冬奥会筹备的战略愿景要紧扣“中国梦”

当今世界，体育已经超越了国家的边界，成为全球化过程的产品和助推器，并成为世界范围内各国政治、经济、文化倾向的缩影。以奥运会为代表的大型体育赛事作为一种文化工具，成为民族主义和全球化间的新型链接中介，因其独特的国际影响力而备受各国政府的重视。2010 年温哥华冬奥会通过体育、文化、可持续发展的激情塑造了强大的加拿大精神。2014 年俄罗斯政府通过索契冬奥会的辉煌叙事，激发了民众的爱国主义情感，重塑了俄罗斯精神，建构了强有力的新俄罗斯神话。2018 年举办的平昌冬奥会则为韩国政府实现进入世界中心国的目标提供了展示平台。上述三届冬奥会举办国政府均以冬奥会为载体和平台，有效推动了国际和国内双重维度中的国家建设。

2022 年的北京冬奥会是实现中华民族伟大复兴中国梦的有效工具和载体，在筹备过程中，应充分借鉴温哥华冬奥会、索契冬奥会、平昌冬奥会战略愿景的设计、实施步骤及方法，将合作共赢、和平发展、永续发展的国际发展目标，以及实现国家富强、民族复兴、人民幸福的国内发展目标有效渗入筹备冬奥会的全过程之中，并成为一切筹备工作的行动指南和总纲领。

（四）战略愿景要内化于冬奥会组织管理体系的每一个环节

战略愿景内化于心、外化于行，需要落实到具体工作中。2014 年索契冬奥会形塑强大的俄罗斯精神这一战略愿景在冬奥会组织管理体系中得到了具体落实和体现，将战略愿景具化到每一个部门、每一个事件、每一个参与者身上，对冬奥会的价值认知也成为选聘冬奥会各层级工作人员的一个重要考核标准，进而索契冬奥组委建立了一支高效的工作人员队伍，每一名工作人员都秉承了冬奥会战略愿景的价值，在组织管理内部非常有效地实现了国家建设的目的。

索契冬奥会和温哥华冬奥会的战略运行策略为我国2022年北京冬奥会的组织管理体系的运行提供了非常有价值的借鉴和参考。在当前我国筹备2022年北京冬奥会的关键节点和关键时期，将实现中国梦这一国家建设的战略愿景和理念内化于冬奥会组织管理体系的每一个具体环节，对于有效达成2022年北京冬奥会的国际、国内两个发展目标具有根本性、关键性的作用，因而需要引起北京冬奥组委的高度重视。

（五）重视冬奥会中的媒介叙事与国家意识表达

体育和国家的关系非常紧密，正如Rowe指出的："几乎很少有像体育一样能自愿地不受胁迫地与国家意识紧密联系在一起。"[①] 通常政府会在地方、国家和国际层面通过体育表达国家和国家民族主义。例如，当体育比赛中奏国歌时，一种国家的情感被激发，这强化了参与者国家团结的共同理念。在地方和国家层面，当国旗升起和当地运动员代表国家队比赛的时候，国家的意识得到强化，代表国家顶尖运动水平的运动员在许多项目上获得成功，同样可以激发出民众的爱国情感。另外，对于全球空间范围内和国家空间范围内的支持者而言，他们国家队获得的任何一个成功通常都被理解为代表和反映了国家本身的地位。

从传统上来说，国家认同曾被知名的艺术家、作家和历史学家所讲的故事激发过。伴随着通过流行文化和媒介来讲述国家故事案例的增加，一些人们转向体育，转向体育赛事、体育场馆、运动员等所代表的国家和国家价值[②]。体育媒介叙事能够激发民众的国家意识，提供公众讨论的机会，创造临时意义上的市民团结、自豪感和在广泛的地理空间中创造机会寻求国家认同。冬奥会通过开闭幕式、赛场运动员特写、颁奖仪式等媒介脚本，国家意识通过电视视觉艺术景观真正地被展示着、炫耀着。媒介能够塑造体育赛场上的"神话"，但也能够消解赛场传奇。1988年汉城奥运会约翰逊兴奋剂丑闻在加拿大媒介的渲染下引起举国轰动，2004年美国超级碗比赛中场秀贾斯汀·汀布莱克导致珍妮·杰克逊的露乳事件在美国引起了轩然大波，负责节目转播的哥伦比亚广播公司被处以55万美元的罚款，而珍妮和贾斯汀也被要求向公众道歉。这些事件提醒我们在全球媒介的时代，要高度重视媒介和国家形象建构之间的关系，尤

① MARJORIBANKS T，FARQUHARSON K. Sport and Society in the Global Age［M］. New York：Palgrave Macmillan，2012.

② COAKLEY J. Complicating the Relationship Between Sport and National Identity：The Case of Post－Socialist Slovenia［J］. Sociology of Sport Journal，2010（27）：371－389.

其是在2022年北京冬奥会的筹备过程中，更要处理好媒介叙事和国家意识表达间的互动关系，做好周密的赛事媒介传播预警机制，讲好赛场故事，传播好中国精神和中国文化，进而在国际社会中塑造良好的中国国家形象。

（六）东道主竞技成绩是表达与彰显国家自豪感最为核心的要素

纵观2010年温哥华冬奥会和2014年索契冬奥会，举办国均从国家战略的高度出发，突出强化了竞技成绩对于表达各自国家民族自豪感和国家精神的重要性。温哥华冬奥会上，为了确保冬季项目运动员取得好成绩，加拿大政府于2005年实施了“拥有领奖台2010”（Own the podium 2010）国家行动计划，目的是确保全方位的支持，帮助加拿大冬季运动员在2010年温哥华冬奥会上获得更多的奖牌，并在金牌榜上进入前三。最终，加拿大的战略计划全部实现，加拿大代表团获得了金牌榜第一、总奖牌数第三的成绩，尤其是男子、女子冰球队均获得了金牌，这更加彰显了民族自豪感。2014年索契冬奥会，俄罗斯超越了传统强国美国、加拿大、德国和挪威，获得冬奥会金牌榜第一的成绩，其成功的关键，首先是在历史薄弱项目上实施归化运动员政策；其次是投资了数亿元卢布，用于提升本国冬季运动员、教练员的竞技实力。索契冬奥会的成功也向世界展示了俄罗斯国家软权力的建设，以及俄罗斯精神的塑造。

习近平总书记指出：“2022北京冬奥会不但办赛精彩，参赛也要出彩。”与冰雪运动强国相比，我国无论在冬奥会夺牌分项数量、基础大项夺牌实力，还是在影响力较强的冰球等项目上均存在一定的差距。我国冬季项目底子薄、基础差、人才少的状况仍未得到根本改变①。因此，为推动我国冬季运动竞技水平的提升，需要创新项目协会管理方式，优化项目发展环境；注重项目体系顶层设计，谋划项目科学发展；坚持多策并举，扎实推进运动员人才培养体系建设；推动科技创新与体育融合，助力冬奥备战；坚持冰雪运动“文化自信”，夯实项目发展的文化根基。

2022年北京冬奥会中国体育代表团的竞技成绩关乎国内民众对体育事业深化改革成果的考量，关乎中华民族伟大复兴中国梦的国家叙事，关乎中国在国际社会中的地位和声誉。因此，采用一切可能的战略和方法，迅速提升中国冬季项目运动员的竞技实力，无论如何强调都不会显得过分。为贯彻党的十九大

---

① 全国冬季项目备战2022年冬奥会跨项跨界选材动员和座谈会在京召开［EB/OL］.［2017-03-10］. http://www.sport.gov.cn/n316/n337/c792697/content.html.

精神，国家体育总局提出了建设适应新时代要求的现代化、国际化、规范化、科学化的冰雪项目机构，以“世界眼光、国际标准、中国特色、高点定位、恶补短板”的工作方针，建立“全力办冰雪”“三亿人参与冰雪运动”“广纳英才”的工作机制，加快推进我国冰雪运动的开展。

（七）做好文化奥林匹亚活动的总策划和宣传工作

文化是国家和民族的血脉、灵魂和品格，文化认同是民族凝聚力和国家向心力的动力之源，是国家认同最深厚的基础①。文化奥林匹亚是冬奥会筹备过程中非常重要的一项文化活动，是表达地域文化、举办国文化乃至世界优秀文化的一个重要平台，因而备受各个举办国家的重视。2010 年温哥华冬奥会中的文化奥林匹亚活动，注重从加拿大各地区乃至世界上最具活力的活动项目出发，与 60 位艺术家和文化组织合作，进行了数百种文化活动和展示了多样性、重要性和冒险精神，吸引了超过 200 万人参与表演和展览，从而更好地定义了加拿大艺术和文化图景。2014 年索契冬奥会的文化奥林匹亚活动中，在赛事场馆区域每天都有俄罗斯最好的舞蹈和音乐团队表演，有知名的摇滚歌手和电影明星。同时，观众还可以看到俄罗斯最著名的演员表演。两个举办国均通过文化奥林匹亚活动，展示了举办城市以及国家艺术文化的精粹，很好地呈现并实践了戈夫曼的拟剧理论，即通过运用符号预先设计或展示在他人面前的形象，在比赛期间各个体育场馆精彩纷呈的文化艺术活动一一展现在了运动员、观众、媒体等赛事核心受众面前，为全国乃至世界的观众营造了文化共同体的想象空间，凝聚了民众的国家情感，实践着国家意识的表达。

从这个意义上来讲，北京 2022 年冬奥会的文化奥林匹亚活动可以成为党的十八大以来治国理政新理念、新思想、新战略丰硕成果展示的平台，是全面实现小康和中华民族伟大复兴中国梦国家叙事的重要展示窗口。如何利用文化奥林匹亚活动展示十八大以来我们党、我们国家、我们民族以及举办城市优秀的历史文化和改革创新的新成就，需要我们的冬奥组委协同相关部门做好文化奥林匹亚活动的总策划和宣传工作，做好顶层设计，设计文化活动的内容和形式，这将是向国际国内社会展示中国力量、中国荣耀、中国骄傲最为关键的文化窗口。

---

① 门洪华．两个大局视角下的中国国家认同变迁（1982—2012）[J]．中国社会科学，2013（9）：54－66.

（八）利用2008年北京奥运遗产，做好2022年冬奥会遗产开发及利用工作

奥运会能够为主办城市带来丰富的文化遗产，这些文化遗产具有重要的政治价值、经济价值、文化价值、艺术价值、科学价值。2008年北京奥运为中国留下了宝贵的遗产，在2022年北京张家口冬奥会的筹备中，应充分借鉴和利用丰富的北京奥运遗产，做好冬奥会遗产的开发和利用工作。

因此，建议中国政府首先强化信息平台建设，重视媒介传播的重要作用，让人人懂得并了解冬奥会、知晓冬奥会文化遗产，产生保护和传承奥运文化遗产的意识。首先，通过冬奥会官方网站、奥运文化宣讲、专业会议、学校奥林匹克教育等方式促进大众对2022年冬奥会文化遗产的认知。其次，政府出台相关规范和法律性文件，强化对2022年冬奥会文化遗产的管理。最后，组织利用社会力量和个人力量，宣传冬奥会文化遗产，为我国文化遗产增添冬季奥林匹克运动文化元素。

（九）传播奥林匹克价值观，推进社会主义核心价值观建设

奥林匹克运动以其贴近人类生命、社会和自然的价值追求，赢得了全人类的支持①。奥林匹克运动历经百年发展，形成了内涵丰富的价值观，并通过奥林匹克体育、教育、文化活动等方式广泛传播，成为影响世界的主流价值观之一②。奥林匹克价值观与党的十八大提出的社会主义核心价值观目标取向高度契合，2008年北京夏季奥运会和2022年北京冬奥会在中国北京举办，既充分展现了奥林匹克运动推广的普世价值，同时又成为中国社会主义核心价值观发展的重要推动力量（表9－1）。正如习近平总书记在2022年北京冬奥会申办致辞中讲到的："2022年冬奥会在中国举办，将有利于推动中华文明和世界各国文明交流互鉴，带动中国13亿多人民关心、热爱、参与冰雪运动，让中国人民再次有机会为奥林匹克运动发展和奥林匹克精神传播作出贡献。"因此，做好2022年北京冬奥会筹办过程中奥林匹克价值观教育就显得尤为重要，这也应该是各级政府筹备冬奥会工作中的重中之重，使冬奥会真正成为"创新、协调、绿色、

---

① 奥林匹克价值观的系统建构与教育价值［EB/OL］．［2015－03－28］．http：//www. chinanews. com/ty/2015/03－28/7166511. shtml.

② 奥林匹克价值观的系统建构与教育价值［EB/OL］．［2015－03－28］．http：//www. chinanews. com/ty/2015/03－28/7166511. shtml.

开放、共享”社会发展理念实施的有效载体。

表 9-1 奥林匹克价值观与社会主义核心价值观

价值层面	奥林匹克价值观	社会主义核心价值观
个体层面	均衡发展的“身体观”、奋斗为乐的“人生观”、重在参与的“生活观”	爱国、敬业、诚信、友善
社会层面	平等尊重的“社会观”、公正诚信的“价值观”	自由、平等、公正、法治
国家层面	为国争光的“爱国观”、追求和平的“世界观”、持续发展的“环境观”	富强、民主、文明、和谐

（十）弘扬奥林匹克精神，激发青年人的体育梦想

每一个人都应享有从事体育运动的可能性，而不受任何形式的歧视，并体现相互理解、友谊、团结和公平竞争的奥林匹克精神。国际奥委会主席托马斯·巴赫指出，奥林匹克精神包括卓越（excellence）、尊重（respect）、友谊（friendship）、平等对话（dialogue）、多元文化（diversity）、没有歧视（non-discrimination）、宽容（tolerance）、公平竞赛（fair-play）、团结（solidarity）、发展（development）、和平（peace）。奥林匹克运动的价值追求也在不断发展与完善中影响着一代又一代的青少年，正如巴赫在谈到《奥林匹克2020议程》中奥林匹克频道设计构想时讲道：“就是想要利用全世界对奥运会的兴趣，将它扩展到奥运会举办时期之外，让观众尤其是年轻观众，感受体育的力量，让年轻人在全年中任何时候都能够与奥运选手以及奥林匹克价值观联系起来”“作为体育运动的组织，我们不能只是关注有多少青少年观看了奥运会，我们有责任鼓励和支持更多的青少年参加运动。只有参与了运动才能成为未来运动员，才能体验奥林匹克的教育和健康的价值”[①]“奥林匹克价值的传播，不是通过传统的学校课程模式，而是通过运动员的鲜活的榜样示范，引领青少年认同奥林匹克价值观，从而影响整个社会”。

因此，关注并激发青年人的体育梦想是奥林匹克运动的重要目标，2022年北京冬奥会为带动3亿多人尤其是青年人参与冰雪、热爱冰雪、走上冰雪描绘

① 奥林匹克价值观的系统建构与教育价值［EB/OL］.［2015-03-28］. http://www.chinanews.com/ty/2015/03-28/7166511.shtml.

了一幅波澜壮阔的图景，有步骤、有计划、有安排地实现这一图景，还需要全体中国人的努力。

二、全运会

在梳理总结我国全运会百余年的发展历程中，发现其与国家、社会发展的关系如此紧密。全运会的价值目标定位与国家需求高度一致，在举办城市遴选、项目设置、计分方法、开闭幕仪式、文化符号标识、代表团排名等方面不断调试其发展轨迹，以谋求与国家、社会发展同步。然而，进入21世纪，媒介时代来临，全运会被聚焦于媒体镜头之下，其运行中存在的各种问题被曝光，“存废之争”的讨论从未平息。

2008年北京奥运会之后，我国社会发展面临经济增长速度换挡期、结构调整阵痛期、前期刺激政策消化期三期叠加的状况，中国经济从高速增长转为中高速增长、经济结构不断优化升级、从要素驱动与投资驱动转向创新驱动。面对社会转型，中国政府提出了四个全面（即全面建成小康社会、全面深化改革、全面推进依法治国、全面从严治党）的治国理政框架，强调创新、协调、绿色、开放、共享的社会发展理念，这为我国全面建成小康社会，实现“两个一百年”的奋斗目标设定了发展方向和发展道路。十八大之后，中国政府对体育的关注达到了前所未有的高度，国家出台了《关于加快发展体育产业促进体育消费的若干意见》《中国足球改革发展总体方案》《中国足球中长期发展规划（2016—2050）》等系列文件，以保障体育的改革与转型。在这种社会时代背景下，全运会作为我国竞技体育领域水平最高、规模最大的综合性体育赛事，在继承和发扬已有文化传统和组织运作模式外，2013年第十二届全国运动会则以改革创新的精神，从竞赛项目改革、内容调整、结构优化、节俭办赛等多个方面，进行了适应性变革和前瞻性尝试，为体育事业的可持续发展积累了新的经验。2017年第十三届全国运动会，则从八个方面对全运会进行了深化改革。“十三五”时期是我国持续全面深化改革的关键时期，也是体育大国向体育强国迈进的重要战略机遇期。因此，全运会应在我国未来体育事业的发展中，为社会贡献其自身应有的力量。

（一）明确全运会目标定位

第一，需要从历史维度深刻认识全运会赛事功能定位和价值导向，即“国内练兵、一致对外”这个目标不能被弱化或者改变。全运会要从国际国内两个大局出发服务于国家战略需求，成为中华民族伟大复兴的中国梦和体育强国建设的重要支撑。着力把全运会塑造为体育人文交流的品牌塑造者，体育竞赛新格局的重要引领者，全民健身、竞技体育、体育产业、体育文化、体育对外交往发展的关键支撑者，中华民族伟大复兴中国梦的卓越贡献者。

第二，从现实角度深刻理解全运惠民的丰富内涵，纵观体育强国的赛事，均是通过高度职业化、专业化、规范化、魅力化的高水平体育比赛及赛场文化精神，激励吸引基层民众参与到赛事以及项目训练中。全运会作为全国规模最大、水平最高的竞技体育赛事，应挖掘和借鉴先进的国际赛事经验，着重从赛事文化、体育精神、品牌建设、结构体系建设等层面引领人们积极参与运动项目。

第三，在深化体育改革的初始点将全运会作为改革工具和手段，强化全民健身以及冬奥会备战，这只能作为一种即时战略而不是长远的战略选择。

第四，将全民健身作为全运会的一种文化活动产品，贯穿于申办、筹备、开幕式、赛事举办期、闭幕式，这将更有助于实现全民全运。

第五，强化冬运会和青运会的功能定位和价值导向，突出冬奥备战和青年运动员培养的目标价值，释放全运会的改革任务压力，培育赛事引领力。

（二）注重全运会文化内涵建设，凝练赛事文化价值

全运会历经百余年的发展，已经进入了由粗放、被动适应调整的发展方式向精细、主动改革创新的发展方式转变的进程。第十二届全运会为这种转变进行了适应性和前瞻性的尝试。第十三届全运会则实现了精细、主动改革创新的发展方式。全运会具备了类似于奥运会的大型体育赛事组织架构和仪式日程，但因其在百余年历程中经历了晚清、民国、国民政府、中华人民共和国成立、改革开放等社会变革带来的多种影响，全运会的发展在较长的社会变革时期也始终处于不断被动适应和调整中，更加注重形式而忽视了自身文化内涵及价值体系的建设。也正是这一文化价值体系的缺失，使得21世纪之初的全运会面临着“存废”生存危机。党的十八大后社会主义核心价值观和创新、协调、绿色、开放、共享的社会发展理念为全运会文化内涵的建设提供了初始框架。因此，塑造和凝练全运会赛事文化价值体系成为今后全运会管理者和主办者应着力解决的重点议题。

（三）推进全运会治理体系建设，整治赛风赛纪

赛风赛纪问题一直是全运会运行中存在的顽疾，参赛运动员、教练员、裁判员，甚至地方政府官员仅仅为了一时之利，而做出各种违反运动规则、违背伦理道德的失范行为，严重危及了全运会存在的合法性。在我国全面推进依法治国，大力提升国家治理体系和治理能力现代化的今天，推进全运会治理体系建设，显得尤为及时而又迫切。首先，要加强顶层设计，统筹谋划全运会改革。在全面推进全运会社会改革的过程中，必须不断加强顶层设计，明确全运会改革的方向与目标、阶段与步骤、条件与重点、挑战与前景，推进改革的系统性、整体性、协同性。其次，鼓励全运会主办省市探索创新。放手发动和大力支持主办省市广泛开展全运会治理探索和创新，系统总结各届全运会地方政府治理改革经验，及时将成熟有效的改革创新政策上升为法规制度，推动全运会国家层面的制度变迁。再次，完善全运会制度体系建设。制度在治理中带有根本性、全局性、稳定性和长期性的特征。坚持把全运会制度建设作为着力点，加强体制创新，摒弃落后制度，破除制度障碍，为赛风赛纪的治理提供全局性、稳定性和长期性的制度保障。最后，借鉴国外赛事运营经验。奥运会运作模式为全运会提供了国际范例，要以开放的心态、宽广的视野广泛借鉴奥运会或国外赛事运行的有益经验，不断推进全运会制度建设的理论创新和实践创新。

（四）保护“干净”的运动员，弘扬运动员精神

《奥林匹克2020议程》指出要保护“干净”的运动员和褒奖公平竞赛的运动员，通过运动员落实奥林匹克价值观，示范并影响青少年及全体人类。

全运会帆板赛场产生“最美选手”，为救人放弃比赛

2013年9月3日第十二届全运会帆板比赛，辽宁队运动员郝秀梅在比赛出发不久，由于紧张和操作失误不慎落水，器材被水流冲走无法追回，人也抽筋。四川队运动员马娇看到这一情况后放弃了比赛，跳入水中协助郝秀梅，马娇因此获得“最美运动员”称号。

对于竞技比赛而言，这在赛场上看似是很普通、很平常的一件小事，但正是这些小事闪烁着运动员的人性光芒。奥林匹克运动宣扬的价值正是以这些普

通运动员的小事为载体的。因此，以运动员为本，发扬赛场上运动员的精神，讲好全运会赛场运动员故事，是全运会加强文化内涵建设的另一个重要维度。

（五）持续深化全运会改革，强化赛事品牌建设

体育赛事最核心的价值在于激起更多的人关注体育、参与体育，从而促进体育产业的增长。第十三届全国运动会以“全运惠民，健康中国”为办赛理念，成为深化体育领域改革的重要阵地，成为推动竞技体育与群众体育相结合、全民健身与全民健康融合发展的新平台。然而，全运惠民理念的具体体现，需要科学严谨的顶层制度设计，需要具体可行的操作体系，需要丰富多彩的活动项目支撑，需要融合多元文化价值体系，并不是简单的竞技体育项目和群众体育项目的叠加。而且从项目设置的角度而言，进入全运会设项的项目应该统称为全运会项目，不应该再区分为竞技项目和群众项目，正如奥运会的设项就是奥运会项目，大运会的设项就是大运会项目一样。全运会作为我国集体育、教育、文化、科技、经济等多项功能于一身的最高水平体育赛事，强化其品牌功能和价值体系建设，固化其和国家建设之间的紧密关系，彰显其与实现中国梦所具有的独特价值魅力，这或许应该是未来全运惠民理念下全运会持续深化改革和强化品牌建设的应然发展路径吧。

三、中国足球超级联赛

经历20余年发展成长起来的中国足球超级联赛，给了国人太多情感历练的机会，他们与中国足球同甘共苦，风雨与共，一代又一代人的足球梦想被点燃。然而仔细审视中国足球超级联赛的发展，还有许多方面值得我们改进和思考。

（一）尊重并传承足球传统，打造俱乐部品牌

纵览中国足球超级联赛参赛球队，具有10年以上持续建设的俱乐部运营并参赛的球队凤毛麟角。足球俱乐部高比率的流转，在一定程度上造成了俱乐部文化传统的割裂，影响球队竞赛成绩，从而使得注资足球俱乐部的企业产生了短期利益行为，这种现象对足球运动的长远发展以及足球俱乐部的可持续运营均造成了不利影响，既影响了联赛的经济收益，同时又制约着联赛竞技水平的发展。对于单项职业赛事而言，俱乐部的品牌文化是球队精神的精髓，具有非常重要的意义。一个国家的超级联赛，既代表了这个国家的竞技水平，同时又

代表了这个国家对项目文化的理解和传承。因此，要将足球项目文化的精髓以及足球超级联赛的本真价值通过各种媒介载体，传播至每一位关心足球、喜爱足球、运营足球的人心中。破除他们对足球项目的误解和短期操作运营的资本运作，净化足球超级联赛的文化环境，打造真正的俱乐部品牌，从根本上推进足球超级联赛的可持续发展，为中国的足球世界杯之梦注入资源与力量。

（二）加大对足球超级联赛的治理力度，净化联赛环境

无以规矩，不成方圆。制度是治理的起点和终点。把出现在中国足球超级联赛中一切邪恶的思想均关进制度的牢笼，提高联赛中的各种犯错成本，加大惩罚力度。严格依照市场规律运行足球联赛，为国人乃至世界提供一个风清气正的联赛环境，这样才能从根本上推动足球产业的发展。

（三）打造足球联赛超级英雄，为青年人树立偶像

足球世界杯之所以让全世界的人着迷，是因为出场的每一位球员都有其自身独特的魅力和价值。无论男女老幼，均能从足球世界杯中找寻到属于自己的情感归宿，吸引着他们为喜爱的球星欢呼、呐喊、伤心、流泪。超级足球明星是一个俱乐部的象征，是一个球队的象征，也是一个职业联赛的象征。他们传递着足球运动的魅力，宣扬着足球的价值，对青年一代影响深远。因此，打造足球明星应该成为中国足球超级联赛的重要关注点，因为他们能够给球队、联赛带来足球荣耀，推动产业市场。

四、中国网球公开赛

网球作为国际社会关注的重要项目之一，有着高度的商业化和职业化特征。中国网球公开赛历经十余年的发展，初步形成了自己独特的赛事文化体系。但与国际四大网球公开赛成长的历史相比，中国的网球公开赛要稚嫩很多，还有许多方面需要借鉴和学习。

（一）注重赛事文化传统建设，打造与众不同的竞争优势

综观国际四大网球公开赛，每一个赛事都有自己独特的优势。这种优势要么体现在悠久的历史文化传统上，要么体现在独特的球场特征上，要么体现在高度的职业化和商业化运作方面。中国网球公开赛无论从吉祥物、主题歌，还

是标志性的钻石球场方面，均已经进行了文化传统的建设。然而，若要打造与众不同的竞争优势，除了借鉴国际顶级网球赛事的办赛经验外，历史的积淀以及本土文化的优势是不可忽视的重要因素。“网球 + 中国文化”，塑造一个具有东方韵味的国际网球赛事，让前来参赛、观赛的参与者获得不一样的情感体验，或许是中国网球公开赛在文化方面需要刻意雕琢的内容。

（二）注重本土球员培养，打造网球体育明星

足球、网球、高尔夫球之所以有魅力，原因在于每一个运动都能打造属于这个时代的标志性人物，影响着一代又一代的青年群体。因为李娜，人们熟知并喜欢上了网球，她带给中国无数球迷网球荣耀。为挖掘体育文化内涵，弘扬中华体育精神，促进以运动项目文化为核心的体育文化建设，2015 年 11 月，国家体育总局发出《关于进一步做好运动项目文化建设的通知》。通知指出：“主动总结运动项目文化特点，提炼运动项目体育精神，形成运动项目特有的项目文化精神和文化符号；推出体育明星，树立运动员和运动项目积极正面的社会形象，通过明星参与公益活动推广运动项目文化，成为体育精神的传播者和体育的代言人。”[①] 虽然历届中国网球公开赛上还未出现过中国球员的名字，但是中国网球公开赛能够为更多的本土球员提供锻炼和成长的土壤，重视本土赛事的价值，提升网球以及赛事的关注度，这是一片等待中国球员开发的处女地。

（三）重视名人堂、博物馆建设，传播项目文化精神和文化符号

《关于进一步做好运动项目文化建设的通知》指出：做好运动项目历史资料留存工作，如条件成熟，可建立博物馆（或荣誉室）或线上博物馆，使博物馆（或荣誉室）成为青少年爱国主义教育基地和青少年体育俱乐部活动基地。国际四大网球公开赛和职业高尔夫赛事的发展历史经验表明，名人堂和博物馆也是职业球手梦想中最高的荣誉殿堂，既标志着运动员对传承并弘扬该运动项目的重要贡献，同时也标志着他对一个国家的贡献。因此，每一位入选名人堂的运动员都代表着自己以及国家的无限荣耀，可以激发民众的自豪感。

对于我国的网球和高尔夫球而言，创设具有中国特色的名人堂、博物馆，既能丰富我国体育项目文化的建设，又能教育青少年，激发他们的体育梦想。

---

① 国家体育总局下发《关于进一步做好运动项目文化建设的通知》[EB/OL].[2015－11－17]. http://www.sport.gov.cn/n16/n1077/n1227/7301355.html.

五、汇丰冠军赛和沃尔沃中国公开赛

由于我国实行了比较严格的高尔夫球用地审批制度，有关部门对高尔夫球管控也比较严格，这也在一定程度上限制了高尔夫球运动在中国的普及与发展。因而，中国职业高尔夫赛事应当担当起还原高尔夫球运动项目本质的责任，卸载附加在高尔夫运动中的额外价值，吸引更多青少年参与到高尔夫球运动中来。

（一）以职业赛事为平台，传播高尔夫球运动本源价值

高尔夫球运动具有区别于其他运动项目的独特性。首先，世界上没有两个完全相同的高尔夫球场，不同球场会有不同的挑战体验；其次，高尔夫球运动是一项高度自律、礼仪性、自我约束性极强的运动项目，对运动员的人格塑造具有特殊的意义和价值。最后，高尔夫球运动器材装备相对于其他运动而言，要稍微复杂些。然而，为了卸载高尔夫球运动背负的负面价值，中国高尔夫球职业赛事应当履行好自己的责任，扮演好运动项目文化传播者的角色，通过赛事期间的媒介传播，组织各种文化活动，消除禁锢在人们心中的误解。虽然任重而道远，但需要专业的人士和专业的组织持之以恒的耐心和决心。

（二）培育高尔夫球职业赛事文化传统，向世界传递中国声音

四大国际高尔夫职业赛事之所以知名，与其悠久的历史和文化传统密不可分。高尔夫球作为高度职业化、商业化的运动项目，也是依靠高额的奖金来实现国际顶级职业球手的关注。中国当前的高尔夫职业赛事基本上是利用了这一法则，实现了亚洲区高尔夫球职业赛事的领先。在注重快速提升赛事国际影响力的同时，打造具有中国地域特色的赛事文化传统，才能具有独特的竞争优势。和网球赛事一样，这两个运动在我国的发展均处于起步阶段，中国球手与国际球手不可同日而语。中国的舞台，有时还需要中国本土的球员来当主角，向世界传播中国声音。

（三）以高尔夫球职业赛事为载体，打造国际级旅游目的地

赛事与旅游是一对天然的孪生兄弟。重大事件作为国际城市旅游资源的重

要组成部分，越来越引起世界各国的高度重视①。体育赛事能够吸引游客、提升主办城市的国际地位，也为市民创造了共享经验的机会，有效促进了公民的国家自豪感和公共意识，有助于国家品牌认同的建设。当前中国高尔夫球职业赛事的参与者大部分来自国外，由于高尔夫球和网球在中国起步较晚，很多国际顶级职业球手对中国城市的认知度并不是很高。汇丰冠军赛和沃尔沃中国公开赛晋级世锦赛、欧巡赛、亚巡赛，为中国城市在世界范围内通过高尔夫球职业赛事提升知名度和关注度成为可能。因此，通过高尔夫球赛事打造中国国际级旅游目的地，是当前职业赛事发展中不可忽视的一个重要问题。

① 王朝辉，何欢，夏巧云，等．重大事件对举办地旅游形象的影响——2010上海世博会为例[J]．地理研究，2013（6）：1155－1164.

后 记

《国际国内双重维度下大型体育赛事与国家认同研究》是在我主持的2014年国家社科基金研究项目结项报告的基础上，进一步丰富、完善而形成的。

这本书能够顺利完成，得益于身边的良师益友们在项目研究五年历程中给予的倾力帮助。记得当初申报这个项目时，我正在华南师范大学博士后流动站从事学习和研究工作，我的合作导师谭华教授，在为人治学方面让我受益匪浅。在博士后出站答辩会上，谭华教授、吕树庭教授、陈琦教授、邓星华教授、陆作生教授对我课题研究中的有关问题提出了颇有见地的指导建议。博士后管理办公室刘浩老师在学习和生活上给我提供了很多帮助。在华南师范大学三年的博士后流动站生活，充满诗意，成为我人生成长历程中一段难忘的记忆。

也正是获得项目立项那一年，我获得了河北省优秀专家出国留学资格，经过一年多的出国准备工作，2016年10月我顺利启程前往美国俄亥俄州肯特州立大学进行为期一年的访学。在小镇，我租住在当地美国人家里，房东Heidi利用各种节假日机会带我走亲访友，参与各种社会活动，让我充分享受到了原汁原味的美国日常生活体验。在校园，除了选听课程外，我还参与学校组织的各类活动。学院主任带领我们赴校外访问参观，组织每周一次的例会和每天中午的学术讨论。校园生活丰富而多彩。在赛场，以赛事志愿者身份参与体验NCAA篮球和橄榄球比赛，志愿服务赛事，现场感受赛场文化。在校外，游历美国四届冬奥会举办地，参观尼克劳斯高尔夫球博物馆、橄榄球名人堂、篮球名人堂。一年里，我利用各种机会亲身体验感受美国体育文化，试图更好地去认识和理解它们。可以说，书稿的核心内容是在美国留学期间完成的，感谢导师Kimberly Schimmel，她对大型体育赛事研究造诣颇深，她的研究视角和见解为丰富我的项目研究打开了一扇窗。感谢Theresa Walton、Steve Mitchell、Mark Leberger、Philip Wang、Marta Guivernau，在你们的课程讨论上，我学会了多视角解读大型体育赛事。感谢Linda、Rose、Fall为我们提供的家一样的工作和学习环境，使我的归属感和亲切感油然而生。另外，感谢在美国学习期间给予我帮助的每一个人。因为遇见，所以美好；因为你们，所以幸福。

感谢恩师钟秉枢教授在书稿写作过程中给予的指点和帮助，并在百忙中赐写序言。在美留学期间及回国后，我非常有幸参加了钟老师主持的 2017 年和 2018 年国家体育总局决策咨询重大项目，在研究过程中成员间的彼此交流、讨论，充满智慧和活力，这也成为历练和提升我的学术认知的一场深刻体验。感谢老师和这个团队中的每一个人，助我不断成长。

感谢河北省人社厅专家与留学人员服务中心李昌主任，从出国前的外语培训、到行前交流嘱托，到回国后业绩答辩，他都给予我最大的认可和支持，在此谨致衷心谢忱。

感谢河北省哲学社会科学办公室的领导在课题研究过程中给予我的指导和帮助，每一次与你们交流我都收获颇丰。

感谢河北体育学院的领导和同事们给我的帮助和支持。

感谢北京体育大学出版社王英峰编审的耐心和细心，向他精益求精的职业素养深表谢意。

感谢我的爱人、女儿对我一如既往的支持。

最后，感谢研究过程中所有参与访谈和调研的人们，谢谢你们的帮助。

书中若有谬误与疏漏，皆因本人力有未逮、学业不精，敬请读者朋友们批评海涵，文中观点概由本人负责。

2020 年 8 月 12 日